KB245431

JPT, JLPT 각종시험 대비용 어|휘|학|습|서

급수별

일본어
단어 単語
제대로 끝내기

제일어학

초판 1쇄	인쇄	**2009년 6월 10일**
초판 1쇄	발행	**2009년 6월 15일**

지은이 | **韓日言語研究院**

펴낸이 | **이순희**

펴낸곳 | **제일법규(제일어학)**

www.jeilbnl.com

주소 | **서울시 서초구 서초동 1512-5호**

전화 | **02-523-1657, 597-1088**

팩스 | **02-597-6464**

대체 | **국민 084-25-0012-739**

출판등록 | **1993년 4월 1일 제 21-429호**

잘못 만들어진 책은 바꿔 드립니다

ISBN 978-89-5621-068-1   13730

일러두기

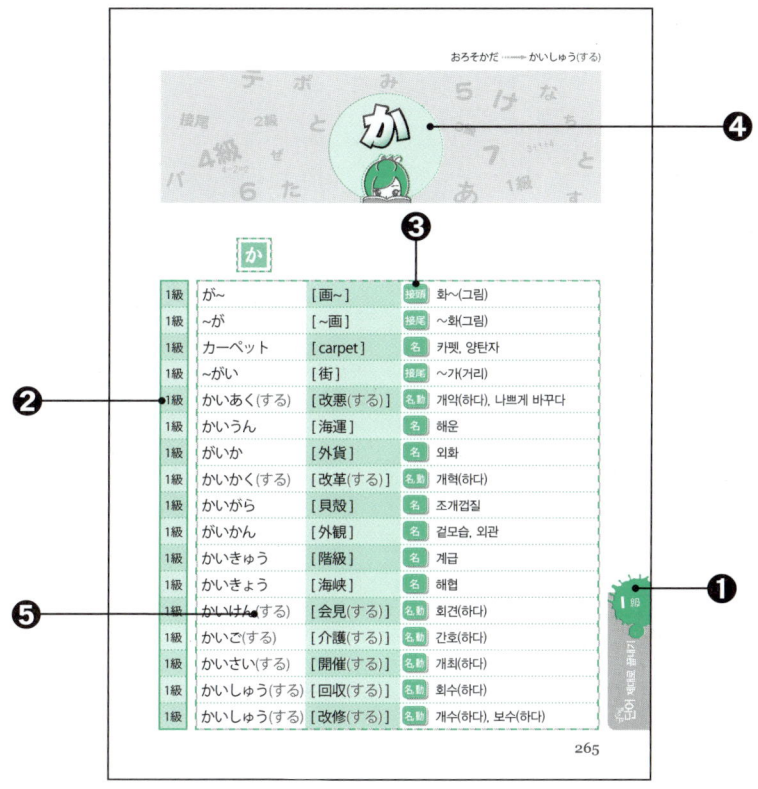

❶ 일본어 각종 시험 급수별 어휘

❷ 4급, 3급, 2급, 1급단어 전체 수록

❸ 각 단어마다 해당 품사 표기

❹ 히라가나순 일한사전 학습기능

❺ 동사 する와 결합 가능한 단어 표기

차 례

JPT, JLPT 각종시험 대비용 어|휘|학|습|서

급수별

일본어
단어 単語
제대로 끝내기

제일어학

급수별
단어 제대로 끝내기

4級

あ

4級	ああ		感	아, 아하
4級	あう	[会う]	動	만나다, 마주치다
4級	あお	[青]	名	파랑, 파란색, 청
4級	あおい	[青い]	形	파랗다, 푸르다
4級	あか	[赤]	名	빨강, 빨간색, 적
4級	あかい	[赤い]	形	빨갛다, 붉다
4級	あかるい	[明るい]	形	밝다, 환하다, 명랑하다
4級	あき	[秋]	名	가을
4級	あく	[開く]	動	열리다, 벌어지다
4級	あける	[開ける]	動	열다
4級	あげる	[上げる]	動	올리다
4級	あさ	[朝]	名	아침, 아침나절
4級	あさごはん	[朝御飯]	名	아침밥, 아침식사
4級	あさって	[明後日]	名	모레
4級	あし	[足]	名	다리, 발
4級	あした	[明日]	名	내일
4級	あそこ		代	저기, 저곳, 저쪽

4級

4級	あそぶ	[遊ぶ]	動	놀다
4級	あたたかい	[暖かい]	形	(기온이) 따뜻하다, 훈훈하다
4級	あたたかい	[温かい]	形	(온도가) 따뜻하다, 다정하다
4級	あたま	[頭]	名	머리, 고개, 두뇌
4級	あたらしい	[新しい]	形	새롭다
4級	あちら		代	저쪽, 저기, 저 분
4級	あつい	[暑い]	形	덥다
4級	あつい	[熱い]	形	뜨겁다, 열렬하다
4級	あつい	[厚い]	形	두껍다, 두툼하다
4級	あっち		代	저쪽, 저기
4級	あと	[後]	名	뒤, 후, 나중
4級	あなた	[貴方]	代	당신
4級	あに	[兄]	名	형, 오빠
4級	あね	[姉]	名	누나, 언니
4級	あの		連体	저, 그
4級	あの		感	저, 저어, 저기요
4級	アパート	[apartment]	名	맨션, 연립주택
4級	あびる	[浴びる]	動	(물을) 끼얹다, 뒤집어쓰다
4級	あぶない	[危ない]	形	위험하다, 위태롭다
4級	あまい	[甘い]	形	달다, 달콤하다, 싱겁다
4級	あまり	[余り]	副	그다지, 별로, 너무나
4級	あめ	[雨]	名	비, 우천
4級	あめ	[飴]	名	엿, 캔디
4級	あらう	[洗う]	動	씻다, 빨다
4級	ある	[在る]	動	있다, 존재하다

4級	ある	[有る]	動	있다, 소유하다
4級	あるく	[歩く]	動	걷다
4級	あれ		代	저것, 저 사람, 그 때

い

4級	いい	[良い]	形	좋다, 괜찮다, 된다
4級	いいえ		感	아니오
4級	いう	[言う]	動	말하다
4級	いえ	[家]	名	집, 가옥, 가정
4級	いかが	[如何]	副	어떻게, 어찌
4級	いく	[行く]	動	가다
4級	いくつ	[幾つ]	名	몇 개, 몇 살
4級	いくら	[幾ら]	名	얼마, 어느 정도
4級	いけ	[池]	名	연못, 못
4級	いしゃ	[医者]	名	의사
4級	いす	[椅子]	名	의자
4級	いそがしい	[忙しい]	形	바쁘다, 분주하다
4級	いたい	[痛い]	形	아프다
4級	いち	[一]	名	1, 하나
4級	いちにち	[一日]	名	하루, 일일
4級	いちばん	[一番]	名	1번, 첫 번째
4級	いちばん	[一番]	副	가장, 제일
4級	いつ	[何時]	代	언제, 어느때
4級	いつか	[五日]	名	5일
4級	いっしょ	[一緒]	名	함께 함, 같이 함, 동시

4級	いつつ	[五つ]	名	다섯, 다섯 개, 다섯 살
4級	いつも	[何時も]	副	항상, 늘, 언제나
4級	いぬ	[犬]	名	개
4級	いま	[今]	名	지금, 현재
4級	いま	[今]	副	지금, 방금
4級	いみ	[意味]	名	의미, 뜻, 내용
4級	いもうと	[妹]	名	여동생, 누이동생
4級	いもうとさん	[妹さん]	名	여동생분
4級	いやだ	[嫌だ]	な形	싫다, 불쾌하다
4級	いりぐち	[入口]	名	입구, 처음
4級	いる	[居る]	動	있다, 존재하다
4級	いる	[要る]	動	필요하다
4級	いれる	[入れる]	動	넣다, 집어넣다
4級	いろ	[色]	名	색, 색깔, 빛깔
4級	いろいろ	[色々]	名,副	여러 가지(로), 여러 모로
4級	いろいろだ	[色々だ]	な形	여러가지다, 가지각색이다

4級	うえ	[上]	名	위, 위쪽
4級	うしろ	[後ろ]	名	뒤, 뒤쪽
4級	うすい	[薄い]	形	얇다, 엷다, 옅다, 연하다
4級	うた	[歌]	名	노래
4級	うたう	[歌う]	動	노래하다, (노래를) 부르다
4級	うち	[家]	名	(자기) 집
4級	うまれる	[生まれる]	動	태어나다, 출생하다

13

4級	うみ	[海]	名	바다
4級	うる	[売る]	動	팔다, 판매하다
4級	うるさい	[煩い]	形	시끄럽다, 소란스럽다
4級	うわぎ	[上着]	名	상의, 윗옷

え

4級	え	[絵]	名	그림
4級	えいが	[映画]	名	영화
4級	えいがかん	[映画館]	名	영화관, 극장
4級	えいご	[英語]	名	영어
4級	ええ		感	예, 네
4級	えき	[駅]	名	역
4級	エレベーター	[elevator]	名	엘리베이터
4級	~えん	[~円]	数	~엔, 엔화
4級	えんぴつ	[鉛筆]	名	연필

お

4級	お~	[御~]	接頭	존경, 겸양, 미화를 나타냄, おん
4級	おいしい	[美味しい]	形	맛있다
4級	おおい	[多い]	形	많다
4級	おおきい	[大きい]	形	크다
4級	おおきな	[大きな]	連体	큰, 커다란
4級	おおぜい	[大勢]	名	많은 사람, 여러 사람
4級	おかあさん	[お母さん]	名	엄마, 어머니
4級	おかし	[お菓子]	名	과자

4級	おかね	[お金]	名	돈, 금전
4級	おきる	[起きる]	動	일어나다, 일어서다
4級	おく	[置く]	動	두다, 놓다
4級	おくさん	[奥さん]	名	부인, 아주머니, 사모님
4級	おさけ	[お酒]	名	술
4級	おさら	[お皿]	名	접시
4級	おじ	[伯父]	名	큰아버지, 큰삼촌, 큰 외숙부
4級	おじ	[叔父]	名	작은아버지, 작은삼촌, 작은 외숙부
4級	おじいさん	[お祖父さん]	名	할아버지, 외할아버지
4級	おしえる	[教える]	動	가르치다, 일러주다
4級	おじさん	[伯父さん]	名	큰아버지, 큰삼촌, 큰 외숙부
4級	おじさん	[叔父さん]	名	작은아버지, 작은삼촌, 작은 외숙부
4級	おす	[押す]	動	밀다, 누르다
4級	おそい	[遅い]	形	늦다, 느리다
4級	おちゃ	[お茶]	名	차
4級	おてあらい	[お手洗い]	名	화장실
4級	おとうさん	[お父さん]	名	아빠, 아버지
4級	おとうと	[弟]	名	남동생, 아우
4級	おとうとさん	[弟さん]	名	남동생분
4級	おとこ	[男]	名	남자, 사나이
4級	おとこのこ	[男の子]	名	남자 아이, 사내 아이
4級	おととい	[一昨日]	名	그저께
4級	おととし	[一昨年]	名	재작년
4級	おとな	[大人]	名	어른, 성인
4級	おなか	[お腹]	名	배, 뱃속

4級 단어 첫걸음 채우기

4級	おなじだ	[同じだ]	な形	같다, 동일하다
4級	おにいさん	[お兄さん]	名	형님, 오빠분
4級	おねえさん	[お姉さん]	名	누님, 언니분
4級	おば	[伯母]	名	큰어머니, 큰고모, 큰이모
4級	おば	[叔母]	名	작은어머니, 작은고모, 작은이모
4級	おばあさん	[お祖母さん]	名	할머니, 외할머니
4級	おばさん	[伯母さん]	名	큰어머니, 큰고모, 큰이모
4級	おばさん	[叔母さん]	名	작은어머니, 작은고모, 작은이모
4級	おふろ	[お風呂]	名	목욕, 목욕탕
4級	おべんとう	[お弁当]	名	도시락
4級	おぼえる	[覚える]	動	외우다, 기억하다, 익히다
4級	おまわりさん	[お巡りさん]	名	순경 아저씨
4級	おもい	[重い]	形	무겁다, 중대하다
4級	おもしろい	[面白い]	形	재미있다, 우습다
4級	およぐ	[泳ぐ]	動	헤엄치다, 수영하다
4級	おりる	[降りる]	動	내리다, 내려가다
4級	おわる	[終わる]	動	끝나다, 마치다
4級	おんがく	[音楽]	名	음악
4級	おんな	[女]	名	여자, 계집
4級	おんなのこ	[女の子]	名	여자 아이, 계집 아이

か

4級	~かい	[~回]	助数	~회(횟수), ~번
4級	~かい	[~階]	助数	~층(계단)
4級	がいこく	[外国]	名	외국
4級	がいこくじん	[外国人]	名	외국인
4級	かいしゃ	[会社]	名	회사
4級	かいだん	[階段]	名	계단
4級	かいもの(する)	[買い物(する)]	名,動	장보기, 쇼핑(하다)
4級	かう	[買う]	動	사다, 구입하다
4級	かえす	[返す]	動	되돌리다, 갖다 놓다, 갚다
4級	かえる	[帰る]	動	돌아가다, 돌아오다
4級	かお	[顔]	名	얼굴, 낯
4級	かかる	[掛かる]	動	걸리다, (시간이) 걸리다
4級	かぎ	[鍵]	名	열쇠, 자물쇠
4級	かく	[書く]	動	쓰다, 적다
4級	がくせい	[学生]	名	학생, 대학생
4級	~かげつ	[~箇月]	数	~개월
4級	かける	[掛ける]	動	(안경을) 쓰다

4級	かける	[掛ける]	動	(전화를) 걸다
4級	かさ	[傘]	名	우산
4級	かす	[貸す]	動	빌려주다
4級	かぜ	[風]	名	바람
4級	かぜ	[風邪]	名	감기
4級	かぞく	[家族]	名	가족
4級	かた	[方]	名	분
4級	かたかな	[片仮名]	名	가타카나
4級	~がつ	[~月]	数	~월
4級	がっこう	[学校]	名	학교
4級	カップ	[cup]	名	(손잡이 달린) 컵
4級	かてい	[家庭]	名	가정, 집안
4級	かど	[角]	名	모서리, 모퉁이
4級	かばん	[鞄]	名	가방
4級	かびん	[花瓶]	名	꽃병
4級	かぶる	[被る]	動	(모자를) 쓰다, 뒤집어쓰다
4級	かみ	[紙]	名	종이
4級	カメラ	[camera]	名	카메라, 사진기
4級	かようび	[火曜日]	名	화요일
4級	からい	[辛い]	形	맵다, 짜다
4級	からだ	[体]	名	몸, 신체
4級	かりる	[借りる]	動	빌리다, 꾸다
4級	~がる		接尾	~해 하다, ~하게 느끼다
4級	かるい	[軽い]	形	가볍다
4級	カレー	[curry]	名	카레

4級	カレンダー	[calender]	名	캘린더, 달력
4級	かわ	[川]	名	강, 내, 시내
4級	かわ	[河]	名	강, 내, 시내
4級	~がわ	[~側]	接尾	~측, ~쪽, ~편
4級	かわいい	[可愛い]	形	예쁘다, 귀엽다
4級	かんじ	[漢字]	名	한자

4級	き	[木]	名	나무, 수목, 목재
4級	きいろ	[黄色]	名	노랑, 노란색
4級	きいろい	[黄色い]	形	노랗다
4級	きえる	[消える]	動	없어지다, 사라지다
4級	きく	[聞く]	動	듣다
4級	きた	[北]	名	북, 북쪽
4級	ギター	[guitar]	名	기타
4級	きたない	[汚い]	形	더럽다, 불결하다
4級	きっさてん	[喫茶店]	名	찻집, 다방
4級	きって	[切手]	名	우표
4級	きっぷ	[切符]	名	표
4級	きのう	[昨日]	名	어제
4級	きゅう	[九]	名	9, 아홉
4級	ぎゅうにく	[牛肉]	名	소고기, 쇠고기
4級	ぎゅうにゅう	[牛乳]	名	우유
4級	きょう	[今日]	名	오늘
4級	きょうしつ	[教室]	名	교실

4級	きょうだい	[兄弟]	名	형제, 남매
4級	きょねん	[去年]	名	작년
4級	きらい(だ)	[嫌い(だ)]	名な形	싫음, 싫어함, 싫어하다
4級	きる	[切る]	動	자르다, 베다, 끊다
4級	きる	[着る]	動	입다
4級	きれいだ	[綺麗だ]	な形	예쁘다, 곱다, 깨끗하다
4級	キロ	[kilo]	名	킬로(그램), 킬로(미터)
4級	キログラム	[kilogram]	名	킬로그램
4級	キロメートル	[kilometer]	名	킬로미터
4級	ぎんこう	[銀行]	名	은행
4級	きんようび	[金曜日]	名	금요일

4級	く	[九]	名	9, 아홉
4級	くすり	[薬]	名	약
4級	ください	[下さい]	連語	주세요, 주십시오
4級	くだもの	[果物]	名	과일, 과실
4級	くち	[口]	名	입
4級	くつ	[靴]	名	신발, 신, 구두
4級	くつした	[靴下]	名	양말
4級	くに	[国]	名	나라, 국가
4級	くもり	[曇]	名	흐림
4級	くもる	[曇る]	動	흐리다, 흐려지다
4級	くらい	[暗い]	形	어둡다, 음침하다
4級	～くらい	[～位]	助	～정도, ～쯤, ～가량

4級	～ぐらい	[～位]	助	～정도, ～쯤, ～가량
4級	クラス	[class]	名	클래스, 학급, 반
4級	グラス	[glass]	名	잔, 글라스
4級	くる	[来る]	動	오다
4級	くるま	[車]	名	차, 자동차
4級	くろ	[黒]	名	검정, 검정색
4級	くろい	[黒い]	形	검다, 까맣다

4級	けいかん	[警官]	名	경찰, 경찰관
4級	けさ	[今朝]	名	오늘 아침
4級	けす	[消す]	動	끄다, 없애다, 지우다
4級	けっこう	[結構]	副	제법, 상당히, 그런대로
4級	けっこうだ	[結構だ]	な形	충분하다, 필요 없다, 좋다
4級	けっこん(する)	[結婚(する)]	名,動	결혼(하다)
4級	げつようび	[月曜日]	名	월요일
4級	げんかん	[玄関]	名	현관
4級	げんき(だ)	[元気(だ)]	名,な形	원기, 활력, 건강(하다)

4級	～こ	[～個]	数	～개(개수)
4級	ご	[五]	名	5, 다섯
4級	～ご	[～語]	接尾	～어(언어)
4級	こうえん	[公園]	名	공원
4級	こうさてん	[交差点]	名	교차점

4級	こうちゃ	[紅茶]	名	홍차
4級	こうばん	[交番]	名	파출소
4級	こえ	[声]	名	목소리, 소리
4級	コート	[coat]	名	코트, 외투
4級	コーヒー	[coffee]	名	커피
4級	ここ	[此処]	代	여기, 이곳
4級	ごご	[午後]	名	오후
4級	ここのか	[九日]	名	9일, 아흐레
4級	ここのつ	[九つ]	名	아홉, 아홉 개, 아홉 살
4級	ごぜん	[午前]	名	오전
4級	こたえる	[答える]	動	대답하다, 답하다
4級	こちら		代	이쪽, 이곳, 이 분
4級	こっち		代	이쪽, 여기
4級	コップ	[cup]	名	(손잡이 없는) 컵
4級	ことし	[今年]	名	올해, 금년
4級	ことば	[言葉]	名	말, 단어, 언어
4級	こども	[子供]	名	어린이, 아이
4級	この	[此の]	連体	이, 이번
4級	ごはん	[御飯]	名	밥, 식사
4級	コピー(する)	[copy(する)]	名,動	복사(하다)
4級	こまる	[困る]	動	곤란하다, 난처하다
4級	これ	[此れ]	代	이것
4級	~ころ	[~頃]	助	~무렵, ~시절, ~경
4級	~ごろ	[~頃]	助	~무렵, ~시절, ~경
4級	こんげつ	[今月]	名	이번 달, 이 달

4級	こんしゅう	[今週]	名	이번 주, 금주
4級	こんな		連体	이러한, 이런
4級	こんばん	[今晩]	名	오늘 밤

4級

단어 제대로 끝내기

さ

4級	さあ		感	자아, 어서, 그럼, 글쎄
4級	~さい	[~歳]	助数	~세(나이), ~살
4級	さいふ	[財布]	名	지갑
4級	さかな	[魚]	名	생선, 물고기
4級	さき	[先]	名	먼저, 전, 이전, 앞
4級	さく	[咲く]	動	(꽃이) 피다
4級	さくぶん	[作文]	名	작문
4級	さす	[差す]	動	(우산을) 쓰다
4級	~さつ	[~冊]	助数	~권(책)
4級	ざっし	[雑誌]	名	잡지
4級	さとう	[砂糖]	名	설탕
4級	さむい	[寒い]	形	춥다, 차다
4級	さらいねん	[再来年]	名	내후년, 다음다음해
4級	さん	[三]	名	3, 셋
4級	~さん	[~様]	接尾	~씨, ~님(상대를 높여 부르는 호칭어)
4級	さんぽ(する)	[散歩(する)]	名,動	산책(하다)

4級	し	[四]	名	4, 넷
4級	~じ	[~時]	数	~시(시간)
4級	しお	[塩]	名	소금
4級	しかし	[然し]	接	그러나, 그렇지만
4級	じかん	[時間]	名	시간, 시각
4級	~じかん	[~時間]	数	~시간
4級	しごと	[仕事]	名	일, 작업
4級	じしょ	[辞書]	名	사전
4級	しずかだ	[静かだ]	な形	조용하다, 고요하다
4級	した	[下]	名	아래, 밑
4級	しち	[七]	名	7, 일곱
4級	しつもん(する)	[質問(する)]	名,動	질문(하다)
4級	じてんしゃ	[自転車]	名	자전거
4級	じどうしゃ	[自動車]	名	자동차
4級	しぬ	[死ぬ]	動	죽다
4級	じびき	[字引]	名	사전, 옥편
4級	じぶん	[自分]	名	자신, 자기, 나
4級	しまる	[閉まる]	動	닫히다
4級	しめる	[閉める]	動	닫다
4級	しめる	[締める]	動	매다, 졸라매다
4級	じゃ(あ)		接	그럼, 그러면, 자
4級	しゃしん	[写真]	名	사진
4級	シャツ	[shirts]	名	셔츠

25

4級	シャワー	[shower]	名	샤워
4級	じゅう	[十]	名	10, 열
4級	~じゅう	[~中]	接尾	~동안 내내, ~도처에
4級	~しゅうかん	[~週刊]	数	~주간
4級	じゅぎょう(する)	[授業(する)]	名,動	수업(하다)
4級	しゅくだい	[宿題]	名	숙제
4級	じょうず(だ)	[上手(だ)]	名,な形	잘함, 능숙함, 능숙하다
4級	じょうぶ(だ)	[丈夫(だ)]	名,な形	건강함, 건강하다, 튼튼하다
4級	しょうゆ	[醤油]	名	간장
4級	しょくどう	[食堂]	名	식당
4級	しる	[知る]	動	알다
4級	しろ	[白]	名	하양, 흰색
4級	しろい	[白い]	形	희다, 하얗다
4級	~じん	[~人]	接尾	~인(국적)
4級	しんぶん	[新聞]	名	신문

4級	すいようび	[水曜日]	名	수요일
4級	すう	[吸う]	動	들이마시다, (담배를) 피우다
4級	スカート	[skirt]	名	스커트, 치마
4級	すき(だ)	[好き(だ)]	名,な形	좋아함, 좋아하다
4級	~すぎ	[~過ぎ]	接尾	때를 지남, 정도를 넘음
4級	すぐ(に)	[直ぐ(に)]	副	곧, 즉시, 당장
4級	すくない	[少ない]	形	적다
4級	すこし	[少し]	副	조금, 좀, 약간

4級	すずしい	[涼しい]	形	시원하다, 서늘하다, 선선하다
4級	~ずつ		助	~씩
4級	ストーブ	[stove]	名	스토브, 난로
4級	スプーン	[spoon]	名	스푼, 숟가락
4級	スポーツ	[sports]	名	스포츠, 운동
4級	ズボン	[jupon]	名	바지
4級	すむ	[住む]	動	살다, 거주하다
4級	スリッパ	[slippers]	名	슬리퍼
4級	する	[為る]	動	하다, 행하다
4級	すわる	[座る]	動	앉다

4級	せい	[背]	名	키, 신장
4級	せいと	[生徒]	名	학생, 중고생
4級	セーター	[sweater]	名	스웨터
4級	せっけん	[石鹸]	名	비누
4級	せびろ	[背広]	名	양복, 남성 정장
4級	せまい	[狭い]	形	좁다, 협소하다
4級	ゼロ	[zero]	名	제로, 영
4級	せん	[千]	名	천
4級	せんげつ	[先月]	名	지난달, 전달
4級	せんしゅう	[先週]	名	지난주, 전주
4級	せんせい	[先生]	名	선생님
4級	せんたく(する)	[洗濯(する)]	名,動	세탁(하다), 빨래(하다)
4級	ぜんぶ	[全部]	名,副	전부, 모두

27

4級	そう		副	그렇게, 그러하게, 그리
4級	そうじ(する)	[掃除(する)]	名,動	청소(하다)
4級	そうして		接	그리고, 그리고 나서
4級	そこ	[其所]	代	거기, 그곳
4級	そして		接	그리고, 그래서
4級	そちら		代	그쪽, 그곳, 거기
4級	そっち		代	그쪽, 거기
4級	そと	[外]	名	밖, 바깥
4級	その	[其の]	連体	그
4級	そば	[側]	名	옆, 곁, 근처
4級	そら	[空]	名	하늘
4級	それ	[其れ]	代	그것
4級	それから	[其れから]	接	그리고, 그리고 나서
4級	それでは	[其れでは]	接	그러면, 그렇다면

4級	~だい	[~台]	助数	~대(기계, 차량)
4級	だいがく	[大学]	名	대학교
4級	たいしかん	[大使館]	名	대사관
4級	だいじょうぶだ	[大丈夫だ]	な形	괜찮다, 틀림없다
4級	だいすきだ	[大好きだ]	な形	매우 좋아하다
4級	たいせつ(だ)	[大切(だ)]	名·な形	중요함, 중요하다, 귀중하다
4級	だいどころ	[台所]	名	부엌
4級	たいへん	[大変]	副	매우, 대단히, 몹시
4級	たいへんだ	[大変だ]	な形	대단하다, 큰일이다, 힘들다
4級	たかい	[高い]	形	높다
4級	たかい	[高い]	形	비싸다
4級	たくさん	[沢山]	副	많이
4級	たくさん(だ)	[沢山(だ)]	名·な形	많음, 충분하다, 질색이다
4級	タクシー	[taxi]	名	택시
4級	~だけ		助	~만, ~뿐
4級	だす	[出す]	動	꺼내다, 내다
4級	~たち	[~達]	接尾	~들(복수를 나타내는 말)

4級	たつ	[立つ]	動	서다, 일어서다
4級	たて	[縦]	名	세로
4級	たてもの	[建物]	名	건물
4級	たのしい	[楽しい]	形	즐겁다
4級	たのむ	[頼む]	動	부탁하다, 당부하다
4級	たばこ	[煙草]	名	담배
4級	たぶん	[多分]	副	아마, 아마도
4級	たべもの	[食べ物]	名	음식, 먹을 것
4級	たべる	[食べる]	動	먹다
4級	たまご	[卵]	名	달걀, 계란, 알
4級	だれ	[誰]	代	누구, 아무
4級	だれか	[誰か]	代	누군가
4級	たんじょうび	[誕生日]	名	생일
4級	だんだん	[段々]	副	점점, 차츰

4級	ちいさい	[小さい]	形	작다
4級	ちいさな	[小さな]	連体	작은, 자그마한
4級	ちかい	[近い]	形	가깝다
4級	ちがう	[違う]	動	다르다, 틀리다
4級	ちかく	[近く]	名	근처, 가까운 곳
4級	ちかてつ	[地下鉄]	名	지하철
4級	ちず	[地図]	名	지도
4級	ちち	[父]	名	아빠, 아버지
4級	ちゃいろ	[茶色]	名	갈색

4級	ちゃわん	[茶碗]	名	밥그릇, 밥공기
4級	~ちゅう	[~中]	接尾	~중(사이, 도중)
4級	ちょうど	[丁度]	副	꼭, 마침, 알맞게
4級	ちょっと	[一寸]	副	조금, 잠깐, 언뜻

4級	ついたち	[一日]	名	1일, 초하루
4級	つかう	[使う]	動	쓰다, 사용하다
4級	つかれる	[疲れる]	動	피곤하다, 피로하다
4級	つぎ	[次]	名	다음, 버금
4級	つく	[着く]	動	닿다, 도착하다
4級	つくえ	[机]	名	책상
4級	つくる	[作る]	動	만들다, 제조하다
4級	つける	[点ける]	動	(불을) 켜다
4級	つとめる	[勤める]	動	근무하다
4級	つまらない	[詰まらない]	形	재미없다, 시시하다
4級	つめたい	[冷たい]	形	차갑다, 차다
4級	つよい	[強い]	形	세다, 강하다

4級	て	[手]	名	손
4級	テープ	[tape]	名	테이프
4級	テーブル	[table]	名	테이블, 탁자
4級	テープレコーダー	[tape recorder]	名	테이프리코더, 녹음기
4級	でかける	[出掛ける]	動	외출하다, 떠나다

31

4級	てがみ	[手紙]	名	편지
4級	できる	[出来る]	動	할 수 있다, 가능하다
4級	でぐち	[出口]	名	출구
4級	テスト(する)	[test(する)]	名	테스트, 시험(치다)
4級	では		接	그럼, 그러면, 그렇다면
4級	デパート	[department store]	名	백화점
4級	でも		接	그렇지만, 그러나
4級	でる	[出る]	動	나가다, 나오다
4級	テレビ	[television]	名	텔레비전
4級	てんき	[天気]	名	날씨
4級	でんき	[電気]	名	전기
4級	でんしゃ	[電車]	名	전차, 전철
4級	でんわ	[電話]	名	전화

4級	と	[戸]	名	문
4級	~ど	[~度]	助数	~번(횟수)
4級	ドア	[door]	名	도어, 문
4級	トイレ	[toilet]	名	화장실
4級	どう		副	어떻게, 어떠한, 아무리
4級	どうして		副	어떻게, 왜, 어째서
4級	どうぞ		副	아무쪼록, 부디, 어서
4級	どうぶつ	[動物]	名	동물
4級	どうも		副	대단히, 아무래도, 도무지
4級	とお	[十]	名	열, 열 개, 열 살

4級	とおい	[遠い]	形	멀다
4級	とおか	[十日]	名	10일
4級	とき	[時]	名	때, 시간, 시각
4級	ときどき	[時々]	副	때때로, 가끔
4級	とけい	[時計]	名	시계
4級	どこ	[何処]	代	어디, 어느 곳
4級	ところ	[所]	名	곳, 데, 장소
4級	とし	[年]	名	해, 나이
4級	としょかん	[図書館]	名	도서관
4級	どちら	[何方]	代	어느 쪽, 어느 곳
4級	どっち	[何方]	代	어느 쪽, 어디
4級	とても		副	아주, 매우, 대단히
4級	どなた		代	어느 분(だれの 존경어)
4級	となり	[隣]	名	옆, 이웃, 이웃집
4級	どの	[何の]	連体	어느, 어떤, 무슨
4級	とぶ	[飛ぶ]	動	날다, 뛰다
4級	とまる	[止まる]	動	서다, 멎다
4級	ともだち	[友達]	名	친구, 동무
4級	どようび	[土曜日]	名	토요일
4級	とり	[鳥]	名	새
4級	とりにく	[鶏肉]	名	닭고기
4級	とる	[取る]	動	잡다, 쥐다, 취하다
4級	とる	[撮る]	動	(사진을) 찍다
4級	どれ		代	어느 것, 어느 쪽
4級	どんな		連体	어떤, 어떠한

4級

단어 체크 101

な

4級	ない	[無い]	形	없다
4級	ナイフ	[knife]	名	나이프, 칼
4級	なか	[中]	名	안, 중, 가운데
4級	ながい	[長い]	形	길다, 오래다
4級	~ながら		接助	~하면서, ~하며
4級	なく	[鳴く]	動	(동물이) 울다, 짖다
4級	なくす	[無くす]	動	잃다, 잃어버리다
4級	なぜ	[何故]	副	왜, 어째서
4級	なつ	[夏]	名	여름
4級	なつやすみ	[夏休み]	名	여름방학
4級	~など	[~等]	助	~등, ~따위
4級	ななつ	[七つ]	名	일곱, 일곱 개, 일곱 살
4級	なに	[何]	代	무엇
4級	なのか	[七日]	名	7일
4級	なまえ	[名前]	名	이름, 성명
4級	ならう	[習う]	動	배우다, 익히다
4級	ならぶ	[並ぶ]	動	줄서다, 나란히 서다

4級	ならべる	[並べる]	動	나란히 세우다
4級	なる	[為る]	動	되다, 변하다
4級	なる	[成る]	動	되다, 완성되다
4級	なん	[何]	代	몇, 무엇

4級	に	[二]	名	2, 둘
4級	にぎやかだ	[賑やかだ]	な形	번화하다, 북적거리다
4級	にく	[肉]	名	살, 고기
4級	にし	[西]	名	서, 서쪽
4級	～にち	[～日]	数	～일(날수)
4級	にちようび	[日曜日]	名	일요일
4級	にもつ	[荷物]	名	짐, 화물
4級	ニュース	[news]	名	뉴스
4級	にわ	[庭]	名	마당, 정원, 뜰
4級	～にん	[～人]	助数	～명(인수)

| 4級 | ぬぐ | [脱ぐ] | 動 | 벗다 |
| 4級 | ぬるい | [温い] | 形 | 미지근하다 |

4級	ネクタイ	[necktie]	名	넥타이
4級	ねこ	[猫]	名	고양이
4級	ねる	[寝る]	動	자다

4級	~ねん	[~年]	助数	~년(해)

の

4級	ノート	[note]	名	노트, 공책
4級	のぼる	[登る]	動	오르다, 올라가다
4級	のみもの	[飲み物]	名	음료수, 마실 것
4級	のむ	[飲む]	動	마시다
4級	のる	[乗る]	動	타다, 오르다

は

4級	は	[歯]	名	이, 치아
4級	パーティー	[party]	名	파티
4級	はい		感	예, 네
4級	~はい	[~杯]	助数	~잔(그릇)
4級	はいざら	[灰皿]	名	재떨이
4級	はいる	[入る]	動	들어가다, 들어오다
4級	はがき	[葉書]	名	엽서
4級	はく	[履く]	動	(하의를) 입다, 신다
4級	はこ	[箱]	名	상자
4級	はし	[橋]	名	다리
4級	はし	[箸]	名	젓가락
4級	はじまる	[始まる]	動	시작되다
4級	はじめ(に)	[初め(に)]	名,副	처음, 시작, 최초(로)
4級	はじめ(に)	[始め(に)]	名,副	시작, 시초, 개시, 기원(으로)
4級	はじめて	[初めて]	副	처음으로, 첫 번째로, 비로소
4級	はしる	[走る]	動	달리다, 뛰다
4級	バス	[bus]	名	버스

37

4級	バター	[butter]	名	버터
4級	はたち	[二十歳]	名	20살, 스무 살
4級	はたらく	[働く]	動	일하다
4級	はち	[八]	名	8, 여덟
4級	はつか	[二十日]	名	20일, 스무날
4級	はな	[花]	名	꽃
4級	はな	[鼻]	名	코
4級	はなし	[話]	名	이야기, 말
4級	はなす	[話す]	動	이야기하다, 말하다
4級	はは	[母]	名	엄마, 어머니
4級	はやい	[早い]	形	빠르다, 이르다
4級	はやい	[速い]	形	빠르다, 세차다
4級	はる	[春]	名	봄
4級	はる	[貼る]	動	붙이다, 바르다
4級	はれ	[晴れ]	名	맑음, 날씨가 갬
4級	はれる	[晴れる]	動	(날씨가) 개다, 맑다
4級	はん	[半]	名	반, 절반
4級	ばん	[晩]	名	밤
4級	~ばん	[~番]	助数	~번(순번)
4級	パン	[pão]	名	빵
4級	ハンカチ	[handkerchief]	名	손수건(ハンカチーフ의 줄임말)
4級	ばんごう	[番号]	名	번호
4級	ばんごはん	[晩御飯]	名	저녁밥, 저녁식사
4級	はんぶん	[半分]	名	반, 절반

ひ

4級	ひがし	[東]	名	동, 동쪽
4級	~ひき	[~匹]	助数	~마리(새, 작은 짐승)
4級	ひく	[引く]	動	당기다, 끌다
4級	ひく	[弾く]	動	(피아노를) 치다, (악기를) 켜다
4級	ひくい	[低い]	形	낮다, (키가)작다
4級	ひこうき	[飛行機]	名	비행기
4級	ひだり	[左]	名	왼, 왼쪽
4級	ひと	[人]	名	사람, 남, 타인
4級	ひとつ	[一つ]	名	하나, 한 개, 한 살
4級	ひとつき	[一月]	名	한 달, 1개월
4級	ひとばん	[一晩]	名	하룻밤
4級	ひとり	[一人]	名	한 사람, 혼자
4級	ひま	[暇]	名	틈, 짬, 여유
4級	ひゃく	[百]	名	100, 백
4級	びょういん	[病院]	名	병원
4級	びょうき	[病気]	名	병, 질병
4級	ひらがな	[平仮名]	名	히라가나
4級	ひる	[昼]	名	낮, 점심
4級	ひるごはん	[昼御飯]	名	점심밥, 점심식사
4級	ひろい	[広い]	形	넓다

ふ

4級	フィルム	[film]	名	필름

4級	ふうとう	[封筒]	名	봉투
4級	プール	[pool]	名	수영장, 풀장
4級	フォーク	[fork]	名	포크
4級	ふく	[吹く]	動	(바람이) 불다
4級	ふく	[服]	名	옷, 의복
4級	ふたつ	[二つ]	名	둘, 두 개, 두 살
4級	ぶたにく	[豚肉]	名	돼지고기
4級	ふたり	[二人]	名	두 명, 두 사람
4級	ふつか	[二日]	名	2일
4級	ふとい	[太い]	形	굵다, 뚱뚱하다
4級	ふゆ	[冬]	名	겨울
4級	ふる	[降る]	動	(비, 눈이) 내리다
4級	ふるい	[古い]	形	오래되다, 낡다
4級	ふろ	[風呂]	名	욕조, 목욕탕
4級	~ふん	[~分]	数	~분(시간)
4級	ぶんしょう	[文章]	名	문장

4級	ページ	[page]	名	페이지, 쪽
4級	へた(だ)	[下手(だ)]	名,な形	서투름, 솜씨가 서툴다
4級	ベッド	[bed]	名	침대
4級	ペット	[pet]	名	애완 동물
4級	へや	[部屋]	名	방, 집
4級	へん	[辺]	名	부근, 근방
4級	ペン	[pen]	名	펜

4級	べんきょう(する)	[勉強(する)]	名,動	공부(하다)
4級	べんり(だ)	[便利(だ)]	名,な形	편리(하다)

ほ

4級	ほう	[方]	名	방향, 방위
4級	ぼうし	[帽子]	名	모자
4級	ボールペン	[ball pen]	名	볼펜
4級	ほか	[外]	名	다른 것, 그 이외, 다른 곳
4級	ポケット	[pocket]	名	포켓, 주머니
4級	ほしい	[欲しい]	形	원하다, 갖고 싶다
4級	ポスト	[post]	名	우편함, 우체통
4級	ほそい	[細い]	形	가늘다, 좁다
4級	ボタン	[botao]	名	버튼, 단추
4級	ホテル	[hotel]	名	호텔
4級	ほん	[本]	名	책
4級	~ほん	[~本]	助数	~자루(막대), ~병
4級	ほんだな	[本棚]	名	책장
4級	ほんとう	[本当]	名	정말, 사실, 진실
4級	ほんとうに	[本当に]	副	정말로

4級

단어 세게로 풀다

41

ま

4級	~まい	[~枚]	助数	~장, ~매(종이, 접시)
4級	まいあさ	[毎朝]	名	매일 아침, 아침마다
4級	まいげつ	[毎月]	名	매월, 매달
4級	まいしゅう	[毎週]	名	매주
4級	まいつき	[毎月]	名	매월, 매달
4級	まいとし	[毎年]	名	매년
4級	まいにち	[毎日]	名	매일
4級	まいねん	[毎年]	名	매년
4級	まいばん	[毎晩]	名	매일 밤
4級	まえ	[前]	名	앞, 전, 먼저
4級	~まえ	[~前]	接尾	~인분, ~분량, ~당
4級	まがる	[曲がる]	動	구부러지다, 굽다
4級	まずい	[不味い]	形	맛없다, 서투르다
4級	また	[又]	副	다시, 또
4級	まだ	[未だ]	副	아직, 여태
4級	まち	[町]	名	마을, 시골
4級	まち	[街]	名	마을, 거리, 번화가

4級	まつ	[待つ]	動	기다리다
4級	まっすぐ(だ)	[真っ直ぐ(だ)]	な形	곧음, 곧장, 똑바르다
4級	マッチ	[match]	名	성냥
4級	まど	[窓]	名	창문, 창
4級	まるい	[丸い]	形	둥글다
4級	まるい	[円い]	形	둥글다, 원만하다
4級	まん	[万]	名	만
4級	まんねんひつ	[万年筆]	名	만년필

4級	みがく	[磨く]	動	닦다, 연마하다
4級	みぎ	[右]	名	오른, 오른쪽
4級	みじかい	[短い]	形	짧다, 작다
4級	みず	[水]	名	물
4級	みせ	[店]	名	가게, 상점
4級	みせる	[見せる]	動	보여주다
4級	みち	[道]	名	길, 도로
4級	みっか	[三日]	名	3일
4級	みっつ	[三つ]	名	셋, 세 개, 세 살
4級	みどり	[緑]	名	녹색, 초록색
4級	みなさん	[皆さん]	名	여러분
4級	みなみ	[南]	名	남, 남쪽
4級	みみ	[耳]	名	귀
4級	みる	[見る]	動	보다
4級	みんな	[皆]	名,副	모두, 전원, 일동, 전부

む

4級	むいか	[六日]	名	6일
4級	むこう	[向こう]	名	맞은편, 건너편, 상대편
4級	むずかしい	[難しい]	形	어렵다
4級	むっつ	[六つ]	名	여섯, 여섯 개, 여섯 살
4級	むら	[村]	名	마을, 시골

め

4級	め	[目]	名	눈
4級	メートル	[meter]	名	미터
4級	めがね	[眼鏡]	名	안경

も

4級	もう		副	이미, 벌써
4級	もう		副	다시, 또, 더
4級	もくようび	[木曜日]	名	목요일
4級	もしもし		感	여보세요
4級	もつ	[持つ]	動	가지다, 들다
4級	もっと		副	더, 좀 더, 한층
4級	もの	[物]	名	물건, 것
4級	もん	[門]	名	문, 대문
4級	もんだい	[問題]	名	문제

4級	~や	[~屋]	接尾	~가게
4級	やおや	[八百屋]	名	야채가게, 야채상
4級	やさい	[野菜]	名	야채, 채소
4級	やさしい	[易しい]	形	쉽다, 간단하다
4級	やすい	[安い]	形	싸다
4級	やすみ	[休み]	名	휴식, 휴가, 휴일
4級	やすむ	[休む]	動	쉬다
4級	やっつ	[八つ]	名	여덟, 여덟 개, 여덟 살
4級	やま	[山]	名	산
4級	やる	[遣る]	動	하다

4級	ゆうがた	[夕方]	名	저녁, 저녁때
4級	ゆうはん	[夕飯]	名	저녁밥, 저녁식사
4級	ゆうびんきょく	[郵便局]	名	우체국
4級	ゆうべ	[昨夜]	名	어젯밤
4級	ゆうめい(だ)	[有名(だ)]	名,な形	유명(하다)

45

4級	ゆき	[雪]	名	눈
4級	ゆっくり(と)(する)		副,動	천천히, 충분히, 느긋하게, 푹 쉬다

4級	よい	[良い]	形	좋다, 괜찮다
4級	ようか	[八日]	名	8일
4級	ようふく	[洋服]	名	옷
4級	よく	[良く]	副	자주
4級	よく	[好く]	副	잘
4級	よこ	[横]	名	가로, 옆
4級	よっか	[四日]	名	4일
4級	よっつ	[四つ]	名	넷, 네 개, 네 살
4級	よぶ	[呼ぶ]	動	부르다, 외치다
4級	よむ	[読む]	動	읽다
4級	よる	[夜]	名	밤
4級	よわい	[弱い]	形	약하다

단어 찾아보기 4級

ら

4級	らいげつ	[来月]	名	다음 달, 내달
4級	らいしゅう	[来週]	名	다음 주
4級	らいねん	[来年]	名	내년, 다음 해
4級	ラジオ	[radio]	名	라디오
4級	ラジカセ	[radio cassette]	名	라디오카세트

り

4級	りっぱだ	[立派だ]	な形	훌륭하다
4級	りゅうがくせい	[留学生]	名	유학생
4級	りょうしん	[両親]	名	양친, 부모
4級	りょうり(する)	[料理(する)]	名,動	음식, 요리(하다)
4級	りょこう(する)	[旅行(する)]	名,動	여행(하다)

れ

4級	れい	[零]	名	영, 0
4級	れいぞうこ	[冷蔵庫]	名	냉장고
4級	レコード	[record]	名	레코드, 음반

| 4級 | レストラン | [restaurant] | 名 | 레스토랑 |
| 4級 | れんしゅう(する) | [練習(する)] | 名,動 | 연습(하다) |

| 4級 | ろうか | [廊下] | 名 | 복도 |
| 4級 | ろく | [六] | 名 | 6, 여섯 |

わ

4級	ワイシャツ	[white shirts]	名	와이셔츠
4級	わかい	[若い]	形	젊다, 어리다
4級	わかる	[分かる]	動	알다, 이해하다
4級	わすれる	[忘れる]	動	잊다, 잊어버리다
4級	わたくし	[私]	代	나, 저
4級	わたし	[私]	代	나
4級	わたす	[渡す]	動	건네다, 넘기다
4級	わたる	[渡る]	動	건너다, 지나가다
4級	わるい	[悪い]	形	나쁘다

급수별
단어 제대로 끝내기

3級

あ

3級	あ		感	아, 오
3級	ああ		副	저렇게, 저처럼
3級	あいさつ(する)	[挨拶(する)]	名,動	인사(하다)
3級	あいだ	[間]	名	사이, 틈
3級	あう	[合う]	動	맞다, 합쳐지다
3級	あかちゃん	[赤ちゃん]	名	갓난아기
3級	あがる	[上がる]	動	오르다, 올라가다
3級	あかんぼう	[赤ん坊]	名	갓난아기, 젖먹이
3級	あく	[空く]	動	비다
3級	アクセサリー	[accessory]	名	액세서리
3級	あげる		動	드리다, 주다
3級	あさい	[浅い]	形	얕다, 엷다, 옅다
3級	あじ	[味]	名	맛
3級	アジア	[Asia]	名	아시아
3級	あす	[明日]	名	내일, 앞날
3級	あそび	[遊び]	名	놀이
3級	あつまる	[集まる]	動	모이다, 모여들다

3級	あつめる	[集める]	動	모으다, 수집하다
3級	アナウンサー	[announcer]	名	아나운서
3級	アフリカ	[Africa]	名	아프리카
3級	アメリカ	[America]	名	아메리카, 미국
3級	あやまる	[謝る]	動	빌다, 사과하다
3級	アルコール	[alcohol]	名	술, 알코올
3級	アルバイト(する)	[Arbeit(する)]	名,動	아르바이트(하다)
3級	あんしん(する)	[安心(する)]	名,動	안심(하다)
3級	あんぜん(だ)	[安全(だ)]	名,な形	안전(하다)
3級	あんな		連体	저런, 저러한
3級	あんない(する)	[案内(する)]	名,動	안내(하다)

3級	いか	[以下]	名	이하
3級	いがい	[以外]	名	이외
3級	いがく	[医学]	名	의학
3級	いきる	[生きる]	動	살다, 살아가다
3級	いくら(~ても)		副	아무리 (~하더라도)
3級	いけん	[意見]	名	의견
3級	いし	[石]	名	돌
3級	いじめる	[苛める]	動	괴롭히다, 못살게 굴다
3級	いじょう	[以上]	名	이상
3級	いそぐ	[急ぐ]	動	서두르다
3級	いたす	[致す]	動	する의 겸양어
3級	いただく	[頂く]	動	食べる,飲む의 겸양어

3級	いちど	[一度]	名	한 번, 한 차례
3級	いっしょうけんめい	[一生懸命]	副	열심히
3級	いっぱい	[一杯]	名	한 잔
3級	いっぱい	[一杯]	副	가득, 많이
3級	いっぱん(に)	[一般(に)]	名,副	일반, 일반적으로, 대체로
3級	いと	[糸]	名	실
3級	いない	[以内]	名	이내
3級	いなか	[田舎]	名	시골, 촌, 고향
3級	いのる	[祈る]	動	기도하다, 빌다
3級	いらっしゃる		動	いる,行く,来る의 존경어
3級	~いん	[~員]	接尾	~원(사람)

う

3級	うえる	[植える]	動	심다
3級	うかがう	[伺う]	動	여쭙다(問う 겸양어)
3級	うかがう	[伺う]	動	찾아뵙다(たずねる,訪れる의 겸양어)
3級	うけつけ	[受付]	名	접수, 접수처
3級	うける	[受ける]	動	받다
3級	うごく	[動く]	動	움직이다
3級	うそ	[嘘]	名	거짓말, 거짓
3級	うち		名	안, 속, 이내
3級	うつ	[打つ]	動	치다, 때리다
3級	うつくしい	[美しい]	形	아름답다
3級	うつす	[写す]	動	베끼다
3級	うつる	[移る]	動	옮기다, 옮다, 이전하다

3級	うで	[腕]	名	팔
3級	うまい	[旨い]	形	맛있다, 잘하다
3級	うら	[裏]	名	뒷면, 이면
3級	うりば	[売り場]	名	매장
3級	うれしい	[嬉しい]	形	기쁘다
3級	うん		感	응, 그래
3級	うんてん(する)	[運転(する)]	名動	운전(하다)
3級	うんてんしゅ	[運転手]	名	운전사
3級	うんどう(する)	[運動(する)]	名動	운동(하다)

3級	エスカレーター	[escalator]	名	에스컬레이터
3級	えだ	[枝]	名	가지, 나뭇가지
3級	えらぶ	[選ぶ]	動	고르다, 택하다, 선택하다
3級	えんりょ(する)	[遠慮(する)]	名動	사양(하다), 삼가다

3級	おいでになる	[お出でになる]	動	いる, 行く, 来る, 出る의 존경어
3級	おいわい	[お祝い]	名	축하, 축하선물
3級	オートバイ	[auto bicycle]	名	오토바이
3級	オーバー	[overcoat]	名	오버코트
3級	おかげ	[御蔭]	名	덕분, 덕택, 은혜
3級	おかしい	[可笑しい]	形	이상하다, 우습다
3級	(お)かねもち	[(お)金持ち]	名	부자
3級	~おき	[~置き]	接尾	~간격으로, ~걸러, ~마다

55

3級	おく	[億]	名	억
3級	おくじょう	[屋上]	名	옥상
3級	おくりもの	[贈り物]	名	선물
3級	おくる	[送る]	動	(물건을) 보내다, 부치다
3級	おくれる	[遅れる]	動	늦어지다, 뒤쳐지다
3級	おこさん	[お子さん]	名	자제분, 자녀분
3級	おこす	[起こす]	動	깨우다, 일으키다
3級	おこなう	[行なう]	動	행하다, 행동하다
3級	おこる	[怒る]	動	화내다, 성내다, 노하다
3級	おしいれ	[押入れ]	名	벽장, 반침
3級	おじょうさん	[お嬢さん]	名	아가씨, 따님
3級	おたく	[お宅]	名	댁(상대방 집의 높임말)
3級	おちる	[落ちる]	動	떨어지다
3級	おっしゃる	[仰る]	動	말씀하시다(言う의 존경어)
3級	おっと	[夫]	名	남편
3級	おつり	[御釣り]	名	거스름돈
3級	おと	[音]	名	소리
3級	おとす	[落とす]	動	떨어뜨리다
3級	おどり	[踊り]	名	춤, 무용
3級	おどる	[踊る]	動	춤추다
3級	おどろく	[驚く]	動	놀라다
3級	おまつり	[御祭り]	名	축제, 마츠리
3級	おみまい	[御見舞い]	名	문병, 병문안
3級	おみやげ	[御土産]	名	선물, 토산품
3級	おもいだす	[思い出す]	動	생각나다, 생각해내다

3級	おもう	[思う]	動	생각하다, 여기다
3級	おもちゃ	[玩具]	名	장난감
3級	おもて	[表]	名	겉, 앞면, 바깥
3級	おや	[親]	名	부모
3級	おりる	[下りる]	動	내려오다
3級	おる	[居る]	動	いる의 겸양어
3級	おる	[折る]	動	접다, 꺾다
3級	おれい	[御礼]	名	감사인사, 사례
3級	おれる	[折れる]	動	접히다, 꺾이다
3級	おわり	[終わり]	名	끝, 마지막
3級	~おわる	[~終わる]	接尾	~을 다하다

57

か

3級	~か	[~家]	接尾	~가(직업인, 전문가)
3級	カーテン	[curtain]	名	커튼
3級	~かい	[~会]	接尾	~회(모임)
3級	かいがん	[海岸]	名	해안
3級	かいぎ(する)	[会議(する)]	名,動	회의(하다)
3級	かいぎしつ	[会議室]	名	회의실
3級	かいじょう	[会場]	名	회장, 집회장
3級	かいわ(する)	[会話(する)]	名,動	회화(하다), 대화(하다)
3級	かえり	[帰り]	名	돌아감, 돌아오는 길
3級	かえる	[変える]	動	바꾸다, 변화시키다
3級	かがく	[科学]	名	과학
3級	かがみ	[鏡]	名	거울
3級	~がくぶ	[~学部]	接尾	~학부
3級	かける	[掛ける]	動	걸다
3級	かける	[掛ける]	動	(의자에) 걸치다
3級	かける	[掛ける]	動	(걱정을) 끼치다
3級	かざる	[飾る]	動	장식하다, 꾸미다

3級	かじ	[火事]	名	화재, 불
3級	ガス	[gas]	名	가스
3級	ガソリン	[gasoline]	名	휘발유
3級	ガソリンスタンド	[gas station]	名	주유소
3級	~かた	[~方]	接尾	~하는 방법, 방식
3級	かたい	[固い]	形	단단하다, 굳다 , 완고하다
3級	かたい	[硬い]	形	단단하다, 딱딱하다, 질기다
3級	かたい	[堅い]	形	단단하다, 건실하다, 확실하다
3級	かたち	[形]	名	모양, 형태
3級	かたづける	[片付ける]	動	치우다, 정리하다
3級	かちょう	[課長]	名	과장
3級	かつ	[勝つ]	動	이기다, 승리하다
3級	かっこう	[格好]	名	모양, 옷차림
3級	かない	[家内]	名	아내
3級	かなしい	[悲しい]	形	슬프다
3級	かならず	[必ず]	副	반드시, 꼭
3級	(お)かねもち	[(お)金持ち]	名	부자
3級	かのじょ	[彼女]	代名	그녀, 그 여자, 여자친구
3級	かべ	[壁]	名	벽
3級	かまう	[構う]	動	상관하다, 마음쓰다
3級	かみ	[髪]	名	머리카락
3級	かむ	[噛む]	動	씹다, 깨물다
3級	かよう	[通う]	動	다니다, 통하다
3級	ガラス	[glass]	名	유리
3級	かれ	[彼]	代名	그, 그 남자, 남자 친구

3級 단어 재배열하기

3級	かれら	[彼等]	代	그들
3級	かわく	[乾く]	動	마르다, 건조하다
3級	かわり(に)	[代わり(に)]	名,副	대용, 대리, 대신(에)
3級	かわる	[変わる]	動	바뀌다, 변하다
3級	かんがえる	[考える]	動	생각하다, 판단하다
3級	かんけい(する)	[関係(する)]	名,動	관계(하다), 관련(되다)
3級	かんごふ	[看護婦]	名	간호사
3級	かんたん(だ)	[簡単(だ)]	名,な形	간단(하다), 쉽다
3級	がんばる	[頑張る]	動	노력하다, 분발하다

3級	き	[気]	名	기운, 마음, 정신
3級	きかい	[機械]	名	기계
3級	きかい	[機会]	名	기회
3級	きけん(だ)	[危険(だ)]	名,な形	위험(하다)
3級	きこえる	[聞こえる]	動	들리다
3級	きしゃ	[汽車]	名	기차
3級	ぎじゅつ	[技術]	名	기술
3級	きせつ	[季節]	名	계절
3級	きそく	[規則]	名	규칙
3級	きっと		副	꼭, 반드시
3級	きぬ	[絹]	名	비단, 견직물
3級	きびしい	[厳しい]	形	엄하다, 엄격하다
3級	きぶん	[気分]	名	기분, 마음
3級	きまる	[決まる]	動	정해지다, 결정되다

3級	きみ	[君]	代	너, 자네
3級	きめる	[決める]	動	정하다, 결정하다
3級	きもち	[気持ち]	名	마음, 기분, 감정
3級	きもの	[着物]	名	옷, 의복, 기모노
3級	きゃく	[客]	名	손님
3級	きゅうこう	[急行]	名	급행열차
3級	きゅうに	[急に]	副	갑자기, 돌연히
3級	きょういく(する)	[教育(する)]	名,動	교육(하다)
3級	きょうかい	[教会]	名	교회
3級	きょうそう(する)	[競争(する)]	名,動	경쟁(하다)
3級	きょうみ	[興味]	名	흥미
3級	きんじょ	[近所]	名	근처, 부근

3級	~く	[~区]	名	~구(행정구역)
3級	ぐあい	[具合]	名	몸 상태, 상태
3級	くうき	[空気]	名	공기
3級	くうこう	[空港]	名	공항
3級	くさ	[草]	名	풀
3級	くださる	[下さる]	動	주시다 (くれる의 존경어)
3級	くび	[首]	名	목
3級	くも	[雲]	名	구름
3級	くらべる	[比べる]	動	비교하다, 견주다
3級	くれる		動	주다
3級	くれる	[暮れる]	動	저물다

3級	~くん	[~君]	接尾	~군(동년배, 손아래 남성을 부르는 호칭)

3級	け	[毛]	名	머리카락
3級	け	[毛]	名	털
3級	けいかく(する)	[計画(する)]	名,動	계획(하다)
3級	けいけん(する)	[経験(する)]	名,動	경험(하다)
3級	けいざい	[経済]	名	경제
3級	けいさつ	[警察]	名	경찰, 경찰관
3級	ケーキ	[cake]	名	케이크
3級	けが	[怪我]	名	부상
3級	けしき	[景色]	名	경치, 풍경
3級	けしゴム	[消ゴム]	名	지우개
3級	げしゅく(する)	[下宿(する)]	名,動	하숙(하다)
3級	けっして	[決して]	副	결코, 절대로
3級	~けれど		接助	~하나, ~하지만
3級	けれど		接	그러나, 그렇지만, 하지만
3級	~けれども		接助	~하나, ~하지만
3級	けれども		接	그러나, 그렇지만, 하지만
3級	けん	[県]	名	현(일본 행정구역)
3級	~けん	[~軒]	助数	~채(건물)
3級	げんいん	[原因]	名	원인
3級	けんか(する)	[喧嘩(する)]	名,動	싸움(하다)
3級	けんきゅう(する)	[研究(する)]	名,動	연구(하다)
3級	けんきゅうしつ	[研究室]	名	연구실

3級	けんぶつ(する)	[見物(する)]	名,動	구경(하다)

3級	こ	[子]	名	아이, 자식
3級	ご~	[御~]	接頭	존경, 겸양, 미화를 나타냄
3級	こう		副	이렇게, 이처럼
3級	こうがい	[郊外]	名	교외
3級	こうぎ(する)	[講義(する)]	名,動	강의(하다)
3級	こうぎょう	[工業]	名	공업
3級	こうこう	[高校]	名	고등학교
3級	こうこうせい	[高校生]	名	고등학생
3級	こうじょう	[工場]	名	공장
3級	こうちょう	[校長]	名	교장(선생님)
3級	こうつう	[交通]	名	교통
3級	こうどう	[講堂]	名	강당
3級	こうとうがっこう	[高等学校]	名	고등학교
3級	こうむいん	[公務員]	名	공무원
3級	こくさい	[国際]	名	국제
3級	こころ	[心]	名	마음, 정신, 정성
3級	(ご)しゅじん	[(御)主人]	名	남편(분), 가장
3級	こしょう(する)	[故障(する)]	名,動	고장(나다)
3級	ごぞんじ	[御存知]	名	알고 계심
3級	こたえ	[答え]	名	대답, 해답
3級	ごちそう(する)	[御馳走(する)]	名,動	진수성찬, 후한 대접(하다)
3級	こと	[事]	名	일, 행위, 사실, 사건

63

3級	ことり	[小鳥]	名	작은 새
3級	このあいだ	[此の間]	名	요전 날, 지난 날
3級	このごろ	[此の頃]	名	요즘, 근래
3級	こまかい	[細かい]	形	자세하다, 잘다
3級	ごみ	[塵]	名	쓰레기, 먼지
3級	こむ	[込む]	動	꽉 차다, 붐비다
3級	こむ	[混む]	動	꽉 차다, 혼잡하다
3級	こめ	[米]	名	쌀
3級	ごらんになる	[御覧になる]	動	보시다(見る의 존경어)
3級	これから	[此れから]		앞으로, 이제부터, 장래
3級	こわい	[怖い]	形	무섭다, 두렵다
3級	こわす	[壊す]	動	부수다, 깨뜨리다, 망가뜨리다
3級	こわれる	[壊れる]	動	부서지다, 망가지다, 고장나다
3級	コンサート	[concert]	名	콘서트
3級	こんど	[今度]	名	이번, 이 다음, 다음 번
3級	コンピュータ[ー]	[computer]	名	컴퓨터
3級	こんや	[今夜]	名	오늘밤

64

さ

3級	さいきん	[最近]	名	최근, 요즘
3級	さいご	[最後]	名	마지막, 끝, 최후
3級	さいしょ	[最初]	名	처음, 맨 처음, 최초
3級	さか	[坂]	名	고개, 고갯길, 비탈
3級	さがす	[探す]	動	찾다
3級	さがる	[下がる]	動	내려가다, 떨어지다
3級	さかんだ	[盛んだ]	な形	왕성하다, 번성하다
3級	さげる	[下げる]	動	내리다, 낮추다
3級	さしあげる	[差し上げる]	動	드리다(あげる, 与える의 겸양어)
3級	さっき	[先]	名副	아까, 먼저, 앞서
3級	さびしい	[寂しい]	形	외롭다, 쓸쓸하다
3級	~さま	[~様]	接尾	~님, ~분(상대를 높여 부르는 호칭)
3級	さらいげつ	[再来月]	名	다음 다음달
3級	さらいしゅう	[再来週]	名	다음 다음주
3級	サラダ	[salad]	名	샐러드
3級	さわぐ	[騒ぐ]	動	떠들다, 소란 피우다
3級	さわる	[触る]	動	만지다, (가볍게) 닿다

65

3級	さんぎょう	[産業]	名	산업
3級	サンダル	[sandal]	名	샌들
3級	サンドイッチ	[sandwich]	名	샌드위치
3級	ざんねんだ	[残念だ]	な形	유감스럽다

し

3級	し	[市]	名	시, 도시
3級	じ	[字]	名	글자, 글씨
3級	しあい(する)	[試合(する)]	名,動	시합(하다), 경기(하다)
3級	しかた	[仕方]	名	방법, 방도, 수단
3級	しかる	[叱る]	動	혼내다, 꾸짖다, 야단치다
3級	~しき	[~式]	接尾	~식(의식, 방식)
3級	しけん	[試験]	名	시험
3級	じこ	[事故]	名	사고
3級	じしん	[地震]	名	지진
3級	じだい	[時代]	名	시대, 시절
3級	したぎ	[下着]	名	속옷, 내복
3級	したく(する)	[支度(する)]	名,動	준비(하다), 채비(하다)
3級	しっかり		副	단단히, 꼭, 꽉
3級	しっぱい(する)	[失敗(する)]	名,動	실패(하다)
3級	しつれい(する)	[失礼(する)]	名,動	실례(하다)
3級	じてん	[辞典]	名	사전
3級	しなもの	[品物]	名	물건, 물품
3級	しばらく	[暫く]	副	잠시, 잠깐, 당분간, 오래간만
3級	しま	[島]	名	섬

3級	(~て)しまう	[(~て)仕舞う]	補動	(~해) 버리다, (~하고) 말다
3級	しみん	[市民]	名	시민
3級	じむしょ	[事務所]	名	사무실
3級	しゃかい	[社会]	名	사회
3級	しゃちょう	[社長]	名	사장, 사장님
3級	じゃま(する)(だ)	[邪魔(する)(だ)]	名,動な形	방해(하다), 방문(하다), 귀찮다
3級	ジャム	[jam]	名	잼
3級	じゆう(だ)	[自由(だ)]	名,な形	자유(롭다), 마음대로다
3級	しゅうかん	[習慣]	名	습관
3級	じゅうしょ	[住所]	名	주소
3級	じゅうどう	[柔道]	名	유도
3級	じゅうぶん(だ)	[充分(だ)]	副,な形	충분히, 실컷, 충분하다
3級	(ご)しゅじん	[(御)主人]	名	남편(분), 가장
3級	しゅっせき(する)	[出席(する)]	名,動	출석(하다)
3級	しゅっぱつ(する)	[出発(する)]	名,動	출발(하다)
3級	しゅみ	[趣味]	名	취미
3級	じゅんび(する)	[準備(する)]	名,動	준비(하다)
3級	しょうかい(する)	[紹介(する)]	名,動	소개(하다)
3級	しょうがつ	[正月]	名	설, 정월, 정초
3級	しょうがっこう	[小学校]	名	초등학교
3級	しょうせつ	[小説]	名	소설
3級	しょうたい(する)	[招待(する)]	名,動	초대(하다)
3級	しょうち(する)	[承知(する)]	名,動	앎, 알아들음, 알아듣다
3級	しょうらい	[将来]	名	장래, 앞날, 장차
3級	しょくじ(する)	[食事(する)]	名,動	식사(하다)

3級	しょくりょうひん	[食料品]	名	식료품, 식품
3級	じょせい	[女性]	名	여성, 여자
3級	しらせる	[知らせる]	動	알리다
3級	しらべる	[調べる]	動	알아보다, 조사하다
3級	じんこう	[人口]	名	인구
3級	じんじゃ	[神社]	名	신사
3級	しんせつだ	[親切だ]	な形	친절하다
3級	しんぱい(する)	[心配(する)]	名動	걱정(하다), 근심(하다)
3級	しんぶんしゃ	[新聞社]	名	신문사

3級	すいえい(する)	[水泳(する)]	名動	수영(하다)
3級	すいどう	[水道]	名	수도, 상수도
3級	ずいぶん	[随分]	副	아주, 몹시, 꽤
3級	すうがく	[数学]	名	수학
3級	スーツ	[suit]	名	수트, 양복 상하, 정장
3級	スーツケース	[suitcase]	名	여행용가방
3級	スーパー(マーケット)	[supermarket]	名	슈퍼(마켓)
3級	すぎる	[過ぎる]	動	지나다, 지나가다
3級	~すぎる	[~過ぎる]	接尾	도를 지나치다, 한도를 넘다
3級	すく	[空く]	動	(배가) 고프다, 비다
3級	スクリーン	[screen]	名	스크린
3級	すごい	[凄い]	形	굉장하다, 대단하다
3級	すすむ	[進む]	動	나아가다, 전진하다
3級	すっかり		副	모두, 완전히, 죄다

3級	ずっと		副	훨씬, 쭉, 내내
3級	ステーキ	[steak]	名	스테이크
3級	すてる	[捨(棄)てる]	動	버리다, 내버리다
3級	ステレオ	[stereo]	名	스테레오, 오디오
3級	すな	[砂]	名	모래
3級	すばらしい	[素晴らしい]	形	멋지다, 훌륭하다
3級	すべる	[滑る]	動	미끄러지다, 미끈거리다
3級	すみ	[隅(角)]	名	구석, 모퉁이, 귀퉁이
3級	すむ	[済む]	動	끝나다, 해결되다
3級	すり	[掏摸]	名	소매치기
3級	すると		接	그러자, 그러면, 그렇다면

3級	～せい	[～製]	接尾	～제(제작, 국명)
3級	せいかつ(する)	[生活(する)]	名,動	생활(하다)
3級	せいさん(する)	[生産(する)]	名,動	생산(하다)
3級	せいじ	[政治]	名	정치
3級	せいよう	[西洋]	名	서양
3級	せかい	[世界]	名	세계
3級	せき	[席]	名	자리, 좌석
3級	せつめい(する)	[説明(する)]	名,動	설명(하다)
3級	せなか	[背中]	名	등, 배후
3級	ぜひ	[是非]	副	제발, 꼭, 아무쪼록
3級	せわ(する)	[世話(する)]	名,動	도움, 보살핌, 시중(들다)
3級	せん	[線]	名	선

3級	ぜんぜん	[全然]	副	전혀, 전연
3級	せんそう(する)	[戦争(する)]	名,動	전쟁(하다)
3級	せんぱい	[先輩]	名	선배
3級	せんもん	[専門]	名	전문

そ

3級	そう		感	그래, 정말
3級	そうだん(する)	[相談(する)]	名,動	의논, 상담, 상의(하다)
3級	そだてる	[育てる]	動	기르다, 키우다
3級	そつぎょう(する)	[卒業(する)]	名,動	졸업(하다)
3級	そふ	[祖父]	名	할아버지, 조부
3級	ソフト(だ)	[soft(だ)]	名,な形	소프트, 부드럽다
3級	そぼ	[祖母]	名	할머니, 조모
3級	それで	[其れで]	接	그래서, 그러니까, 그 때문에
3級	それに	[其れに]	接	게다가, 더욱이
3級	それほど	[其れ程]	副	그만큼, 그토록, 그다지
3級	そろそろ		副	천천히, 슬슬, 이제 곧
3級	そんな		連体	그런, 그러한
3級	そんなに		副	그렇게, 그토록

3級	~だい	[~代]	接尾	~대(시기, 대금)
3級	たいいん(する)	[退院(する)]	名,動	퇴원(하다)
3級	だいがくせい	[大学生]	名	대학생
3級	だいじだ	[大事だ]	な形	중요하다
3級	だいたい	[大体]	名,副	대강, 개요, 대체로, 대부분
3級	たいてい	[大抵]	名,副	대강, 대개, 아마, 대체로
3級	タイプ	[type]	名	타입, 형
3級	だいぶ	[大分]	副	꽤, 상당히
3級	たいふう	[台風]	名	태풍
3級	たおれる	[倒れる]	動	넘어지다, 쓰러지다
3級	だから		接	그러니까, 그래서
3級	たしかだ	[確かだ]	な形	확실하다, 정확하다
3級	たす	[足す]	動	더하다, 보태다
3級	~だす	[~出す]	接尾	~하기 시작하다
3級	たずねる	[訪ねる]	動	방문하다, 찾다
3級	たずねる	[尋ねる]	動	찾다, 묻다
3級	ただしい	[正しい]	形	올바르다, 바르다, 맞다

3級	たたみ	[畳]	名	다다미(일본 돗자리)
3級	~だて	[~建て]	接尾	~층(층수)
3級	たてる	[立てる]	動	세우다
3級	たてる	[建てる]	動	짓다, 세우다
3級	たとえば	[例えば]	副	예를 들면, 예컨대
3級	たな	[棚]	名	선반
3級	たのしみ	[楽しみ]	名	즐거움, 낙
3級	たのしむ	[楽しむ]	動	즐기다, 고대하다
3級	たまに	[偶に]	副	가끔, 가끔씩, 드물게
3級	ため	[為]	名,形	이익, 위함, 목적, 때문
3級	だめだ	[駄目だ]	な形	소용없다, 불가능하다
3級	たりる	[足りる]	動	족하다, 충분하다
3級	だんせい	[男性]	名	남성, 남자
3級	だんぼう	[暖房]	名	난방

3級	ち	[血]	名	피, 혈통
3級	チェック(する)	[check(する)]	名,動	체크(하다)
3級	ちから	[力]	名	힘
3級	ちっとも	[塵とも]	副	조금도
3級	~ちゃん		接尾	이름 뒤에 붙이는 애칭
3級	ちゅうい(する)	[注意(する)]	名,動	주의(하다)
3級	ちゅうがっこう	[中学校]	名	중학교
3級	ちゅうし(する)	[中止(する)]	名,動	중지(하다)
3級	ちゅうしゃ(する)	[駐車(する)]	名,動	주차(하다)

3級	ちゅうしゃじょう	[駐車場]	名	주차장
3級	~ちょう	[~町]	接尾	~가(지역)
3級	ちり	[地理]	名	지리

3級	(~に)ついて	[(~に)就いて]	連語	(~에) 대해서, 관해서
3級	つかまえる	[捕まえる]	動	잡다, 붙잡다
3級	つき	[月]	名	달
3級	~つき	[~月]	接尾	~달, ~월
3級	つく	[点く]	動	(불이) 켜지다
3級	つける	[付ける]	動	(정신을) 차리다
3級	つける	[漬ける]	動	(김치를) 담그다, (물에) 담그다
3級	つごう	[都合]	名	형편, 사정
3級	つたえる	[伝える]	動	(말을) 전하다, 전달하다
3級	つづく	[続く]	動	계속되다, 지속되다
3級	つづける	[続ける]	動	계속하다
3級	~つづける	[~続ける]	接尾	계속해서 ~하다
3級	つつむ	[包む]	動	싸다, 포장하다
3級	つま	[妻]	名	아내, 처
3級	つもり	[積もり]	名,形名	작정, 생각, 의도, 속셈
3級	つもる	[積もる]	動	쌓이다
3級	つる	[釣る]	動	낚다, 낚시하다
3級	つれる	[連れる]	動	데리고 가다, 데리고 오다

3級	ていねい(だ)	[丁寧(だ)]	名,な形	예의 바름, 정중(하다), 신중하다
3級	テキスト	[text]	名	교과서, 텍스트
3級	てきとう(だ)	[適当(だ)]	名,な形	적당(하다), 적절(하다), 알맞다
3級	できる	[出来る]	動	생기다, 발생하다
3級	できるだけ	[出来るだけ]	副	가능한 한
3級	てつだう	[手伝う]	動	돕다, 도와주다
3級	テニス	[tennis]	名	테니스, 정구
3級	てぶくろ	[手袋]	名	장갑
3級	てら	[寺]	名	절, 사찰, 사원
3級	てん	[点]	名	점
3級	てんいん	[店員]	名	점원
3級	てんきよほう	[天気予報]	名	일기예보
3級	でんとう	[電灯]	名	전등
3級	でんぽう	[電報]	名	전보
3級	てんらんかい	[展覧会]	名	전시회, 전람회

3級	と	[都]	名	도(일본 행정구역)
3級	どうぐ	[道具]	名	도구
3級	とうとう		副	드디어, 마침내, 결국
3級	どうぶつえん	[動物園]	名	동물원
3級	とおく	[遠く]	名,副	먼 곳, 멀리
3級	とおり	[通り]	名	길, 도로, 거리
3級	とおる	[通る]	動	지나가다, 통과하다
3級	とくに	[特に]	副	특히, 특별히

3級	とくべつ(だ)	[特別(だ)]	名·な形	특별(하다)
3級	とこや	[床屋]	名	이발소
3級	とちゅう	[途中]	名	도중, 중도
3級	とっきゅう	[特急]	名	특급열차
3級	とどける	[届ける]	動	보내다, 전하다, 신고하다
3級	とまる	[泊まる]	動	묵다, 숙박하다
3級	とめる	[止める]	動	세우다, 멈추다, 말리다
3級	とりかえる	[取り替える]	動	교환하다
3級	どろぼう	[泥棒]	名	도둑, 도둑질
3級	どんどん		副	척척, 순조롭게, 둥둥, 탕탕

3級

단어 리스트 정리하기

75

な

3級	なおす	[直す]	動	고치다, 바로잡다
3級	なおる	[治る]	動	낫다, 치료되다
3級	なおる	[直る]	動	고쳐지다, 바로잡히다
3級	なかなか	[中々]	副	상당히, 좀처럼, 도저히
3級	なく	[泣く]	動	울다
3級	なくなる	[亡くなる]	動	죽다, 돌아가시다
3級	なくなる	[無くなる]	動	없어지다, 떨어지다
3級	なげる	[投げる]	動	던지다, 내던지다
3級	なさる	[為さる]	動	하시다(する의 존경어)
3級	なる	[鳴る]	動	(소리가) 나다, 울리다
3級	なるべく	[成る可く]	副	되도록, 될 수 있는 대로
3級	なるほど	[成る程]	副感	과연, 정말, 참으로
3級	なれる	[慣れる]	動	익숙해지다, 숙련되다

に

3級	におい	[匂い]	名	냄새, 향기
3級	にがい	[苦い]	形	쓰다, 괴롭다

3級	~にくい	[~難い]	接尾	~하기 어렵다, ~하기 힘들다
3級	にげる	[逃げる]	動	도망가다, 달아나다
3級	にっき	[日記]	名	일기
3級	にゅういん(する)	[入院(する)]	名,動	입원(하다)
3級	にゅうがく(する)	[入学(する)]	名,動	입학(하다)
3級	にる	[似る]	動	닮다
3級	にんぎょう	[人形]	名	인형

3級	ぬすむ	[盗む]	動	훔치다, 도둑질하다
3級	ぬる	[塗る]	動	바르다, 칠하다
3級	ぬれる	[濡れる]	動	(물에) 젖다

3級	ねだん	[値段]	名	값, 가격
3級	ねつ	[熱]	名	열
3級	ねっしん(だ)	[熱心(だ)]	名,な形	열심(히 하다)
3級	ねぼう(する)	[寝坊(する)]	名,動	늦잠을 잠, 잠꾸러기, 늦잠(자다)
3級	ねむい	[眠い]	形	졸리다
3級	ねむたい	[眠たい]	形	졸리다
3級	ねむる	[眠る]	動	자다, 잠들다

| 3級 | のこる | [残る] | 動 | 남다 |
| 3級 | のど | [喉] | 名 | 목, 목구멍 |

77

| 3級 | のりかえる | [乗り換える] | 動 | 갈아타다 |
| 3級 | のりもの | [乗り物] | 名 | 탈것, 교통기관 |

3級

단어 재배로 끝내기

は

3級	は	[葉]	名	잎
3級	ばあい	[場合]	名	경우
3級	パート	[part]	名	파트, 부분, 파트타임
3級	パートタイム	[part time]	名	파트타임
3級	~ばい	[~倍]	数	~배(배수)
3級	はいけん(する)	[拝見(する)]	名,動	삼가 봄, 삼가 보다
3級	はいしゃ	[歯医者]	名	치과의사
3級	~ばかり		助	~뿐, ~만, ~정도
3級	はこぶ	[運ぶ]	動	옮기다, 나르다
3級	はじめる	[始める]	動	시작하다
3級	~はじめる	[~始める]	接尾	~하기 시작하다
3級	ばしょ	[場所]	名	장소, 자리
3級	はず	[筈]	形名	~터, ~리, ~예정
3級	はずかしい	[恥ずかしい]	形	부끄럽다, 창피하다
3級	パソコン	[personal computer]	名	개인용 컴퓨터, PC
3級	はつおん(する)	[発音(する)]	名,動	발음(하다)
3級	はっきり(する)		副,動	분명히, 명확히, 확실하다

3級	はなみ	[花見]	名	꽃구경, 꽃놀이
3級	パパ	[papa]	名	아빠, 파파
3級	はやし	[林]	名	수풀, 숲
3級	はらう	[払う]	動	지불하다, 치르다
3級	ばんぐみ	[番組]	名	프로그램
3級	はんたい(する)(だ)	[反対(する)(だ)]	名,動 な形	반대(하다), 반대이다
3級	ハンバーグ	[hamburg steak]	名	햄버그스테이크

3級	ひ	[日]	名	해, 태양, 날
3級	ひ	[火]	名	불
3級	ピアノ	[piano]	名	피아노
3級	ひえる	[冷える]	動	식다, 차가워지다
3級	ひかり	[光]	名	빛, 불빛
3級	ひかる	[光る]	動	빛나다, 반짝이다
3級	ひきだし	[引き出し]	名	서랍, 인출
3級	ひげ	[髭]	名	수염
3級	ひこうじょう	[飛行場]	名	비행장
3級	ひさしぶり	[久しぶり]	名	오래간만, 오랜만
3級	びじゅつかん	[美術館]	名	미술관
3級	ひじょうに	[非常に]	副	굉장히, 대단히, 매우, 몹시
3級	びっくりする	[吃驚する]	動	깜짝 놀라다
3級	ひっこす	[引っ越す]	動	이사하다
3級	ひつよう(だ)	[必要(だ)]	名,な形	필요(하다)
3級	ひどい	[酷い]	形	심하다, 가혹하다

3級	ひらく	[開く]	動	열리다, 열다
3級	ビル	[building]	名	빌딩(ビルディング의 줄임말)
3級	ひるま	[昼間]	名	점심, 낮 동안
3級	ひるやすみ	[昼休み]	名	점심시간
3級	ひろう	[拾う]	動	줍다

3級	ふえる	[増える]	動	늘다, 늘어나다
3級	ふかい	[深い]	形	깊다
3級	ふくざつ(だ)	[複雑(だ)]	名,な形	복잡(하다)
3級	ふくしゅう(する)	[復習(する)]	名,動	복습(하다)
3級	ぶちょう	[部長]	名	부장, 부장님
3級	ふつう	[普通]	名,副	보통, 대체로, 일반적으로
3級	ぶどう	[葡萄]	名	포도
3級	ふとる	[太る]	動	살찌다, 뚱뚱하다
3級	ふとん	[布団]	名	이불, 이부자리
3級	ふね	[船(舟)]	名	배
3級	ふべん(だ)	[不便(だ)]	名,な形	불편(하다)
3級	ふむ	[踏む]	動	밟다, 거치다
3級	プレゼント(する)	[present(する)]	名,動	선물(하다)
3級	ぶんか	[文化]	名	문화
3級	ぶんがく	[文学]	名	문학
3級	ぶんぽう	[文法]	名	문법

3級	べつ(に)	[別(に)]	名,副	구별, 다름, 특별히, 별반, 별로
3級	ベル	[bell]	名	벨, 종
3級	へん(だ)	[変(だ)]	名,な形	이상함, 이상하다, 수상하다
3級	へんじ(する)	[返事(する)]	名,動	대답(하다), 응답(하다)

3級	ぼうえき(する)	[貿易(する)]	名,動	무역(하다)
3級	ほうそう(する)	[放送(する)]	名,動	방송(하다)
3級	ほうりつ	[法律]	名	법률
3級	ぼく	[僕]	代	나(남성어)
3級	ほし	[星]	名	별
3級	ほど	[程]	助	정도, 만큼, 가량
3級	ほとんど	[殆ど]	名,副	대부분, 거의
3級	ほめる	[褒める]	動	칭찬하다
3級	ほんやく(する)	[翻訳(する)]	名,動	번역(하다)

3級	まいる	[参る]	動	行く, 来る의 겸양어
3級	まける	[負ける]	動	지다, 패하다
3級	まじめ(だ)	[真面目(だ)]	名,な形	성실(하다), 진지(하다)
3級	まず	[先ず]	副	우선, 먼저
3級	または	[又は]	接	또는, 혹은
3級	まちがえる	[間違える]	動	틀리다, 착각하다
3級	まつり	[祭り]	名	축제, 제사
3級	まにあう	[間に合う]	動	소용이 되다, 시간에 맞추다
3級	まま		形名	～채로, ～대로, 그 상태
3級	まわる	[回る]	動	(둘레를) 돌다, 회전하다
3級	まわる	[周る]	動	(주위를) 돌다, 돌아다니다
3級	まんが	[漫画]	名	만화
3級	まんなか	[真ん中]	名	한가운데

3級	みえる	[見える]	動	보이다
3級	みずうみ	[湖]	名	호수

3級	みそ	[味噌]	名	미소(일본 된장)
3級	みつかる	[見付かる]	動	발견되다, 들키다
3級	みつける	[見付ける]	動	발견하다, 찾아내다
3級	みな	[皆]	名,副	모두, 전원, 전부, 다
3級	みなと	[港]	名	항구
3級	(お)みまい	[(御)見舞い]	名	문병, 병문안
3級	(お)みやげ	[(御)土産]	名	선물, 토산품

む

3級	むかう	[向う]	動	향하다, 향해가다
3級	むかえる	[迎える]	動	맞이하다, 맞다, 마중하다
3級	むかし	[昔]	名	옛날, 예전
3級	むし	[虫]	名	벌레, 곤충
3級	むすこ	[息子]	名	아들
3級	むすこさん	[息子さん]	名	아드님
3級	むすめ	[娘]	名	딸
3級	むすめさん	[娘さん]	名	따님
3級	むり(だ)	[無理(だ)]	名,な形	무리(하다), 불가능하다

め

3級	~め	[~目]	接尾	~번째(순서)
3級	めしあがる	[召し上がる]	動	드시다(食べる, 飲むの 존경어)
3級	めずらしい	[珍しい]	形	드물다, 진귀하다

3級	もうしあげる	[申し上げる]	動	말씀드리다(言う의 겸양어)
3級	もうす	[申す]	動	말씀드리다(言う의 공손어)
3級	もうすぐ	[もう直ぐ]		이제 곧, 곧
3級	もし	[若し]	副	만약, 만일, 혹은
3級	もちろん	[勿論]	副	물론, 말할 것도 없이
3級	もどる	[戻る]	動	되돌아가다, 돌아오다
3級	もめん	[木綿]	名	솜, 목면, 면실
3級	もらう	[貰う]	動	받다, 얻다
3級	もり	[森]	名	숲

3級	やく	[焼く]	動	태우다
3級	やくそく(する)	[約束(する)]	名,動	약속(하다)
3級	やくだつ	[役立つ]	動	도움이 되다, 쓸모가 있다
3級	やける	[焼ける]	動	타다, 불타다, 구워지다
3級	やさしい	[優しい]	形	상냥하다, 다정하다
3級	~やすい	[~易い]	接尾	~하기 쉽다, ~하기 편하다
3級	やせる	[痩せる]	動	마르다, 여위다
3級	やっと		副	겨우, 간신히
3級	やっぱり	[矢張り]	副	역시, 과연
3級	やはり	[矢張り]	副	역시, 과연
3級	やむ	[止む]	動	그치다, 멎다
3級	やめる	[止める]	動	그만두다, 중지하다
3級	やる		動	주다
3級	やわらかい	[柔らかい]	形	부드럽다, 연하다

3級	ゆ	[湯]	名	더운 물, 목욕물

3級	ゆしゅつ(する)	[輸出(する)]	名,動	수출(하다)
3級	ゆにゅう(する)	[輸入(する)]	名,動	수입(하다)
3級	ゆび	[指]	名	손가락
3級	ゆびわ	[指輪]	名	반지
3級	ゆめ	[夢]	名	꿈
3級	ゆれる	[揺れる]	動	흔들리다

3級	よう	[用]	名	볼일, 용무
3級	よう	[様]	名	(성질, 형태가) 같은, 하는 바
3級	ようい(する)	[用意(する)]	名,動	준비(하다)
3級	ようじ	[用事]	名	볼일, 용건
3級	よごれる	[汚れる]	動	더러워지다
3級	よしゅう(する)	[予習(する)]	名,動	예습(하다)
3級	よてい(する)	[予定(する)]	名,動	예정(하다)
3級	よやく(する)	[予約(する)]	名,動	예약(하다)
3級	よる	[寄る]	動	다가가다
3級	(~に)よると	[(~に)拠ると]	連語	(~에) 따르면,(~에) 의하면
3級	よろこぶ	[喜ぶ]	動	기뻐하다, 좋아하다
3級	よろしい	[宜しい]	形	좋으시다(よい의 공손어)

3級

단어 재배로 풀내기

り

3級	リポート	[report]	名	리포트, 보고서
3級	りゆう	[理由]	名	이유, 까닭
3級	りよう(する)	[利用(する)]	名,動	이용(하다)
3級	りょうほう	[両方]	名	양쪽
3級	りょかん	[旅館]	名	(고급) 여관

る

3級	るす	[留守]	名	부재, 부재중

れ

3級	(お)れい	[(御)礼]	名	감사인사, 사례
3級	れいぼう(する)	[冷房(する)]	名,動	냉방(하다)
3級	れきし	[歴史]	名	역사
3級	レジ	[register]	名	계산대, 금전등록기
3級	レポート	[report]	名	리포트, 보고서
3級	れんらく(する)	[連絡(する)]	名,動	연락(하다)

3級	ワープロ	[word-processor]	名	워드프로세서
3級	わかす	[沸かす]	動	데우다, 끓이다
3級	わかれる	[別れる]	動	헤어지다, 이별하다
3級	わく	[沸く]	動	뜨거워지다, 끓다
3級	わけ	[訳]	名	이유, 사정, 까닭
3級	わすれもの	[忘れ物]	名	물건을 잊고 옴, 유실물
3級	わらう	[笑う]	動	웃다, 놀리다
3級	わりあい	[割合]	名	비율
3級	わりあい[に]	[割合[に]]	名,副	비교적, 제법
3級	われる	[割れる]	動	깨지다, 갈라지다

급수별
단어 제대로 끝내기

2級

2級	あ(っ)		感	아, 앗, 이크
2級	あい	[愛]	名	사랑, 애정
2級	あいかわらず	[相変わらず]	副	여전히, 변함 없이, 별고 없이
2級	あいじょう	[愛情]	名	애정, 사랑, 연정
2級	あいず(する)	[合図(する)]	名動	신호(하다), 사인(하다)
2級	アイスクリーム	[ice cream]	名	아이스크림
2級	あいする	[愛する]	動	사랑하다, 좋아하다
2級	あいて	[相手]	名	상대, 상대방
2級	アイデア	[idea]	名	아이디어, 생각, 착상, 아이디아
2級	あいにく	[生憎]	副	공교롭게, 하필, 마침
2級	あいまいだ	[曖昧だ]	な形	애매하다, 모호하다
2級	アイロン	[iron]	名	다리미
2級	あう	[遭う]	動	만나다, 겪다, 당하다
2級	アウト	[out]	名	아웃, 바깥, 옥외
2級	あおぐ	[扇ぐ]	動	부채질하다, 부치다
2級	あおじろい	[青白い]	形	파르스름하다, 창백하다
2級	あかり	[明かり]	名	불빛, 등불

2級	あき	[空き]	名	간격, 틈, 빈 곳
2級	あき	[明き]	名	간격, 틈
2級	あきらかだ	[明らかだ]	な形	분명하다, 뚜렷하다
2級	あきらめる	[諦める]	動	체념하다, 포기하다
2級	あきる	[飽きる]	動	질리다, 물리다, 싫증나다
2級	あきれる	[呆れる]	動	기막히다, 어이없다, 아연해지다
2級	あくしゅ(する)	[握手(する)]	名,動	악수(하다)
2級	アクセント	[accent]	名	악센트, 말의 고저, 강조
2級	あくび(する)	[欠伸(する)]	名,動	하품(하다)
2級	あくま	[悪魔]	名	악마
2級	あくまで	[飽くまで]	副	끝까지, 끝없이, 어디까지나
2級	あくる~	[明くる~]	連体	다음~, 이튿~
2級	あけがた	[明け方]	名	새벽녘, 동틀 녘
2級	あける	[明ける]	動	(날이) 새다, 밝다
2級	あげる	[揚げる]	動	게양하다, 튀기다
2級	あこがれる	[憧れる]	動	동경하다, 끌리다
2級	あしあと	[足跡]	名	발자국, 발자취, 업적
2級	あしもと	[足元]	名	발밑, 기반, 발걸음
2級	あじわう	[味わう]	動	맛보다, 음미하다, 체험하다
2級	あずかる	[預かる]	動	맡다, 보관하다, 떠맡다
2級	あずける	[預ける]	動	맡기다, 보관하다
2級	あせ	[汗]	名	땀
2級	あたえる	[与える]	動	주다, 부여하다
2級	あたたかだ	[暖かだ]	な形	따뜻하다, 포근하다
2級	あたたかだ	[温かだ]	な形	따뜻하다, 다정하다

2級

단어 제대로 끝내기

2級	あたたまる	[暖まる]	動	따뜻해지다, 훈훈해지다
2級	あたたまる	[温まる]	動	따뜻해지다, 따스해지다
2級	あたためる	[暖める]	動	따뜻하게 하다, 덥히다
2級	あたためる	[温める]	動	따뜻하게 하다, 데우다
2級	あたり	[辺り]	名	부근, 근처, 주위
2級	あたり	[辺り]	助	~쯤, ~경, ~무렵
2級	あたりまえ(だ)	[当たり前(だ)]	名,な形	보통, 당연(하다)
2級	あたる	[当たる]	動	맞다, 적중하다, 해당하다
2級	あちこち		代	여기저기, 이곳저곳
2級	あちらこちら		代	이쪽저쪽, 여기저기
2級	あつかう	[扱う]	動	다루다, 취급하다, 대우하다
2級	あつかましい	[厚かましい]	形	뻔뻔스럽다
2級	あっしゅく(する)	[圧縮(する)]	名,動	압축(하다)
2級	あつまり	[集まり]	名	모임, 회합, 집회
2級	あてな	[宛名]	名	수신인 이름, 수신인 주소
2級	あてはまる	[当て填まる]	動	꼭 들어맞다, 적합하다
2級	あてはめる	[当て填める]	動	꼭 들어맞게 하다, 적용시키다
2級	あてる	[当てる]	動	대다, 명중시키다, 맞히다, 쬐다
2級	あと	[跡]	名	흔적, 자취, 후계
2級	あと	[後]	副	앞으로, 장래
2級	あな	[穴]	名	구멍
2級	あばれる	[暴れる]	動	난폭하게 굴다, 날뛰다
2級	あぶら	[油]	名	(식물성, 광물성) 기름
2級	あぶら	[脂]	名	(동물성) 기름
2級	あぶる	[炙る]	動	굽다, (불에) 쬐다

2級	あふれる	[溢れる]	動	넘치다, 넘쳐흐르다
2級	あまど	[雨戸]	名	(비를 막기 위해 만든) 덧문
2級	あまやかす	[甘やかす]	動	응석을 받아 주다
2級	あまり	[余り]	名	나머지, 여분
2級	あまる	[余る]	動	남다, 벅차다
2級	あみもの	[編物]	名	편물, 뜨개질
2級	あむ	[編む]	動	뜨다, 짜다, 편찬하다
2級	あやうい	[危うい]	形	위태롭다, 위험하다
2級	あやしい	[怪しい]	形	수상하다, 이상하다, 야릇하다
2級	あやまり	[誤り]	名	잘못, 실수
2級	あら		感	어머, 어머나(여성어)
2級	あらい	[荒い]	形	거칠다, 사납다, 난폭하다
2級	あらい	[粗い]	形	거칠다, 성기다
2級	あらし	[嵐]	名	폭풍, 폭풍우
2級	あらすじ	[粗筋]	名	줄거리, 개요
2級	あらそう	[争う]	動	다투다, 싸우다, 겨루다
2級	あらただ	[新ただ]	な形	새롭다
2級	あらためて	[改めて]	副	다시금, 다른 기회에, 새삼스럽게
2級	あらためる	[改める]	動	고치다, 바로잡다, 변경하다
2級	あらゆる		連体	모든, 온갖
2級	あらわす	[表す]	動	나타내다, 표현하다, 뜻하다
2級	あらわす	[現す]	動	나타내다, 드러내다
2級	あらわす	[著す]	動	저술하다
2級	あらわれ	[現れ]	名	나타남, 드러남, 표출
2級	あらわれる	[現れる]	動	나타나다, 드러나다

2級

단어 제대로 끝내기

2級	ありがたい	[有り難い]	形	고맙다, 반갑다, 과분하다
2級	ある	[或る]	連体	어느, 어떤
2級	あるいは	[或いは]	接	혹은, 또는
2級	アルバム	[album]	名	앨범, 사진첩
2級	あれ		感	어, 어머나, 어렵쇼
2級	あれこれ		副	이것저것, 여러가지, 이렇다저렇다
2級	あれる	[荒れる]	動	거칠어지다, 사나워지다, 황폐해지다
2級	あわ	[泡]	名	거품, 기포
2級	あわせる	[合わせる]	動	합치다, 마주하게 하다, 맞추다
2級	あわただしい	[慌ただしい]	形	바쁘다, 어수선하다
2級	あわてる	[慌てる]	動	당황하다, 허둥지둥하다
2級	あわれ(だ)	[哀れ(だ)]	名,な形	동정심, 불쌍하다, 비참하다
2級	あん	[案]	名	안, 생각
2級	あんいだ	[安易だ]	な形	손쉽다, 안이하다, 용이하다
2級	あんがい(だ)	[案外(だ)]	副,な形	의외로, 의외다, 뜻밖이다
2級	あんき(する)	[暗記(する)]	名,動	암기(하다)
2級	あんてい(する)	[安定(する)]	名,動	안정(되다)
2級	アンテナ	[antenna]	名	안테나
2級	あんなに		副	저렇게, 저토록
2級	あんまり		副	그다지, 별로
2級	あんまりだ		な形	너무하다, 지나치다

2級	い	[胃]	名	위, 위장
2級	~い	[~位]	接尾	~위(등급, 계급)

2級	いいだす	[言い出す]	動	말을 꺼내다, 발설하다
2級	いいつける	[言い付ける]	動	시키다, 분부하다, 고자질하다
2級	イーメール	[E-mail]	名	이메일
2級	いいん	[委員]	名	위원
2級	いがい(だ)	[意外(だ)]	名な形	의외, 의외다, 뜻밖이다
2級	いき	[息]	名	숨, 호흡
2級	いき	[行き]	接尾	(목적지로) 감, ~행, ゆき
2級	いぎ	[意義]	名	뜻, 의미, 가치
2級	いきいき	[生き生き]	副	활기차게, 생기있게
2級	いきおい	[勢い]	名	힘, 기운, 세력
2級	いきなり	[行き成り]	副	갑자기, 별안간, 느닷없이
2級	いきもの	[生き物]	名	생물, 살아 있는 것
2級	いく~	[幾~]	接頭	몇, 얼마, 많은
2級	いくじ	[育児]	名	육아
2級	いくぶん	[幾分]	副	일부, 일부분, 얼마간, 다소
2級	いけばな	[生け花]	名	이케바나(일본 꽃꽂이)
2級	いご	[以後]	名	이후, 금후
2級	いこう	[以降]	名	이후, 앞으로
2級	イコール	[equal]	名	이퀄, 같음
2級	いさましい	[勇ましい]	形	용감하다, 씩씩하다
2級	いし	[医師]	名	의사
2級	いし	[意思]	名	의사
2級	いし	[意志]	名	의지
2級	いじ(する)	[維持(する)]	名,動	유지(하다)
2級	いしき(する)	[意識(する)]	名,動	의식(하다)

2級

2級	いじょう(だ)	[異常(だ)]	名,な形	이상(하다)
2級	いしょくじゅう	[衣食住]	名	의식주
2級	いじわる(だ)	[意地悪(だ)]	名,な形	심술, 심술쟁이, 심술궂다
2級	いずみ	[泉]	名	샘, 샘물, 근원
2級	いずれ	[何れ]	代	어느 것, 어느 쪽
2級	いずれ	[何れ]	副	어차피, 결국, 머지 않아
2級	いぜん	[以前]	名	이전, 전
2級	いた	[板]	名	판자, 널빤지, 무대
2級	いだいだ	[偉大だ]	な形	위대하다
2級	いだく	[抱く]	動	안다, 품다, 둘러싸다
2級	いたずら(だ)	[悪戯(だ)]	名,な形	장난(스럽다)
2級	いたみ	[痛み]	名	아픔, 통증, 고통
2級	いたむ	[痛む]	動	아프다, 괴롭다
2級	いたる	[至る]	動	이르다, 다다르다, 찾아오다
2級	いち(する)	[位置(する)]	名,動	위치(하다), 자리(하다)
2級	~いち	[~一]	接尾	제일, 최고
2級	いちいち		副	하나하나, 일일이, 전부
2級	いちおう	[一応]	副	우선, 일단
2級	いちじ	[一時]	名	일시, 한때, 잠시
2級	いちだんと	[一段と]	副	한층, 한층더, 훨씬
2級	いちどに	[一度に]	副	일시에, 동시에
2級	いちば	[市場]	名	시장
2級	いちぶ	[一部]	名	1부, 일부, 일부분
2級	いちりゅう	[一流]	名	일류, 일급, 방법
2級	いつか	[何時か]	副	언젠가, 조만간, 어느새

2級	いっか	[一家]	名	일가, 한 가족
2級	いっさくじつ	[一昨日]	名	그저께
2級	いっさくねん	[一昨年]	名	재작년
2級	いっしゅ	[一種]	名	일종, 한 종류, 어떤 종류
2級	いっしゅん	[一瞬]	名	일순, 한 순간
2級	いっしょう	[一生]	名	일생, 평생
2級	いっせい(に)	[一斉(に)]	副	일제히
2級	いっそう	[一層]	副	더욱, 한층, 한결
2級	いったい	[一体]	名,動	일체, 원래, 도대체
2級	いったん	[一旦]	副	일단, 한번
2級	いっち(する)	[一致(する)]	名,動	일치(하다)
2級	いってい(する)	[一定(する)]	名,動	일정(하다)
2級	いつでも	[何時でも]		언제라도
2級	いつのまにか	[何時の間にか]	副	어느새, 어느덧
2級	いっぽう	[一方]	名,接	한 방향, 한쪽, 한편
2級	いつまでも	[何時までも]	副	언제까지나, 영원히
2級	いてん(する)	[移転(する)]	名,動	이전(하다)
2級	いど	[井戸]	名	우물
2級	いど	[緯度]	名	위도
2級	いどう(する)	[移動(する)]	名,動	이동(하다)
2級	いとこ	[従兄弟]	名	사촌(형제)
2級	いとこ	[従姉妹]	名	사촌(자매)
2級	いね	[稲]	名	벼
2級	いねむり(する)	[居眠り(する)]	名,動	앉아서 졺, 말뚝잠(자다)
2級	いのち	[命]	名	생명, 목숨

2級

단어 찾기로 끝내기

2級	いばる	[威張る]	動	잘난 체하다, 뽐내다, 으스대다
2級	いはん(する)	[違反(する)]	名,動	위반(하다)
2級	いふく	[衣服]	名	의복, 옷
2級	いま	[居間]	名	거실
2級	いまに	[今に]	副	머지않아, 조만간, 아직도
2級	いまにも	[今にも]	副	이제라도, 당장에라도
2級	イメージ	[image]	名	이미지
2級	いやがる	[嫌がる]	動	싫어하다
2級	いよいよ	[愈々]	副	점점, 더욱더, 드디어, 확실히
2級	いらい	[以来]	名	이래, 이후
2級	いらい(する)	[依頼(する)]	名,動	의뢰(하다)
2級	いらいら		副	조마조마, 초조히
2級	いりょう	[医療]	名	의료
2級	いる	[煎(炒)る]	動	볶다, 지지다
2級	いれもの	[入れ物]	名	그릇, 용기
2級	いわ	[岩]	名	바위, 암석
2級	いわい	[祝い]	名	축하, 축하 인사, 축하 선물
2級	いわう	[祝う]	動	축하하다, 축복하다
2級	いわば	[言わば]	副	말하자면, 이를테면
2級	いわゆる	[所謂]	連体	소위, 이른바
2級	インキ	[ink]	名	잉크
2級	インク	[ink]	名	잉크
2級	いんさつ(する)	[印刷(する)]	名,動	인쇄(하다)
2級	いんしょう	[印象]	名	인상
2級	いんたい(する)	[引退(する)]	名,動	은퇴(하다), 물러나다

2級	インタビュー(する)	[interview(する)]	名,動	인터뷰(하다)
2級	いんよう(する)	[引用(する)]	名,動	인용(하다)
2級	いんりょく	[引力]	名	인력

う

2級	ウイスキー	[whiskey]	名	위스키
2級	ウーマン	[woman]	名	여자, 여성
2級	ウール	[wool]	名	울, 양모
2級	ウエイトレス	[waitress]	名	웨이트리스
2級	うえき	[植木]	名	정원수, 분재
2級	うえる	[飢える]	動	굶주리다, 몹시 원하다
2級	うお	[魚]	名	물고기
2級	うがい(する)	[嗽(する)]	名,動	양치, 양치질(하다)
2級	うかぶ	[浮かぶ]	動	뜨다, 나타나다, 떠오르다
2級	うかべる	[浮かべる]	動	띄우다, 나타나다, 마음에 그리다
2級	うく	[浮く]	動	뜨다, 들뜨다, 흔들리다
2級	うけたまわる	[承る]	動	삼가 듣다 (聞く, 受ける의 겸양어)
2級	うけとり	[受け取り]	名	받음, 수취, 영수증
2級	うけとる	[受け取る]	動	받다, 받아들이다, 이해하다
2級	うけもつ	[受け持つ]	動	맡다, 담당하다
2級	うごかす	[動かす]	動	움직이다, 변화시키다
2級	うさぎ	[兎]	名	토끼
2級	うし	[牛]	名	소
2級	うしなう	[失う]	動	잃어버리다, 놓치다, 여의다
2級	うすぐらい	[薄暗い]	形	어두컴컴하다, 어둑어둑하다

2級 단어 체대로 끝내기

2級	うすめる	[薄める]	動	묽게 하다
2級	うたがう	[疑う]	動	의심하다
2級	うち	[内]	名	속, 안
2級	うちあわせ(する)	[打ち合わせ(する)]	名,動	협의(하다), 상의(하다)
2級	うちあわせる	[打ち合わせる]	動	미리 의논하다, 맞부딪치다
2級	うちけす	[打ち消す]	動	부정하다
2級	うちゅう	[宇宙]	名	우주
2級	うつ	[討つ]	動	치다, 공격하다
2級	うつ	[撃つ]	動	쏘다
2級	うっかり(する)		副,動	무심코, 깜빡(잊다)
2級	うつす	[移す]	動	옮기다, 이동하다, 물들이다
2級	うつす	[映す]	動	비추다, 방영하다
2級	うったえる	[訴える]	動	고소하다, 호소하다
2級	うつる	[写る]	動	찍히다
2級	うつる	[映る]	動	비치다
2級	うどん	[饂飩]	名	우동, 가락국수
2級	うなずく	[頷く]	動	끄덕이다, 수긍하다
2級	うなる	[唸る]	動	신음하다, 으르렁거리다
2級	うばう	[奪う]	動	빼앗다, 사로잡다
2級	うま	[馬]	名	말
2級	うまれ	[生まれ]	名	출생, 태생, 출신
2級	うむ	[有無]	名	유무
2級	うめ	[梅]	名	매화
2級	うめる	[埋める]	動	묻다, 메우다, 보충하다
2級	うやまう	[敬う]	動	공경하다, 존경하다, 숭상하다

うすめる ……➡ えいきょう(する)

2級	うらがえす	[裏返す]	動	뒤집다
2級	うらぎる	[裏切る]	動	배신하다, 배반하다, 어긋나다
2級	うらぐち	[裏口]	名	뒷문, 부정
2級	うらなう	[占う]	動	점치다
2級	うらみ	[恨み]	名	원망, 원한
2級	うらむ	[恨む]	動	원망하다
2級	うらやましい	[羨ましい]	形	부럽다
2級	うらやむ	[羨む]	動	부러워하다, 선망하다
2級	うりあげ	[売り上げ]	名	매상, 매상고
2級	うりきれ	[売り切れ]	名	매진
2級	うりきれる	[売り切れる]	動	다 팔리다, 매진되다
2級	うれゆき	[売れ行き]	名	팔림새
2級	うれる	[売れる]	動	팔리다, 널리 알려지다
2級	うろうろ(する)		副	우왕좌왕(하다), 허둥지둥(하다)
2級	うわ~	[上~]	接頭	위~, 윗~, 겉~
2級	うわさ	[噂]	名	소문, 풍문, 남 이야기
2級	うん	[運]	名	운
2級	うんが	[運河]	名	운하
2級	うんと		副	잔뜩, 훨씬, 실컷

え

2級	え(っ)		感	네?, 뭐?, 뭐라고요?
2級	えいえん	[永遠]	名	영원
2級	えいきゅう(だ)	[永久(だ)]	名,形	영구(하다), 영원(하다)
2級	えいきょう(する)	[影響(する)]	名,動	영향(주다)

2級	えいぎょう(する)	[営業(する)]	名,動	영업(하다), 장사(하다)
2級	えいせい	[衛生]	名	위생
2級	えいぶん	[英文]	名	영문
2級	えいよう	[栄養]	名	영양
2級	えいわ	[英和]	名	영일
2級	ええと		感	저, 그러니까
2級	えがお	[笑顔]	名	웃는 얼굴
2級	えがく	[描く]	動	그리다, 표현하다, 떠올리다
2級	えきたい	[液体]	名	액체
2級	えさ	[餌]	名	먹이, 모이, 미끼
2級	エチケット	[etiquette]	名	에티켓, 예의
2級	エネルギー	[Energie]	名	에너지, 능력, 활력
2級	えのぐ	[絵の具]	名	물감, 그림 물감
2級	エプロン	[apron]	名	앞치마
2級	えらい	[偉い]	形	훌륭하다, 위대하다
2級	える	[得る]	動	얻다, 할 수 있다, うる
2級	~えん	[~園]	接尾	~원(시설)
2級	えんかい	[宴会]	名	연회
2級	えんき(する)	[延期(する)]	名,動	연기(하다)
2級	えんぎ(する)	[演技(する)]	名,動	연기(하다)
2級	えんげい	[園芸]	名	원예
2級	えんげき	[演劇]	名	연극
2級	えんしゅう(する)	[演習(する)]	名,動	연습(하다), 훈련(하다)
2級	えんしゅう	[円周]	名	원주, 원 둘레
2級	えんじょ(する)	[援助(する)]	名,動	원조(하다)

2級	エンジン	[engine]	名	엔진
2級	えんぜつ(する)	[演説(する)]	名,動	연설(하다)
2級	えんそう(する)	[演奏(する)]	名,動	연주(하다)
2級	えんそく	[遠足]	名	소풍
2級	えんちょう(する)	[延長(する)]	名,動	연장(하다)
2級	えんとつ	[煙突]	名	굴뚝

お

2級	おい		感	이봐, 여보게
2級	おい	[甥]	名	남자 조카
2級	おいかける	[追い掛ける]	動	뒤쫓다, 쫓아가다, 잇따르다
2級	おいこす	[追い越す]	動	앞지르다, 추월하다
2級	おいつく	[追い付く]	動	따라잡다, (수준에) 달하다
2級	(~に)おいて	[(~に)於いて]	連語	~에서, ~에 있어서
2級	オイル	[oil]	名	오일, 기름, 윤활유
2級	おう	[王]	名	왕, 임금
2級	おう	[追う]	動	쫓다, 뒤따르다, 추구하다
2級	おうえん(する)	[応援(する)]	名,動	응원(하다), 지원(하다)
2級	おうさま	[王様]	名	임금, 임금님
2級	おうじ	[王子]	名	왕자
2級	おうじょ	[王女]	名	공주
2級	おうじる	[応じる]	動	응하다, 답하다, 대응하다
2級	おうずる	[応ずる]	動	응하다, 답하다, 대응하다
2級	おうせつ(する)	[応接(する)]	名,動	응접, 접대(하다)
2級	おうたい(する)	[応対(する)]	名,動	응대(하다)

2級

단어 제대로 끝내기

2級	おうだん(する)	[横断(する)]	名,動	횡단(하다), 가로지르다
2級	おうだんほどう	[横断歩道]	名	횡단보도
2級	おうふく(する)	[往復(する)]	名,動	왕복(하다), 내왕(하다)
2級	おうべい	[欧米]	名	구미, 유럽과 미국
2級	おうよう(する)	[応用(する)]	名,動	응용(하다)
2級	おえる	[終える]	動	마치다, 끝내다
2級	おお		感	그래, 오, 아하, 어허, 아이쿠
2級	おお~	[大~]	接頭	큰~, 많은~, 넓은, 정도가 심한
2級	おおいに	[大いに]	副	크게, 매우, 많이
2級	おおう	[覆う]	動	덮다, 가리다, 숨기다
2級	オーケストラ	[orchestra]	名	오케스트라
2級	おおざっぱだ	[大雑把だ]	な形	엉성하다, 찬찬치 못하다
2級	おおどおり	[大通り]	名	대로, 큰길
2級	オートメーション	[automation]	名	오토메이션, 자동화
2級	おおや	[大家]	名	셋집 주인
2級	おおよそ	[大凡]	名,副	개요, 대강, 대체로
2級	おか	[丘]	名	언덕, 구릉
2級	おかあさま	[御母様]	名	어머님
2級	おかす	[犯す]	動	범하다, 어기다
2級	おかず		名	반찬
2級	おがむ	[拝む]	動	합장 배례하다, 절하다
2級	おかわり(する)	[御代わり(する)]	名,動	같은 음식을 한 그릇 더 먹음(먹다)
2級	おき	[沖]	名	먼바다, 앞바다
2級	おぎなう	[補う]	動	메우다, 보충하다
2級	おく	[奥]	名	속, 안, 깊숙한 곳

2級	おくがい	[屋外]	名	옥외
2級	おくさま	[奥様]	名	부인, 아주머니, 사모님
2級	おくりがな	[送り仮名]	名	한자 옆에 다는 仮名
2級	おくる	[贈る]	動	선물하다, 보내다
2級	おこる	[起こる]	動	일어나다, 발생하다
2級	おさえる	[押さえる]	動	누르다, 붙잡다
2級	おさえる	[抑さえる]	動	누르다, 억제하다, 억누르다
2級	おさない	[幼い]	形	어리다, 유치하다
2級	おさめる	[収める]	動	얻다, 거두다, 되돌리다
2級	おさめる	[納める]	動	납부하다, 받아들이다, 마치다
2級	おさめる	[治める]	動	다스리다, 평정하다
2級	おしい	[惜しい]	形	아깝다, 애석하다, 소중하다
2級	おじぎ(する)	[御辞儀(する)]	名,動	절(하다), 인사(하다)
2級	おじさん	[小父さん]	名	아저씨
2級	おしゃべり(だ)	[お喋り(だ)]	名,な形	수다, 잡담, 수다스럽다
2級	おしゃれ(だ)	[お洒落(だ)]	名,な形	멋쟁이, 멋을 냄, 멋쟁이다
2級	おせん(する)	[汚染(する)]	名,動	오염(되다)
2級	おそらく	[恐らく]	副	아마, 어쩌면, 필시
2級	おそれ	[恐れ]	名	두려움, 걱정, 염려
2級	おそれる	[恐れる]	動	무서워하다, 두려워하다, 우려하다
2級	おそろしい	[恐ろしい]	形	무섭다, 두렵다, 심하다
2級	おそわる	[教わる]	動	배우다
2級	おたがい(に)	[お互い(に)]	名,副	상호, 서로, 피차, 교대로
2級	おだやかだ	[穏やかだ]	な形	온화하다, 평온하다
2級	おちつく	[落ち着く]	動	침착하다, 안정되다, 차분하다

2級

단어 제대로 끝내기

107

2級	おでかけ	[お出掛け]	名	외출하려는 참, 외출하려 할 때
2級	おてつだいさん	[お手伝いさん]	名	가정부, 파출부
2級	おとうさま	[お父様]	名	아버님
2級	おどかす	[脅かす]	動	위협하다, 으르다, 놀라게 하다
2級	おとこのひと	[男の人]	名	남성
2級	おとしもの	[落し物]	名	분실물
2級	おとなしい	[大人しい]	形	얌전하다, 점잖다, 수수하다
2級	おとる	[劣る]	動	뒤떨어지다, 뒤지다
2級	おどろかす	[驚かす]	動	놀라게 하다
2級	おに	[鬼]	名	귀신, 도깨비
2級	おのおの	[各々]	名	각각, 각자, 각기
2級	おばさん	[小母さん]	名	아주머니
2級	おび	[帯]	名	띠, 허리띠
2級	おひる	[お昼]	名	점심
2級	オフィス	[office]	名	오피스, 사무실
2級	おぼれる	[溺れる]	動	(물에) 빠지다, 탐닉하다
2級	おまいり(する)	[御参り(する)]	名,動	참배하러 감(가다)
2級	おまえ	[御前]	代	너, 자네(남성어)
2級	おめでたい	[お目出度い]	形	경사스럽다
2級	おめにかかる	[御目に掛かる]	動	뵙다, 만나 뵙다
2級	おもいがけない	[思い掛けない]	形	뜻밖이다, 의외이다
2級	おもいきり	[思い切り]	副	마음껏, 힘껏
2級	おもいこむ	[思い込む]	動	확신하다, 굳게 결심하다
2級	おもいっきり	[思い切り]	副	마음껏, 힘껏
2級	おもいつく	[思い付く]	動	생각이 떠오르다, 생각해내다

2級	おもいで	[思い出]	名	추억, 회상
2級	おもだ	[主だ]	な形	주되다, 주요하다, 중요하다
2級	おもたい	[重たい]	形	묵직하다, 상쾌하지 않다
2級	おもわず	[思わず]	副	엉겁결에, 무의식중에
2級	おや		感	어, 어머, 아이고
2級	おやつ	[御八つ]	名	(오후) 간식
2級	おやゆび	[親指]	名	엄지손가락, 엄지발가락
2級	およぎ	[泳ぎ]	名	헤엄, 수영
2級	およそ	[凡そ]	副	대체로, 대저, 무릇, 도무지
2級	およぼす	[及ぼす]	動	(영향을) 끼치다
2級	オリンピック	[Olympic]	名	올림픽
2級	オルガン	[organ]	名	오르간
2級	オレンジ	[orange]	名	오렌지
2級	おろす	[卸す]	動	도매하다
2級	おろす	[下ろす]	動	내리다
2級	おん	[音]	名	소리, 음
2級	おん	[恩]	名	은혜
2級	おんけい	[恩恵]	名	은혜
2級	おんしつ	[温室]	名	온실
2級	おんせん	[温泉]	名	온천
2級	おんたい	[温帯]	名	온대
2級	おんだん(だ)	[温暖(だ)]	名な形	온난(하다)
2級	おんちゅう	[御中]	名	귀중
2級	おんど	[温度]	名	온도
2級	おんなのひと	[女の人]	名	여성

2級

단어 제대로 끝내기

か

2級	か	[火]	名	화(요일)
2級	か	[蚊]	名	모기
2級	か	[可]	名	가, 좋음
2級	か	[課]	名	과, 조직
2級	~か	[~下]	接尾	~하(아래)
2級	~か	[~化]	接尾	~화(변화)
2級	~か	[~日]	接尾	~일(날짜)
2級	~か	[~歌]	接尾	~가(노래)
2級	~か	[~科]	接尾	~과(과목)
2級	カー	[car]	名	카, 차
2級	カード	[card]	名	카드
2級	カーブ(する)	[curve(する)]	名,動	커브, 구부러지다
2級	かい	[貝]	名	조개
2級	~かい	[~海]	接尾	~해(바다)
2級	~かい	[~界]	接尾	~계(경계, 구획)
2級	がい	[害]	名	해, 손해
2級	がい~	[外~]	接頭	외~(밖, 겉)

2級	~がい	[~外]	接尾	~외(밖)
2級	かいいん	[会員]	名	회원
2級	かいが	[絵画]	名	회화, 그림
2級	かいかい(する)	[開会(する)]	名,動	개회(하다)
2級	かいがい	[海外]	名	해외
2級	かいかん	[会館]	名	회관
2級	かいけい	[会計]	名	회계, 지불
2級	かいけつ(する)	[解決(する)]	名,動	해결(하다)
2級	かいごう(する)	[会合(する)]	名,動	모임, 회합(하다)
2級	がいこう	[外交]	名	외교
2級	かいさつ(する)	[改札(する)]	名,動	개찰(하다)
2級	かいさん(する)	[解散(する)]	名,動	해산(하다)
2級	かいし(する)	[開始(する)]	名,動	시작, 개시(하다)
2級	かいしゃく(する)	[解釈(する)]	名,動	해석(하다)
2級	がいしゅつ(する)	[外出(する)]	名,動	외출(하다)
2級	かいすいよく	[海水浴]	名	해수욕
2級	かいすう	[回数]	名	회수, 횟수
2級	かいすうけん	[回数券]	名	회수권
2級	かいせい(する)	[改正(する)]	名,動	개정(하다)
2級	かいせい	[快晴]	名	쾌청, 맑게 갠 날씨
2級	かいせつ(する)	[解説(する)]	名,動	해설(하다)
2級	かいぜん(する)	[改善(する)]	名,動	개선(하다)
2級	かいぞう(する)	[改造(する)]	名,動	개조(하다)
2級	かいつう(する)	[開通(する)]	名,動	개통(하다)
2級	かいてき(だ)	[快適(だ)]	名,な形	쾌적(하다)

2級

단어 제대로 끝내기

2級	かいてん(する)	[回転(する)]	名,動	회전(하다)
2級	かいとう(する)	[解答(する)]	名,動	해답, 답하다
2級	かいとう(する)	[回答(する)]	名,動	회답(하다)
2級	がいぶ	[外部]	名	외부
2級	かいふく(する)	[回復(する)]	名,動	회복(하다)
2級	かいほう(する)	[開放(する)]	名,動	개방(하다)
2級	かいほう(する)	[解放(する)]	名,動	해방(하다)
2級	かいよう	[海洋]	名	해양
2級	がいろん	[概論]	名	개론
2級	かう	[飼う]	動	기르다, 사육하다
2級	かえす	[帰す]	動	돌려보내다, 되돌리다
2級	かえって	[却って]	副	오히려, 도리어
2級	かえる	[代える]	動	대신하다
2級	かえる	[替える]	動	바꾸다, 교체하다
2級	かえる	[換える]	動	바꾸다, 주고 받다
2級	かえる	[返る]	動	되돌아가다, 되돌아오다
2級	かおく	[家屋]	名	가옥
2級	かおり	[香り]	名	향기
2級	がか	[画家]	名	화가
2級	かかえる	[抱える]	動	안다, 껴안다
2級	かかく	[価格]	名	가격
2級	かがく	[化学]	名	화학
2級	かがやく	[輝く]	動	빛나다, 반짝이다
2級	かかり	[係り]	名	담당, 계
2級	かかる	[罹る]	動	(병에) 걸리다

2級	かかわる	[係わる]	動	관계하다, 상관하다
2級	かきとめ	[書留]	名	등기
2級	かきとり	[書き取り]	名	베껴 씀, 받아쓰기
2級	かきね	[垣根]	名	울타리
2級	かぎり	[限り]	名	한계, 끝
2級	かぎる	[限る]	動	한하다, 한정하다
2級	かく	[掻く]	動	긁다, 젓다, 빗다
2級	かく		動	(땀을) 흘리다
2級	かく~	[各~]	接頭	각~(각각)
2級	かぐ	[家具]	名	가구
2級	かぐ	[嗅ぐ]	動	(냄새를) 맡다
2級	がく	[学]	名	학문, 교육, 배움
2級	がく	[額]	名	액수, 액자
2級	かくう	[架空]	名	가공
2級	かくご(する)	[覚悟(する)]	名動	각오(하다)
2級	かくじ	[各自]	名	각자
2級	かくじつだ	[確実だ]	な形	확실하다
2級	がくしゃ	[学者]	名	학자
2級	かくじゅう(する)	[拡充(する)]	名動	확충(하다)
2級	がくしゅう(する)	[学習(する)]	名動	학습(하다)
2級	がくじゅつ	[学術]	名	학술
2級	かくす	[隠す]	動	숨기다, 감추다
2級	かくだい(する)	[拡大(する)]	名動	확대(하다)
2級	かくち	[各地]	名	각지
2級	かくちょう(する)	[拡張(する)]	名動	확장(하다)

2級

단어 재배로 끝내기

2級	かくど	[角度]	名	각도
2級	かくにん(する)	[確認(する)]	名,動	확인(하다)
2級	がくねん	[学年]	名	학년
2級	がくもん	[学問]	名	학문
2級	かくりつ	[確率]	名	확률
2級	がくりょく	[学力]	名	학력
2級	かくれる	[隠れる]	動	숨다, 은거하다
2級	かげ	[陰]	名	그늘, 응달
2級	かげ	[影]	名	그림자, 자취
2級	かけざん	[掛け算]	名	곱셈
2級	かけつ(する)	[可決(する)]	名,動	가결(하다)
2級	かける	[欠ける]	動	결여되다, 이지러지다
2級	かげん(する)	[加減(する)]	名,動	정도, 상태, 조절(하다)
2級	かこ	[過去]	名	과거
2級	かご	[篭]	名	바구니
2級	かこう	[火口]	名	분화구
2級	かこう(する)	[下降(する)]	名,動	하강(하다)
2級	かこむ	[囲む]	動	둘러싸다, 에워싸다
2級	かさい	[火災]	名	화재
2級	かさなる	[重なる]	動	겹쳐지다, 포개지다, 거듭되다
2級	かさねる	[重ねる]	動	겹치다, 포개다
2級	かざり	[飾り]	名	장식, 장식물
2級	かざん	[火山]	名	화산
2級	かし	[貸し]	名	빌려줌, 빌려준 돈
2級	かし	[菓子]	名	과자

2級	かじ	[家事]	名	집안일
2級	かしこい	[賢い]	形	현명하다, 영리하다
2級	かしだし(する)	[貸し出し(する)]	名,動	대출(하다)
2級	かしつ	[過失]	名	잘못, 과실, 과오
2級	かじつ	[果実]	名	과일, 과실
2級	かしま	[貸間]	名	셋방
2級	かしや	[貸家]	名	셋집
2級	かしゅ	[歌手]	名	가수
2級	～かしょ	[～箇所]		～군데, ～곳
2級	かじょう(だ)	[過剰(だ)]	名,な形	과잉(이다)
2級	かじる	[齧る]	動	갉다, 갉아먹다
2級	かず	[数]	名	수, 숫자
2級	かぜい(する)	[課税(する)]	名,動	과세(하다)
2級	かせぐ	[稼ぐ]	動	벌다, 벌어들이다
2級	カセット	[cassette]	名	카세트
2級	カセットテープ	[cassette tape]	名	카세트테이프
2級	かせん	[下線]	名	밑줄
2級	かぞえる	[数える]	動	(수를) 세다
2級	かそく(する)	[加速(する)]	名,動	가속(되다)
2級	かそくど	[加速度]	名	가속도
2級	かた	[肩]	名	어깨
2級	かた	[型]	名	형, 틀, 형식
2級	～がたい	[～難い]	接尾	～하기 어렵다, ～하기 힘들다
2級	かたがた	[方々]	名	여러분들
2級	かたづく	[片付く]	動	정리되다, 정돈되다

2級

단어 제대로 끝내기

2級	かたな	[刀]	名	칼, 검
2級	かたまり	[塊]	名	덩어리
2級	かたまる	[固まる]	動	굳어지다, 단단해지다, 뭉치다
2級	かたみち	[片道]	名	편도
2級	かたむく	[傾く]	動	기울다, 기울어지다
2級	かたよる	[片寄る]	動	기울다, 치우치다
2級	かたる	[語る]	動	말하다, 이야기하다
2級	かち	[価値]	名	값어치, 가치
2級	かち	[勝ち]	名	이김, 승리
2級	~がち		接尾	~한 경향이 많은, ~하기 일쑤
2級	がっか	[学科]	名	학과
2級	がっかい	[学会]	名	학회
2級	がっかり(する)		副,動	실망한 모양, 실망하다
2級	かっき	[活気]	名	활기
2級	がっき	[学期]	名	학기
2級	がっき	[楽器]	名	악기
2級	がっきゅう	[学級]	名	학급
2級	かつぐ	[担ぐ]	動	(어깨, 등에) 메다, 지다
2級	かっこ(する)	[括弧(する)]	名,動	괄호(묶다, 치다)
2級	かつじ	[活字]	名	활자
2級	かってだ	[勝手だ]	な形	제멋대로다, 마음대로다
2級	かつどう(する)	[活動(する)]	名,動	활동(하다)
2級	かつやく(する)	[活躍(する)]	名,動	활약(하다)
2級	かつよう(する)	[活用(する)]	名,動	활용(하다)
2級	かつりょく	[活力]	名	활력

2級	かてい	[過程]	名	과정
2級	かてい	[課程]	名	과정
2級	かてい(する)	[仮定(する)]	名,動	가정(하다)
2級	かな	[仮名]	名	일본 문자
2級	かなしむ	[悲しむ]	動	슬퍼하다
2級	かなづかい	[仮名遣い]	名	가나 표기법
2級	かならずしも	[必ずしも]	副	꼭, 반드시(부정어와 사용)
2級	かなり	[可成]	副	꽤, 제법
2級	かね	[金]	名	쇠, 금속, 돈
2級	かね	[鐘]	名	종
2級	かねつ(する)	[加熱(する)]	名,動	가열(하다)
2級	かねる	[兼ねる]	動	겸하다
2級	かのう(だ)	[可能(だ)]	名,な形	가능(하다)
2級	カバー	[cover]	名	커버, 덮개
2級	かはんすう	[過半数]	名	과반수
2級	かび	[黴]	名	곰팡이
2級	かぶ	[株]	名	그루터기, 주식
2級	かぶせる	[被せる]	動	씌우다, 덮다
2級	かま	[釜]	名	솥, 밥솥
2級	がまん(する)	[我慢(する)]	名,動	참음, 인내(하다), 견디다
2級	かみ	[上]	名	위, 위쪽
2級	かみ	[神]	名	신
2級	かみくず	[紙屑]	名	휴지
2級	かみさま	[神様]	名	하느님, 신
2級	かみそり	[剃刀]	名	(여성용) 면도기, 면도칼

2級

단어 제대로 끝내기

117

2級	かみなり	[雷]	名	천둥, 벼락
2級	かみのけ	[髪の毛]	名	머리카락
2級	ガム	[gum]	名	껌
2級	かもく	[科目]	名	과목
2級	~かもしれない	[~かも知れない]	連語	~일지도 모르다, ~할지도 모르다
2級	かもつ	[貨物]	名	화물
2級	かゆい	[痒い]	副	가렵다
2級	かよう	[歌謡]	名	가요
2級	かよう	[火曜]	名	화요일
2級	から	[空]	名	텅 빔
2級	から	[殻]	名	껍질, 껍데기
2級	がら	[柄]	名	몸집, 체격, 무늬
2級	カラー	[color]	名	컬러, 색채
2級	からかう	[揶揄う]	動	놀리다, 조롱하다
2級	からっぽ(だ)	[空っぽ(だ)]	名な形	텅 빔, 텅 비다, 아무 것도 없다
2級	かる	[刈る]	動	깎다, 베다
2級	かるた	[歌留多]	名	가루타(일본 카드놀이)
2級	かれる	[枯れる]	動	(초목이) 시들다
2級	カロリー	[calorie]	名	칼로리, 열량
2級	かわ	[皮]	名	껍질
2級	かわ	[革]	名	가죽
2級	かわいがる	[可愛がる]	動	귀여워하다
2級	かわいそうだ	[可哀想だ]	な形	가엾다, 불쌍하다
2級	かわいらしい	[可愛らしい]	形	귀엽다, 사랑스럽다
2級	かわかす	[乾かす]	動	말리다

2級	かわく	[渇く]	動	(목이) 마르다, 갈증나다
2級	かわせ	[為替]	名	환
2級	かわら	[瓦]	名	기와
2級	かわる	[代わる]	動	대신하다, 대리하다
2級	かん	[缶]	名	캔, 깡통
2級	かん	[勘]	名	감, 직감, 육감
2級	~かん	[~刊]	接尾	~간(출간)
2級	~かん	[~間]	接尾	~간(사이, 간격)
2級	~かん	[~感]	接尾	~감(감정)
2級	~かん	[~巻]	接尾	~권(서적)
2級	~かん	[~館]	接尾	~관(건물)
2級	かんがえ	[考え]	名	생각, 사고
2級	かんかく	[間隔]	名	간격
2級	かんかく	[感覚]	名	감각
2級	かんき(する)	[換気(する)]	名動	환기(하다)
2級	かんきゃく	[観客]	名	관객
2級	かんきょう	[環境]	名	환경
2級	かんげい(する)	[歓迎(する)]	名動	환영(하다)
2級	かんげき(する)	[感激(する)]	名動	감격(하다)
2級	かんこう	[観光]	名	관광
2級	かんさい	[関西]	名	관서(일본 서쪽 지역)
2級	かんさつ(する)	[観察(する)]	名動	관찰(하다)
2級	かんじ	[感じ]	名	느낌, 감각, 인상
2級	がんじつ	[元日]	名	설날, 1월 1일
2級	かんしゃ(する)	[感謝(する)]	名動	감사(하다)

2級

단어 제대로 끝내기

2級	かんじゃ	[患者]	名	환자
2級	かんしょう(する)	[鑑賞(する)]	名,動	감상(하다)
2級	かんじょう	[感情]	名	감정
2級	かんじょう(する)	[勘定(する)]	名,動	계산(하다), 지불(하다)
2級	かんじる	[感じる]	動	느끼다
2級	かんしん	[関心]	名	관심
2級	かんしん(する)	[感心(する)]	名,動	감탄(하다), 탄복(하다)
2級	かんする	[関する]	動	관하다, 관계하다
2級	かんずる	[感ずる]	動	느끼다
2級	かんせい(する)	[完成(する)]	名,動	완성(하다)
2級	かんせつ	[間接]	名	간접
2級	かんぜん(だ)	[完全(だ)]	名,な形	완전(하다)
2級	かんそう	[感想]	名	감상
2級	かんそう(する)	[乾燥(する)]	名,動	건조(하다)
2級	かんそく(する)	[観測(する)]	名,動	관측(하다)
2級	かんたい	[寒帯]	名	한대
2級	かんちがい(する)	[勘違い(する)]	名,動	착각(하다)
2級	かんちょう	[官庁]	名	관청
2級	かんづめ	[缶詰]	名	통조림
2級	かんでんち	[乾電池]	名	건전지
2級	かんとう	[関東]	名	관동(일본 동쪽 지역)
2級	かんどう(する)	[感動(する)]	名,動	감동(하다)
2級	かんとく(する)	[監督(する)]	名,動	감독(하다)
2級	かんねん	[観念]	名	관념
2級	かんぱい(する)	[乾杯(する)]	名,動	건배(하다)

2級	かんばん	[看板]	名	간판
2級	かんびょう(する)	[看病(する)]	名,動	간병(하다), 간호(하다)
2級	かんむり	[冠]	名	관, 한자 관머리(윗머리)
2級	かんり(する)	[管理(する)]	名,動	관리(하다)
2級	かんりょう(する)	[完了(する)]	名,動	완료(하다)
2級	かんれん(する)	[関連(する)]	名,動	관련(하다)
2級	かんわ	[漢和]	名	한어와 일본어

き

2級	~き	[~期]	接尾	~기(시기, 기간)
2級	~き	[~器]	接尾	~기(기구, 그릇)
2級	~き	[~機]	助数	~기(항공기)
2級	きあつ	[気圧]	名	기압
2級	ぎいん	[議員]	名	의원
2級	きおく(する)	[記憶(する)]	名,動	기억(하다)
2級	きおん	[気温]	名	기온
2級	きかい	[器械]	名	기계
2級	ぎかい	[議会]	名	의회
2級	きがえ(する)	[着替え(する)]	名,動	옷을 갈아입음, 갈아입다
2級	きがえる	[着替える]	動	갈아입다
2級	きかん	[期間]	名	기간
2級	きかん	[機関]	名	기관
2級	きかんしゃ	[機関車]	名	기관차
2級	きぎょう	[企業]	名	기업
2級	ききん	[飢饉]	名	기근

2級

단어 재배로 끝내기

2級	きく	[利く]	動	효과가 있다, (약이) 잘 듣다
2級	きく	[効く]	動	효과가 있다, 발휘되다
2級	きぐ	[器具]	名	기구
2級	きげん	[機嫌]	名	기분, 비위, 안부
2級	きげん	[期限]	名	기한
2級	きこう	[気候]	名	기후, 날씨
2級	きごう	[記号]	名	기호
2級	きざむ	[刻む]	動	새기다, 명심하다, 잘게 썰다
2級	きし	[岸]	名	물가, 해안, 벼랑
2級	きじ	[生地]	名	옷감, 천, 본바탕
2級	きじ	[記事]	名	기사
2級	ぎし	[技師]	名	(전문) 기사
2級	ぎしき	[儀式]	名	의식
2級	きしゃ	[記者]	名	기자
2級	きじゅん	[基準]	名	기준
2級	きじゅん	[規準]	名	규범, 기준
2級	きしょう(する)	[起床(する)]	名,動	기상(하다)
2級	きず	[傷]	名	상처, 흠집
2級	きすう	[奇数]	名	홀수
2級	きせる	[着せる]	動	입히다, 전가하다
2級	きそ	[基礎]	名	기초
2級	きたい(する)	[期待(する)]	名,動	기대(하다)
2級	きたい	[気体]	名	기체
2級	きたく(する)	[帰宅(する)]	名,動	귀가(하다)
2級	きち	[基地]	名	기지

2級	ぎちょう	[議長]	名	의장
2級	きちょう(だ)	[貴重(だ)]	名,な形	귀중(하다)
2級	きちんと		副	제대로, 정확히, 깔끔히
2級	きつい		形	심하다, 고되다, (옷이) 꼭 끼다
2級	きっかけ		名	계기, 동기, 시작
2級	きづく	[気付く]	動	깨닫다, 눈치채다, 알아채다
2級	きっさ	[喫茶]	名	차를 마심
2級	ぎっしり		副	잔뜩, 가득, 빽빽이
2級	きにいる	[気に入る]	連語	마음에 들다
2級	きにゅう(する)	[記入(する)]	名,動	기입(하다)
2級	きねん(する)	[記念(する)]	名,動	기념(하다)
2級	きのう(する)	[機能(する)]	名,動	기능(하다)
2級	きのどく(だ)	[気の毒(だ)]	名,な形	가엾음, 가엾다, 딱하다
2級	きばん	[基盤]	名	기반
2級	きふ(する)	[寄付(する)]	名,動	기부(하다)
2級	きぼう	[希望]	名	희망
2級	きほん	[基本]	名	기본
2級	きまり	[決まり]	名	규칙, 규정, 결정, 매듭
2級	きみ	[気味]	名	느낌, 기분, 경향
2級	～ぎみ	[～気味]	接尾	～한 기미, ～한 경향
2級	きみょうだ	[奇妙だ]	な形	기묘하다, 이상하다
2級	ぎむ	[義務]	名	의무
2級	ぎもん	[疑問]	名	의문
2級	ぎゃく(だ)	[逆(だ)]	名,な形	역, 반대, 거꾸로다
2級	きゃくせき	[客席]	名	객석

2級

단어를 외우자

2級	きゃくま	[客間]	名	객실, 응접실
2級	キャプテン	[captain]	名	주장, 지휘자
2級	ギャング	[gang]	名	갱, 강도단
2級	キャンパス	[campus]	名	캠퍼스, 대학 교정
2級	キャンプ	[camp]	名,動	캠프(하다), 야영합숙(하다)
2級	きゅう	[球]	名	공, 볼
2級	きゅう	[旧]	名	구, 옛 것, 음력
2級	きゅう	[級]	名	급, 등급
2級	きゅうか	[休暇]	名	휴가
2級	きゅうぎょう(する)	[休業(する)]	名,動	휴업(하다)
2級	きゅうけい(する)	[休憩(する)]	名,動	휴식(하다), 휴게(하다)
2級	きゅうげきだ	[急激だ]	な形	급격하다
2級	きゅうこう(する)	[休講(する)]	名,動	휴강(하다)
2級	きゅうこん(する)	[求婚(する)]	名,動	구혼(하다)
2級	きゅうしゅう(する)	[吸収(する)]	名,動	흡수(하다)
2級	きゅうじょ(する)	[救助(する)]	名,動	구조(하다)
2級	きゅうそく(する)	[休息(する)]	名,動	휴식(하다), 휴게(하다)
2級	きゅうそくだ	[急速だ]	な形	급속하다
2級	きゅうよ	[給与]	名	급여
2級	きゅうよう(する)	[休養(する)]	名,動	휴양(하다)
2級	きゅうりょう	[給料]	名	월급, 급료
2級	きよい	[清い]	形	맑다, 깨끗하다, 결백하다
2級	きよう(だ)	[器用(だ)]	名,な形	솜씨가 있음, 능숙하다, 요령 있다
2級	～きょう	[～教]	接尾	～교(종교)
2級	～ぎょう	[～行]	接尾	～행(줄)

2級	~ぎょう	[~業]	接尾	~업(산업)
2級	きょういん	[教員]	名	교원
2級	きょうか(する)	[強化(する)]	名,動	강화(하다)
2級	きょうかい	[境界]	名	경계
2級	きょうかしょ	[教科書]	名	교과서
2級	きょうぎ(する)	[競技(する)]	名,動	경기(하다)
2級	ぎょうぎ	[行儀]	名	예의범절, 행실
2級	きょうきゅう(する)	[供給(する)]	名,動	공급(하다)
2級	きょうさん	[共産]	名	공산
2級	きょうし	[教師]	名	교사, 선생님
2級	ぎょうじ	[行事]	名	행사
2級	きょうじゅ(する)	[教授(する)]	名,動	교수님, 교수(하다)
2級	きょうしゅく(だ)	[恐縮(だ)]	名,な形	송구함, 감사함, 죄송(하다)
2級	きょうちょう(する)	[強調(する)]	名,動	강조(하다)
2級	きょうつう(だ)	[共通(だ)]	名,な形	공통(되다)
2級	きょうどう	[共同]	名	공동
2級	きょうふ	[恐怖]	名	공포
2級	きょうよう	[教養]	名	교양
2級	きょうりょく(する)	[協力(する)]	名,動	협력(하다)
2級	きょうりょく(だ)	[強力(だ)]	名,な形	강력(하다)
2級	ぎょうれつ	[行列]	名	행렬
2級	きょか(する)	[許可(する)]	名,動	허가(하다), 허락(하다)
2級	ぎょぎょう	[漁業]	名	어업
2級	きょく	[局]	名	국, 조직, 통신국
2級	きょく	[曲]	名	곡, 음악

2級

단어 색깔로 끝내기

2級	きょくせん	[曲線]	名	곡선
2級	きょだい(だ)	[巨大(だ)]	名,な形	거대(하다)
2級	きょり	[距離]	名	거리
2級	きらう	[嫌う]	動	싫어하다
2級	きらく(だ)	[気楽(だ)]	名,な形	마음 편함, 홀가분하다
2級	きり	[霧]	名	안개
2級	きりつ	[規律]	名	규율
2級	きる	[斬る]	動	베다
2級	~きる	[~切る]	接尾	완전히 다 ~하다
2級	きれ	[布]	名	헝겊, 천조각, 조각
2級	~きれ	[~切れ]	接尾	조각, 토막
2級	きれる	[切れる]	動	끊어지다, 잘리다, 다 소비되다
2級	きろく(する)	[記録(する)]	名,動	기록(하다)
2級	ぎろん(する)	[議論(する)]	名,動	의논(하다), 논의(하다)
2級	きをつける	[気を付ける]		조심하다, 주의하다
2級	きん	[金]	名	금(요일)
2級	きん	[金]	名	금
2級	ぎん	[銀]	名	은
2級	きんえん(する)	[禁煙(する)]	名,動	금연(하다)
2級	きんがく	[金額]	名	금액
2級	きんぎょ	[金魚]	名	금붕어
2級	きんこ	[金庫]	名	금고
2級	きんし(する)	[禁止(する)]	名,動	금지(하다)
2級	きんせん	[金銭]	名	금전
2級	きんぞく	[金属]	名	금속

126

2級	きんだい	[近代]	名	근대
2級	きんちょう(する)	[緊張(する)]	名動	긴장(하다)
2級	きんにく	[筋肉]	名	근육
2級	きんゆう	[金融]	名	금융
2級	きんよう	[金曜]	名	금요일

2級	く	[句]	名	구, 문장
2級	くいき	[区域]	名	구역
2級	くう	[食う]	動	먹다
2級	くう~	[空~]	接頭	공~, 텅 빈
2級	ぐうすう	[偶数]	名	짝수
2級	ぐうぜん	[偶然]	副	우연히, 뜻밖에
2級	ぐうぜん(だ)	[偶然(だ)]	名,な形	우연(하다)
2級	くうそう(する)	[空想(する)]	名,動	공상(하다)
2級	くうちゅう	[空中]	名	공중
2級	クーラー	[cooler]	名	냉방장치, 에어컨
2級	くぎ	[釘]	名	못
2級	くぎる	[区切る]	動	구분하다, 구획하다, 매듭을 짓다
2級	くさい	[臭い]	形	(냄새가) 고약하다, 수상하다
2級	くさり	[鎖]	名	사슬, 쇠사슬
2級	くさる	[腐る]	動	썩다, 부패하다
2級	くし	[櫛]	名	빗
2級	くしゃみ		名	재채기
2級	くじょう	[苦情]	名	불평, 불만

127

2級	くしん(する)	[苦心(する)]	名,動	고심(하다), 고생(하다)
2級	くず	[屑]	名	부스러기, 찌꺼기, 쓰레기
2級	くずす	[崩す]	動	허물다, 무너뜨리다, (돈을) 헐다
2級	くすりゆび	[薬指]	名	약지, 넷째손가락
2級	くずれる	[崩れる]	動	무너지다, 허물어지다, 흐려지다
2級	くせ	[癖]	名	버릇, 습관
2級	くだ	[管]	名	관, 대롱
2級	ぐたい	[具体]	名	구체
2級	くだく	[砕く]	動	부수다, 깨다
2級	くだける	[砕ける]	動	부서지다, 깨지다, 좌절하다
2級	くたびれる	[草臥れる]	動	지치다, 무기력해지다
2級	くだらない	[下らない]	形	시시하다, 하찮다
2級	くだり	[下り]	名	내려감, 하행
2級	くだる	[下る]	動	내리다, 내려가다, (명령이) 내리다
2級	~くち	[~口]	接尾	~마디(말), ~입, ~몫
2級	くちびる	[唇]	名	입술
2級	くちべに	[口紅]	名	입술연지, 립스틱
2級	くつう	[苦痛]	名	고통, 아픔
2級	ぐっすり		副	푹, 깊이 잠이 든 모양
2級	くっつく	[くっ付く]	動	달라붙다, 바짝 따라가다
2級	くっつける	[くっ付ける]	動	갖다 붙이다, 부착시키다
2級	くどい	[諄い]	形	끈덕지다, 지루하다
2級	くとうてん	[句読点]	名	구두점(쉼표와 마침표)
2級	くばる	[配る]	動	배부하다, 고루 미치게 하다
2級	くふう(する)	[工夫(する)]	名,動	궁리(하다), 고안(하다)

2級	く ぶん(する)	[区分(する)]	名,動	구분(하다)
2級	く べつ(する)	[区別(する)]	名,動	구별(하다)
2級	くみ	[組]	名	학급, 반, 쌍
2級	くみあい	[組合]	名	조합
2級	くみあわせ	[組み合わせ]	名	짜맞춤, 짝지음, 편성
2級	くみたてる	[組み立てる]	動	조립하다, 구성하다
2級	くむ	[組む]	動	짜다, 조립하다, 구성하다
2級	くむ	[汲む]	動	(물을) 푸다, 퍼올리다
2級	くむ	[酌む]	動	(술을) 따라 마시다, 헤아리다
2級	くやしい	[悔しい]	形	분하다, 억울하다
2級	くやむ	[悔やむ]	動	뉘우치다, 후회하다, 애도하다
2級	くらい	[位]	名	지위, 계급, 등급
2級	くらし	[暮らし]	名	생활, 살림, 생계
2級	クラシック	[classic]	名	클래식
2級	くらす	[暮らす]	動	살다, 생활하다, 날을 보내다
2級	クラブ	[club]	名	클럽
2級	グラフ	[graph]	名	그래프
2級	グラム	[gram]	名	그램
2級	グランド	[ground]	名	운동장, 지면
2級	クリーニング	[cleaning]	名	세탁, 드라이클리닝
2級	クリーム	[cream]	名	크림
2級	くりかえす	[繰り返す]	動	되풀이하다, 반복하다
2級	クリスマス	[Christmas]	名	크리스마스, 성탄절
2級	くるう	[狂う]	動	미치다, 돌다, 고장나다
2級	グループ	[group]	名	그룹, 무리

2級

단어 재미로 끝내기

2級	くるしい	[苦しい]	形	괴롭다, 고통스럽다
2級	くるしむ	[苦しむ]	動	괴로워하다, 고심하다
2級	くるしめる	[苦しめる]	動	괴롭히다
2級	くるむ	[包む]	動	싸다, 감싸다
2級	くれ	[暮れ]	名	해질 무렵, 끝 무렵, 연말
2級	くれぐれも	[呉々も]	副	아무쪼록, 부디
2級	くろう(する)	[苦労(する)]	名	고생, 애씀, 노고
2級	くわえる	[加える]	動	더하다, 가하다, 보태다
2級	くわえる	[咥える]	動	(입에) 물다
2級	くわしい	[詳しい]	形	상세하다, 자세하다
2級	くわわる	[加わる]	動	더해지다, 늘다, 가입하다
2級	くん	[訓]	名	한자의 훈, 훈독
2級	ぐん	[軍]	名	군, 군인 집단
2級	ぐん	[郡]	名	군(일본 행정 구역)
2級	ぐんたい	[軍隊]	名	군대
2級	くんれん(する)	[訓練(する)]	名,動	훈련(하다)

2級	~け	[~家]	接尾	~가(가문)
2級	げ	[下]	名	아래, 밑, 하
2級	けい	[計]	名	합계, 계획
2級	~けい	[~形]	接尾	~형(모양)
2級	~けい	[~型]	接尾	~형(유형)
2級	けいい	[敬意]	名	경의
2級	けいえい(する)	[経営(する)]	名,動	경영(하다)

2級	けいき	[景気]	名	경기, 호경기
2級	けいき	[契機]	名	계기
2級	けいこ	[稽古]	名	예능 학습, 레슨, 연습
2級	けいご	[敬語]	名	경어
2級	けいこう	[傾向]	名	경향
2級	けいこうとう	[蛍光灯]	名	형광등
2級	けいこく(する)	[警告(する)]	名,動	경고(하다)
2級	けいさん(する)	[計算(する)]	名,動	계산(하다)
2級	けいじ(する)	[掲示(する)]	名,動	게시(하다)
2級	けいじ	[刑事]	名	형사
2級	けいしき	[形式]	名	형식
2級	げいじゅつ	[芸術]	名	예술
2級	けいぞく(する)	[継続(する)]	名,動	계속(하다)
2級	けいと	[毛糸]	名	털실
2級	けいど	[経度]	名	경도
2級	けいとう	[系統]	名	계통
2級	げいのう	[芸能]	名	예능
2級	けいば	[競馬]	名	경마
2級	けいび	[警備]	名	경비
2級	けいやく(する)	[契約(する)]	名,動	계약(하다)
2級	けいゆ(する)	[経由(する)]	名,動	경유(하다)
2級	けいようし	[形容詞]	名	형용사
2級	けいようどうし	[形容動詞]	名	형용동사, な형용사
2級	ケース	[case]	名	케이스, 상자
2級	ゲーム	[game]	名	게임, 놀이

2級	げか	[外科]	名	외과
2級	けがわ	[毛皮]	名	모피, 털가죽
2級	げき	[劇]	名	극, 연극
2級	げきじょう	[劇場]	名	극장
2級	げきぞう(する)	[激増(する)]	名,動	급증(하다), 격증(하다)
2級	げしゃ(する)	[下車(する)]	名,動	하차(하다)
2級	げじゅん	[下旬]	名	하순
2級	けしょう(する)	[化粧(する)]	名,動	화장(하다)
2級	げすい	[下水]	名	하수
2級	けずる	[削る]	動	깎다, 줄이다, 삭제하다
2級	けた	[桁]	名	(숫자의) 단위, 자릿수
2級	げた	[下駄]	名	게다(일본 나막신)
2級	けち(だ)		名,な形	인색(하다), 비열하다
2級	げつ	[月]	名	월(요일)
2級	けつあつ	[血圧]	名	혈압
2級	けつえき	[血液]	名	혈액
2級	けっか	[結果]	名	결과
2級	けっかん	[欠陥]	名	결함
2級	げっきゅう	[月給]	名	월급, 봉급
2級	けっきょく	[結局]	名,副	결국, 결말, 결국에
2級	けっさく	[傑作]	名	걸작
2級	けっしん(する)	[決心(する)]	名,動	결심(하다)
2級	けっせき(する)	[欠席(する)]	名,動	결석(하다)
2級	けってい(する)	[決定(する)]	名,動	결정(하다)
2級	けってん	[欠点]	名	결점

2級	げつまつ	[月末]	名	월말
2級	げつよう	[月曜]	名	월요일
2級	けつろん(する)	[結論(する)]	名,動	결론(나다)
2級	けはい	[気配]	名	기색, 기척, 낌새
2級	げひん(だ)	[下品(だ)]	名,形	천함, 천하다, 천박하다
2級	けむい	[煙い]	形	냅다, 매캐하다
2級	けむり	[煙]	名	연기
2級	ける	[蹴る]	動	(발로) 차다, 걷어차다
2級	けわしい	[険しい]	形	험하다, 가파르다, 험상궂다
2級	けん	[券]	名	표, 증서
2級	~けん	[~権]	接尾	~권(권리)
2級	げん~	[現~]	接頭	현~(현재)
2級	けんかい	[見解]	名	견해
2級	げんかい	[限界]	名	한계
2級	けんがく(する)	[見学(する)]	名,動	견학(하다)
2級	けんきょだ	[謙虚だ]	な形	겸허하다
2級	げんきん	[現金]	名	현금
2級	げんご	[言語]	名	언어
2級	けんこう(だ)	[健康(だ)]	名,な形	건강(하다)
2級	げんこう	[原稿]	名	원고
2級	けんさ(する)	[検査(する)]	名,動	검사(하다)
2級	げんざい	[現在]	名	현재
2級	げんさん	[原産]	名	원산, 원산지
2級	げんし	[原始]	名	원시
2級	げんじつ	[現実]	名	현실

2級

단어 제대로 끝내기

2級	けんしゅう	[研修]	名	연수
2級	げんじゅうだ	[厳重だ]	な形	엄중하다
2級	げんしょう	[現象]	名	현상
2級	げんじょう	[現状]	名	현상, 현황
2級	けんせつ(する)	[建設(する)]	名,動	건설(하다)
2級	けんそん(だ)	[謙遜(だ)]	名,な形	겸손(하다)
2級	げんだい	[現代]	名	현대
2級	けんちく(する)	[建築(する)]	名,動	건축(하다)
2級	けんちょう	[県庁]	名	현청(현의 담당 관청)
2級	げんど	[限度]	名	한도
2級	けんとう	[見当]	名	대략의 방향, 짐작, 어림
2級	けんとう(する)	[検討(する)]	名,動	검토(하다)
2級	げんに	[現に]	副	실제로, 눈앞에
2級	げんば	[現場]	名	현장
2級	けんびきょう	[顕微鏡]	名	현미경
2級	けんぽう	[憲法]	名	헌법
2級	けんめい(だ)	[懸命(だ)]	名,な形	필사적임, 열심이다
2級	けんり	[権利]	名	권리
2級	げんり	[原理]	名	원리
2級	げんりょう	[原料]	名	원료

2級	こ	[粉]	名	가루, 분말
2級	こ~	[小~]	接頭	소~(작은, 적은)
2級	~こ	[~湖]	接尾	~호(호수)

2級	ご	[碁]	名	바둑
2級	ご	[語]	名	말, 이야기
2級	ご	[後]	名	뒤, 후
2級	こい	[恋]	名	사랑, 연애
2級	こい	[濃い]	形	진하다, 짙다
2級	こいしい	[恋しい]	形	그립다
2級	こいびと	[恋人]	名	애인, 연인
2級	こう~	[高~]	接頭	고~(높은)
2級	~こう	[~校]	接尾	~교(학교)
2級	~こう	[~港]	接尾	~항(항구)
2級	~ごう	[~号]	接尾	~호(순서, 탈 것)
2級	こういん	[工員]	名	공장 직원, 공원
2級	ごういんだ	[強引だ]	な形	억지로 하다, 무리하다
2級	こううん(だ)	[幸運(だ)]	名,な形	행운, 순조롭다
2級	こうえん(する)	[講演(する)]	名,動	강연(하다), 연설(하다)
2級	こうか	[硬貨]	名	동전
2級	こうか	[効果]	名	효과
2級	こうか(だ)	[高価(だ)]	名,な形	고가, (가격이) 비싸다
2級	こうがい	[公害]	名	공해
2級	ごうかく(する)	[合格(する)]	名,動	합격(하다)
2級	ごうかだ	[豪華だ]	な形	호화롭다
2級	こうかん(する)	[交換(する)]	名,動	교환(하다)
2級	こうきゅう(だ)	[高級(だ)]	名,な形	고급(스럽다)
2級	こうきょう	[公共]	名	공공
2級	こうくう	[航空]	名	항공

2級

단어 콩깨비

135

2級	こうけい	[光景]	名	광경
2級	こうげい	[工芸]	名	공예
2級	ごうけい	[合計]	名	합계
2級	こうげき(する)	[攻撃(する)]	名,動	공격(하다)
2級	こうけん(する)	[貢献(する)]	名,動	공헌(하다)
2級	こうこう(だ)	[孝行(だ)]	名,な形	효도, 효행, 효성스럽다
2級	こうこく(する)	[広告(する)]	名,動	광고(하다)
2級	こうさ(する)	[交差(する)]	名,動	교차(하다)
2級	こうさい(する)	[交際(する)]	名,動	교제(하다)
2級	こうし	[講師]	名	강사
2級	こうじ(する)	[工事(する)]	名,動	공사(하다)
2級	こうしき	[公式]	名	공식
2級	こうじつ	[口実]	名	구실, 핑계
2級	こうして		接	이렇게 해서
2級	こうしゃ	[後者]	名	후자
2級	こうしゃ	[校舎]	名	학교 건물, 교사
2級	こうしゅう	[公衆]	名	공중
2級	こうすい	[香水]	名	향수
2級	こうせい(する)	[構成(する)]	名,動	구성(하다)
2級	こうせい(だ)	[公正(だ)]	名,な形	공정(하다)
2級	こうせき	[功績]	名	공적, 공로
2級	こうせん	[光線]	名	광선
2級	こうそう	[高層]	名	고층
2級	こうぞう	[構造]	名	구조
2級	こうそく	[高速]	名	고속

급	읽기	한자	품사	뜻
2級	こうたい(する)	[交替(する)]	名,動	교체(하다), 교대(하다)
2級	こうち	[耕地]	名	경지
2級	こうつうきかん	[交通機関]	名	교통기관
2級	こうてい	[校庭]	名	교정
2級	こうてい(する)	[肯定(する)]	名,動	긍정(하다)
2級	こうど(だ)	[高度(だ)]	名,な形	고도, 수준이 높다
2級	こうとう	[高等]	名	고등
2級	こうどう(する)	[行動(する)]	名,動	행동(하다)
2級	ごうとう	[強盗]	名	강도
2級	ごうどう(する)	[合同(する)]	名,動	합동(하다), 합치다
2級	こうば	[工場]	名	공장
2級	こうはい	[後輩]	名	후배
2級	こうひょう	[公表]	名	공표, 세상에 널리 알림
2級	こうふく(だ)	[幸福(だ)]	名,な形	행복(하다)
2級	こうぶつ	[鉱物]	名	광물
2級	こうへい(だ)	[公平(だ)]	名,な形	공평(하다)
2級	こうほ	[候補]	名	후보
2級	こうむ	[公務]	名	공무, 공공 업무
2級	こうもく	[項目]	名	항목
2級	こうよう	[紅葉]	名	단풍
2級	ごうり	[合理]	名	합리
2級	こうりゅう(する)	[交流(する)]	名,動	교류(하다)
2級	ごうりゅう(する)	[合流(する)]	名,動	합류(하다)
2級	こうりょ(する)	[考慮(する)]	名,動	고려(하다)
2級	こうりょく	[効力]	名	효력

2級 단어 제대로 끝내기

2級	こえる	[越える]	動	넘다, 넘기다
2級	こえる	[超える]	動	초과하다
2級	コース	[course]	名	코스
2級	コーチ(する)	[coach(する)]	名,動	코치(하다)
2級	コート	[court]	名	코트, 경기장
2級	コード	[code]	名	코드
2級	コーラス	[chorus]	名	코러스, 합창
2級	こおり	[氷]	名	얼음
2級	こおる	[凍る]	動	얼다
2級	ゴール	[goal]	名	골, 결승점
2級	ごかい(する)	[誤解(する)]	名,動	오해(하다)
2級	ごがく	[語学]	名	어학
2級	こがす	[焦がす]	動	그을리다, 눋게 하다
2級	こきゅう(する)	[呼吸(する)]	名,動	호흡(하다)
2級	こきょう	[故郷]	名	고향
2級	~こく	[~国]	接尾	~국(국가)
2級	こぐ	[漕ぐ]	動	(노를) 젓다
2級	ごく	[極]	副	극히, 매우, 대단히
2級	こくおう	[国王]	名	국왕
2級	こくご	[国語]	名	국어
2級	こくせき	[国籍]	名	국적
2級	こくばん	[黒板]	名	칠판
2級	こくふく(する)	[克服(する)]	名,動	극복(하다)
2級	こくみん	[国民]	名	국민
2級	こくもつ	[穀物]	名	곡물, 곡식

2級	こくりつ	[国立]	名	국립
2級	こげる	[焦げる]	動	타다, 눋다
2級	こごえる	[凍える]	動	얼다
2級	こころあたり	[心当たり]	名	예측, 짐작, 짐작이 감
2級	こころえる	[心得る]	動	알다, 이해하다, 익히다
2級	こし	[腰]	名	허리
2級	こしかけ	[腰掛]	名	걸상, 의자
2級	こしかける	[腰掛ける]	動	걸터앉다
2級	ごじゅうおん	[五十音]	名	50음도
2級	こしょう	[胡椒]	名	후추
2級	こしらえる	[拵える]	動	마련하다, 만들다
2級	こじん	[個人]	名	개인
2級	こす	[越す]	動	넘다, 넘기다, 지내다
2級	こす	[超す]	動	넘다, 초과하다
2級	こす	[引越す]	動	이사하다, 옮기다
2級	こする	[擦る]	動	문지르다, 비비다
2級	こたい	[固体]	名	고체
2級	こっか	[国家]	名	국가
2級	こっかい	[国会]	名	국회
2級	こづかい	[小遣い]	名	용돈
2級	こっきょう	[国境]	名	국경
2級	コック	[cook]	名	요리사
2級	こっせつ(する)	[骨折(する)]	名,動	골절(되다), 부러지다
2級	こっそり		副	살짝, 살그머니, 몰래
2級	こづつみ	[小包]	名	소포

2級

단어 제대로 끝내기

2級	こてん	[古典]	名	고전
2級	こと	[琴]	名	거문고
2級	～ごと	[～毎]	接尾	～마다
2級	～ごと		接尾	～째(통째)
2級	ことづける	[言付ける]	動	전언하다, 전갈하다
2級	ことなる	[異なる]	動	다르다
2級	ことばづかい	[言葉遣い]	名	말씨, 말투
2級	ことわざ	[諺]	名	속담
2級	ことわる	[断る]	動	거절하다, 사절하다
2級	こな	[粉]	名	가루, 분말
2級	このみ	[好み]	名	취향, 기호, 선호
2級	このむ	[好む]	動	좋아하다, 즐기다, 원하다
2級	ごぶさた(する)	[御無沙汰(する)]	名動	격조함, 격조(하다)
2級	こぼす	[零す]	動	엎지르다, 흘리다, 투덜대다
2級	こぼれる	[零れる]	動	넘치다, 넘쳐흐르다
2級	コミュニケーション	[communication]	名	커뮤니케이션, 의사소통
2級	～こむ	[～込む]	接尾	안으로 들어가다, 한결같이 ～하다
2級	ゴム	[gom]	名	고무
2級	こむぎ	[小麦]	名	밀, 소맥
2級	こめる	[込める]	動	속에 넣다, 집중시키다
2級	ごめん	[御免]	感	미안해
2級	こや	[小屋]	名	오두막, 우리, 임시 집
2級	こゆび	[小指]	名	새끼손가락
2級	こらえる	[堪える]	動	참다, 견디다, (화를) 누르다
2級	ごらく	[娯楽]	名	오락

2級	ごらん	[御覧]	名	보심
2級	コレクション	[collection]	名	컬렉션, 수집
2級	これら	[此れ等]	代	이들, 이것들
2級	ころがす	[転がす]	動	굴리다, 넘어뜨리다
2級	ころがる	[転がる]	動	구르다, 넘어지다
2級	ころす	[殺す]	動	죽이다
2級	ころぶ	[転ぶ]	動	넘어지다, 구르다, 뒹굴다
2級	こん	[紺]	名	감색
2級	こん～	[今～]	接頭	금～(이번)
2級	こんかい	[今回]	名	이번, 금회
2級	コンクール	[concours]	名	콩쿠르, 경연대회
2級	コンクリート	[concrete]	名	콘크리트
2級	こんご	[今後]	名	금후, 앞으로, 이후
2級	こんごう(する)	[混合(する)]	名,動	혼합(하다)
2級	こんざつ(する)	[混雑(する)]	名,動	혼잡(하다)
2級	コンセント	[concentric+plug]	名	콘센트
2級	こんだて	[献立]	名	식단, 메뉴
2級	こんなに		副	이렇게, 이처럼
2級	こんなん(だ)	[困難(だ)]	名,な形	곤란(하다)
2級	こんにち	[今日]	名	오늘, 오늘날
2級	こんやく(する)	[婚約(する)]	名,動	약혼(하다)
2級	こんらん(する)	[混乱(する)]	名,動	혼란(하다)

さ

2級	さ	[差]	名	차, 차이
2級	サークル	[circle]	名	서클, 동호회
2級	サービス(する)	[service(する)]	名,動	서비스(하다)
2級	さい	[際]	名	때, 기회, 즈음
2級	さい~	[再~]	接頭	재~(재차)
2級	さい~	[最~]	接頭	최~(최상)
2級	~さい	[~祭]	接尾	~제(축제)
2級	ざいがく(する)	[在学(する)]	名,動	재학(하다)
2級	さいこう(だ)	[最高(だ)]	名,な形	최고, 최고다, 우수하다
2級	さいさん	[再三]	名	재삼, 여러 번
2級	ざいさん	[財産]	名	재산
2級	さいじつ	[祭日]	名	제삿날, 경축일
2級	さいしゅう	[最終]	名	최종, 마지막, 맨 나중
2級	さいそく(する)	[催促(する)]	名,動	재촉(하다), 독촉(하다)
2級	さいちゅう	[最中]	名	한창인 때, 절정
2級	さいてい	[最低]	名	최저, 최소, 최하
2級	さいてん(する)	[採点(する)]	名,動	채점(하다)

2級	さいなん	[災難]	名	재난
2級	さいのう	[才能]	名	재능
2級	さいばん(する)	[裁判(する)]	名,動	재판(하다)
2級	さいほう(する)	[裁縫(する)]	名,動	바느질(하다), 재봉(하다)
2級	ざいもく	[材木]	名	재목
2級	ざいりょう	[材料]	名	재료
2級	サイレン	[siren]	名	사이렌
2級	さいわい	[幸い]	副	다행히, 운좋게
2級	さいわい(だ)	[幸い(だ)]	名,な形	다행(스럽다), 행복(하다)
2級	サイン(する)	[sign(する)]	名,動	사인(하다), 서명(하다)
2級	さかい	[境]	名	경계, 갈림길
2級	さかさ	[逆さ]	名	역, 반대, 반대로 됨
2級	さかさま(だ)	[逆様(だ)]	名,な形	반대임, 반대다, 거꾸로다
2級	さがす	[捜す]	動	찾다
2級	さかのぼる	[遡る]	動	거슬러 올라가다
2級	さかば	[酒場]	名	술집
2級	さからう	[逆らう]	動	거스르다, 거역하다, 역행하다
2級	さかり	[盛り]	名	번성, 한창때
2級	さきおととい	[一昨々日]	名	그끄저께
2級	さきほど	[先程]	名	조금 전, 아까
2級	さぎょう(する)	[作業(する)]	名,動	작업(하다)
2級	さく	[裂く]	動	찢다, 가르다, 떼어놓다
2級	さく~	[昨~]	接頭	작~(지난)
2級	さくいん	[索引]	名	색인
2級	さくしゃ	[作者]	名	작자

143

2級	さくじょ(する)	[削除(する)]	名,動	삭제(하다)
2級	さくせい(する)	[作成(する)]	名,動	작성(하다)
2級	さくせい(する)	[作製(する)]	名,動	제작(하다)
2級	さくひん	[作品]	名	작품
2級	さくもつ	[作物]	名	농작물
2級	さくら	[桜]	名	벚꽃, 벚나무
2級	さぐる	[探る]	動	뒤지다, (더듬어) 찾다
2級	さけ	[酒]	名	술
2級	さけぶ	[叫ぶ]	動	외치다, 부르짖다
2級	さける	[避ける]	動	피하다, 꺼리다
2級	ささえる	[支える]	動	떠받치다, 지탱하다
2級	ささやく	[囁く]	動	속삭이다
2級	ささる	[刺さる]	動	찔리다
2級	さじ	[匙]	名	숟가락, 수저
2級	ざしき	[座敷]	名	객실, 연회석
2級	さしつかえ	[差し支え]	名	지장, 장애
2級	さしひく	[差し引く]	動	빼내다, 공제하다
2級	さしみ	[刺身]	名	생선회
2級	さす	[刺す]	動	찌르다
2級	さす	[差す]	動	(우산을) 쓰다, (조수가) 밀려오다
2級	さす	[指す]	動	가리키다, 향하다
2級	さす	[挿す]	動	끼우다, 꽂다
2級	さす	[注す]	動	따르다, 붓다
2級	さす	[射す]	動	(햇빛, 그림자가) 비치다
2級	さすが	[流石]	副	과연, 역시

2級	ざせき	[座席]	名	좌석, 자리
2級	さそう	[誘う]	動	꾀다, 유혹하다
2級	さつ	[札]	名	지폐
2級	さつえい(する)	[撮影(する)]	名,動	촬영(하다)
2級	ざつおん	[雑音]	名	잡음
2級	さっか	[作家]	名	작가
2級	さっきょく(する)	[作曲(する)]	名,動	작곡(하다)
2級	さっさと		副	서둘러, 척척, 지체 없이
2級	さっそく	[早速]	副	즉시, 곧, 빨리
2級	ざっと		副	대강, 대충
2級	さっぱり(する)		副,動	상쾌하게, 조금도, 상쾌해지다
2級	さっぱりだ		な形	형편 없다, 말이 아니다
2級	さて		接	그래서, 그런데, 그러면
2級	さて		感	자, 이제
2級	さばく	[砂漠]	名	사막
2級	さび	[錆]	名	녹
2級	さびる	[錆びる]	動	녹슬다
2級	ざぶとん	[座布団]	名	방석
2級	さべつ(する)	[差別(する)]	名,動	차별(하다)
2級	さほう	[作法]	名	예의범절, 제조법
2級	さまざまだ	[様々だ]	な形	여러 가지다, 가지각색이다
2級	さます	[冷ます]	動	식히다
2級	さます	[覚ます]	動	깨우다, 깨다, 깨우치다
2級	さまたげる	[妨げる]	動	방해하다, 지장을 주다
2級	さめる	[冷める]	動	식다, (흥미가) 가라앉다

2級

단어 뜻대로 끝내기

145

2級	さめる	[覚める]	動	깨다, (정신을) 차리다
2級	さゆう(する)	[左右(する)]	名,動	좌우(하다)
2級	さら	[皿]	名	접시
2級	さらに	[更に]	副	더욱더, 그 위에
2級	サラリーマン	[salaried man]	名	샐러리맨, 월급쟁이
2級	さる	[猿]	名	원숭이
2級	さる	[去る]	動	떠나다, 사라지다, 경과하다
2級	さわがしい	[騒がしい]	形	시끄럽다, 뒤숭숭하다
2級	さわぎ	[騒ぎ]	名	소동, 소란, 떠들썩함
2級	さわやかだ	[爽やかだ]	な形	상쾌하다, 산뜻하다
2級	~さん	[~山]	接尾	~산
2級	~さん	[~産]	接尾	~산(산지)
2級	さんか(する)	[参加(する)]	名,動	참가(하다)
2級	さんかく	[三角]	名	삼각
2級	さんこう	[参考]	名	참고
2級	さんすう	[算数]	名	산수
2級	さんせい	[酸性]	名	산성
2級	さんせい(する)	[賛成(する)]	名,動	찬성(하다)
2級	さんそ	[酸素]	名	산소
2級	さんち	[産地]	名	산지, 생산지
2級	サンプル	[sample]	名	샘플
2級	さんりん	[山林]	名	산림

2級	し	[詩]	名	시

2級	し	[氏]	名	씨, 성씨
2級	~し	[~史]	接尾	~사(역사)
2級	~し	[~紙]	接尾	~지(종이, 신문)
2級	~じ	[~寺]	接尾	~사(절)
2級	しあがる	[仕上がる]	動	완성되다
2級	しあさって	[明々後日]	名	글피
2級	しあわせ(だ)	[幸せ(だ)]	名,な形	행복(하다)
2級	シーズン	[season]	名	시즌, 계절
2級	シーツ	[sheet]	名	시트
2級	じいん	[寺院]	名	사원, 절
2級	ジーンズ	[jeans]	名	청바지
2級	しいんと		副	쥐 죽은 듯이 고요히
2級	じえい(する)	[自衛(する)]	名,動	자위(하다)
2級	ジェットき	[ジェット機]	名	제트기
2級	しおからい	[塩辛い]	形	짜다, 짭짤하다
2級	しかい(する)	[司会(する)]	名,動	사회(보다)
2級	しかく	[四角]	名	사각
2級	しかく(だ)	[四角(だ)]	名,な形	사각, 네모나다
2級	しかくい	[四角い]	形	네모지다, 네모나다
2級	しかたない	[仕方ない]	形	어쩔 수 없다, 하는 수 없다
2級	じかに	[直に]	副	직접, 직접적으로
2級	しかも	[然も]	接	그런데도, 더구나, 게다가
2級	~じかんめ	[~時間目]	接尾	~시간째
2級	じかんわり	[時間割]	名	시간표
2級	しき	[四季]	名	사계절

2級

단어 체크하기

2級	しき	[式]	名	식, 의식
2級	じき	[時期]	名	시기, 때
2級	しきち	[敷地]	名	부지
2級	しきゅう	[至急]	名	매우 급함, 급한 일
2級	しきゅう(する)	[支給(する)]	名,動	지급(하다)
2級	しきりに	[頻りに]	副	연달아, 자꾸만
2級	しく	[敷く]	動	깔다, 펴다
2級	しげき(する)	[刺激(する)]	名,動	자극(하다)
2級	しげる	[茂る]	動	무성하다, 우거지다
2級	しげん	[資源]	名	자원
2級	じけん	[事件]	名	사건
2級	じこく	[時刻]	名	시각
2級	じさつ(する)	[自殺(する)]	名,動	자살(하다)
2級	じさん(する)	[持参(する)]	名,動	지참(하다)
2級	しじ(する)	[指示(する)]	名,動	지시(하다)
2級	じしゃく	[磁石]	名	자석
2級	ししゃごにゅう(する)	[四捨五入(する)]	名,動	반올림(하다)
2級	しじゅう	[始終]	副	줄곧, 시종, 언제나
2級	じしゅう(する)	[自習(する)]	名,動	자습(하다)
2級	ししゅつ(する)	[支出(する)]	名,動	지출(하다)
2級	じじょう	[事情]	名	사정
2級	しじん	[詩人]	名	시인
2級	じしん	[自身]	名	자신, 자기
2級	じしん	[自信]	名	자신, 자신감
2級	しずまる	[静まる]	動	조용해지다, 잠잠해지다, 진정되다

2級	しずむ	[沈む]	動	가라앉다, 침울해지다
2級	しせい	[姿勢]	名	자세
2級	しぜん(に)	[自然(に)]	副	자연히, 절로
2級	しぜん(だ)	[自然(だ)]	名,な形	자연(스럽다)
2級	しぜんかがく	[自然科学]	名	자연과학
2級	しそう	[思想]	名	사상
2級	じそく	[時速]	名	시속
2級	しそん	[子孫]	名	자손
2級	した	[舌]	名	혀
2級	したい	[死体]	名	시체, 사체
2級	しだい(に)	[次第(に)]	名,副	순서, 차츰, 점차
2級	じたい	[事態]	名	사태
2級	したがう	[従う]	動	따르다, 좇다
2級	したがき	[下書き]	名	초고, 초안
2級	したがって	[従って]	接	따라서, 그러므로
2級	じたく	[自宅]	名	자택
2級	したしい	[親しい]	形	친하다, 친숙하다
2級	したまち	[下町]	名	서민 동네(도시 저지대 지역)
2級	じち	[自治]	名	자치
2級	しつ	[質]	名	질, 품질, 성질
2級	しつ	[室]	名	방, 집
2級	~しつ	[~室]	接尾	~실(방)
2級	~じつ	[~日]	接尾	~일(날)
2級	じっかん(する)	[実感(する)]	名,動	실감(하다)
2級	しっき	[湿気]	名	습기

149

2級	しつぎょう(する)	[失業(する)]	名,動	실업, 실직(하다)
2級	しっけ	[湿気]	名	습기
2級	じっけん(する)	[実験(する)]	名,動	실험(하다)
2級	じつげん(する)	[実現(する)]	名,動	실현(되다)
2級	しつこい		形	끈질기다, 집요하다
2級	じっこう(する)	[実行(する)]	名,動	실행(하다)
2級	じっさい	[実際]	名,副	실제, 정말, 실로, 참으로
2級	じっし(する)	[実施(する)]	名,動	실시(하다)
2級	じっしゅう(する)	[実習(する)]	名,動	실습(하다)
2級	じっせき	[実績]	名	실적
2級	しつど	[湿度]	名	습도
2級	じっと		副	꼼짝 않고, 지그시
2級	じつに	[実に]	副	실로, 참으로
2級	じつは	[実は]	副	사실은, 실은
2級	しっぴつ(する)	[執筆(する)]	名,動	집필(하다)
2級	じつぶつ	[実物]	名	실물
2級	しっぽ	[尻尾]	名	꼬리
2級	しつぼう(する)	[失望(する)]	名,動	실망(하다)
2級	じつよう	[実用]	名	실용
2級	じつりょく	[実力]	名	실력
2級	じつれい	[実例]	名	실례
2級	しつれん(する)	[失恋(する)]	名,動	실연(하다)
2級	してい(する)	[指定(する)]	名,動	지정(하다)
2級	してつ	[私鉄]	名	사철, 민간 철도
2級	してん	[支店]	名	지점

2級	しどう(する)	[指導(する)]	名,動	지도(하다)
2級	じどう	[自動]	名	자동
2級	じどう	[児童]	名	아동
2級	しな	[品]	名	물건, 물품, 품질
2級	しはい(する)	[支配(する)]	名,動	지배(하다)
2級	しばい	[芝居]	名	연극
2級	しばしば	[屡々]	副	종종, 자주
2級	しばふ	[芝生]	名	잔디, 잔디밭
2級	しはらい	[支払い]	名	지불, 지급
2級	しはらう	[支払う]	動	지불하다, 치르다
2級	しばる	[縛る]	動	묶다, 매다, 속박하다
2級	じばん	[地盤]	名	지반, 발판
2級	しびれる	[痺れる]	動	저리다, 마비되다
2級	しへい	[紙幣]	名	지폐
2級	しぼう(する)	[死亡(する)]	名,動	사망(하다)
2級	しぼむ	[萎む]	動	시들다, 오므라들다
2級	しぼる	[絞る]	動	쥐어짜다, 좁히다
2級	しほん	[資本]	名	자본
2級	しま	[縞]	名	줄무늬
2級	しまい	[姉妹]	名	자매
2級	しまい	[仕舞い]	名	마지막, 끝
2級	しまう	[仕舞う]	動	마치다, 치우다, 간수하다
2級	しまった	[仕舞った]	感	아차!, 아뿔싸!
2級	じまん(する)	[自慢(する)]	名,動	자랑(하다)
2級	じみ(だ)	[地味(だ)]	名,な形	수수(하다), 검소(하다), 차분하다

2級	しみじみ		副	절실히, 곰곰이
2級	じむ	[事務]	名	사무
2級	しめい	[氏名]	名	성명, 이름
2級	しめきり	[締め切り]	名	마감, 마감일
2級	しめきる	[締め切る]	動	완전히 닫다, 마감하다
2級	しめす	[示す]	動	나타내다, 가리키다
2級	しめた		感	됐어!, 됐구나
2級	しめる	[占める]	動	차지하다
2級	しめる	[湿る]	動	습기가 차다, 눅눅해지다
2級	じめん	[地面]	名	지면
2級	しも	[下]	名	아래, 낮은 쪽, 후반기
2級	しも	[霜]	名	서리, 성에
2級	~しゃ	[~車]	接尾	~차(자동차)
2級	~しゃ	[~社]	接尾	~사(회사)
2級	~しゃ	[~者]	接尾	~자(사람)
2級	ジャーナリスト	[journalist]	名	저널리스트
2級	しゃかいかがく	[社会科学]	名	사회과학
2級	しゃがむ		動	쪼그리고 앉다, 웅크리다
2級	じゃぐち	[蛇口]	名	수도꼭지
2級	じゃくてん	[弱点]	名	약점
2級	しゃこ	[車庫]	名	차고
2級	しゃしょう	[車掌]	名	차장
2級	しゃせい(する)	[写生(する)]	名,動	사생(하다), 그림과 글을 짓다
2級	しゃせつ	[社説]	名	사설
2級	しゃっきん	[借金]	名	빚, 돈을 꿈

2級	しゃっくり		名	딸꾹질
2級	シャッター	[shutter]	名	셔터, 덧문
2級	しゃどう	[車道]	名	차도
2級	しゃぶる		動	핥다, (혀로) 빨다
2級	しゃべる	[喋る]	動	지껄이다, 수다 떨다
2級	しゃりん	[車輪]	名	차바퀴, 수레바퀴
2級	しゃれ	[洒落]	名	익살, 멋, 멋을 부림
2級	じゃんけん		名	가위바위보
2級	～しゅ	[～手]	接尾	수(전문가)
2級	～しゅ	[～酒]	接尾	～주(술)
2級	しゅう	[週]	名	주
2級	しゅう	[州]	名	주(행정 구역의 하나)
2級	～しゅう	[～集]	接尾	～집(책)
2級	じゅう	[銃]	名	총, 권총
2級	じゅう～	[重～]	接頭	중～(큰, 대단한)
2級	～じゅう	[～重]	接尾	～중(겹침)
2級	しゅうい	[周囲]	名	주위
2級	しゅうかい	[集会]	名	모임, 회합, 집회
2級	しゅうかく(する)	[収穫(する)]	名,動	수확(하다)
2級	じゅうきょ	[住居]	名	주거, 집
2級	しゅうきょう	[宗教]	名	종교
2級	しゅうきん(する)	[集金(する)]	名,動	수금(하다)
2級	しゅうごう(する)	[集合(する)]	名,動	집합(하다)
2級	しゅうじ	[習字]	名	습자, 펜습자
2級	じゅうし(する)	[重視(する)]	名,動	중시(하다)

2級 단어 채워 끌내기

2級	しゅうしょく(する)	[就職(する)]	名,動	취직(하다)
2級	ジュース	[juice]	名	주스
2級	しゅうせい(する)	[修正(する)]	名,動	수정(하다)
2級	しゅうぜん(する)	[修繕(する)]	名,動	수선(하다)
2級	じゅうたい	[重体]	名	중태
2級	じゅうたい(する)	[渋滞(する)]	名,動	정체(하다), 지체(하다)
2級	じゅうだい(だ)	[重大(だ)]	名,な形	중대(하다)
2級	じゅうたく	[住宅]	名	주택
2級	しゅうだん	[集団]	名	집단
2級	じゅうたん	[絨毯]	名	융단, 카펫
2級	しゅうちゅう(する)	[集中(する)]	名,動	집중(하다)
2級	しゅうてん	[終点]	名	종점
2級	じゅうてん	[重点]	名	중점
2級	しゅうにゅう	[収入]	名	수입
2級	しゅうにん(する)	[就任(する)]	名,動	취임(하다)
2級	しゅうへん	[周辺]	名	주변
2級	じゅうみん	[住民]	名	주민
2級	じゅうやく	[重役]	名	중역
2級	じゅうよう(だ)	[重要(だ)]	名,な形	중요(하다)
2級	しゅうり(する)	[修理(する)]	名,動	수리(하다), 수선(하다)
2級	しゅうりょう(する)	[終了(する)]	名,動	종료(하다)
2級	じゅうりょう	[重量]	名	중량
2級	じゅうりょく	[重力]	名	중력
2級	しゅぎ	[主義]	名	주의
2級	じゅくご	[熟語]	名	숙어

2級	しゅくじつ	[祝日]	名	경축일, 국경일
2級	しゅくしょう(する)	[縮小(する)]	名,動	축소(하다)
2級	しゅくはく(する)	[宿泊(する)]	名,動	숙박(하다)
2級	じゅけん(する)	[受験(する)]	名,動	수험(치르다)
2級	しゅご	[主語]	名	주어
2級	しゅじゅつ(する)	[手術(する)]	名,動	수술(하다)
2級	しゅしょう	[首相]	名	수상
2級	しゅだん	[手段]	名	수단
2級	しゅちょう(する)	[主張(する)]	名,動	주장(하다)
2級	しゅっきん(する)	[出勤(する)]	名,動	출근(하다)
2級	じゅつご	[述語]	名	술어
2級	しゅつじょう(する)	[出場(する)]	名,動	출장(하다), 출전(하다)
2級	しゅっしん	[出身]	名	출신
2級	しゅっちょう(する)	[出張(する)]	名,動	출장(하다, 가다)
2級	しゅっぱん(する)	[出版(する)]	名,動	출판(하다)
2級	しゅと	[首都]	名	수도
2級	しゅふ	[主婦]	名	주부
2級	じゅみょう	[寿命]	名	수명
2級	しゅやく	[主役]	名	주역
2級	しゅよう(だ)	[主要(だ)]	名,な形	주요(하다), 중요(하다)
2級	じゅよう	[需要]	名	수요
2級	しゅるい	[種類]	名	종류
2級	じゅわき	[受話器]	名	수화기
2級	じゅん	[順]	名	순서
2級	しゅんかん	[瞬間]	名	순간

2級

단어 제대로 끝내기

155

2級	じゅんかん(する)	[循環(する)]	名,動	순환(하다)
2級	じゅんさ	[巡査]	名	경찰관
2級	じゅんじゅん[に]	[順々[に]]	副	차례차례, 차례대로
2級	じゅんじょ	[順序]	名	순서, 절차
2級	じゅんじょう(だ)	[純情(だ)]	名,な形	순정, 순진(하다)
2級	じゅんすい(だ)	[純粋(だ)]	名,な形	순수(하다)
2級	じゅんちょう(だ)	[順調(だ)]	名,な形	순조(롭다)
2級	じゅんばん	[順番]	名	순서, 순번
2級	しょ~	[初~]	接頭	초~(처음)
2級	しょ~	[諸~]	接頭	제~(여러)
2級	~しょ	[~所]	接尾	~소(장소)
2級	じょ~	[助~]	接頭	조~(보조)
2級	じょ~	[女~]	接頭	여~(여성)
2級	~じょ	[~所]	接尾	~소(장소)
2級	~じょ	[~女]	接尾	~녀(여성)
2級	しよう	[使用]	名	사용
2級	しょう	[小]	名	작음, 적음
2級	しょう	[章]	名	단락
2級	しょう	[賞]	名	상
2級	しょう	[省]	名	부(행정 부서의 하나)
2級	~しょう	[~省]	接尾	~부(관청)
2級	~しょう	[~商]	接尾	~상(상인)
2級	~しょう	[~勝]	接尾	~승(이김)
2級	じょう	[上]	名	좋음, 위, 훌륭함
2級	~じょう	[~場]	接尾	~장(장소)

2級	~じょう	[~状]	接尾	~상(모양), ~장(서류)
2級	~じょう	[~畳]	接尾	~장(다다미)
2級	しょうか(する)	[消化(する)]	名,動	소화(하다)
2級	しょうがい	[障害]	名	장애, 장해
2級	しょうがくきん	[奨学金]	名	장학금
2級	しょうがくせい	[小学生]	名	초등학생
2級	しょうがない	[仕様がない]	連語	어쩔 수 없다, 부득이하다
2級	しょうぎ	[将棋]	名	장기
2級	じょうき	[蒸気]	名	증기
2級	じょうぎ	[定規]	名	자, 표준
2級	じょうきゃく	[乗客]	名	승객
2級	じょうきゅう	[上級]	名	상급
2級	しょうぎょう	[商業]	名	상업
2級	じょうきょう	[状況]	名	상황
2級	じょうきょう(する)	[上京(する)]	名,動	상경(하다)
2級	しょうきょくてきだ	[消極的だ]	な形	소극적이다
2級	しょうきん	[賞金]	名	상금
2級	じょうげ(する)	[上下(する)]	名,動	상하, 오르내리다
2級	じょうけん	[条件]	名	조건
2級	しょうご	[正午]	名	정오
2級	しょうじ	[障子]	名	장지, 미닫이
2級	しょうじき	[正直]	副	사실, 정말
2級	しょうじき(だ)	[正直(だ)]	名,な形	정직(하다)
2級	じょうしき	[常識]	名	상식
2級	しょうしゃ	[商社]	名	상사

2級

단어 제대로 끝내기

2級	じょうしゃ(する)	[乗車(する)]	名,動	승차(하다)
2級	じょうじゅん	[上旬]	名	상순
2級	しょうじょ	[少女]	名	소녀
2級	しょうしょう	[少々]	副	잠시만, 잠깐
2級	しょうじょう	[症状]	名	증상
2級	しょうじる	[生じる]	動	생기다, 나다, 발생하다
2級	しょうすう	[少数]	名	소수
2級	しょうずる	[生ずる]	動	생기다, 나다, 발생하다
2級	じょうたい	[状態]	名	상태
2級	じょうたつ(する)	[上達(する)]	名,動	숙달(되다), 향상(되다)
2級	じょうだん	[冗談]	名	농담
2級	しょうてん	[商店]	名	상점
2級	しょうてん	[焦点]	名	초점
2級	じょうとう(だ)	[上等(だ)]	名,な形	고급(스럽다), 훌륭(하다)
2級	しょうどく(する)	[消毒(する)]	名,動	소독(되다)
2級	しょうとつ(する)	[衝突(する)]	名,動	충돌(하다)
2級	しょうにん	[商人]	名	상인
2級	しょうにん(する)	[承認(する)]	名,動	승인(하다)
2級	しょうねん	[少年]	名	소년
2級	しょうはい	[勝敗]	名	승패
2級	しょうばい(する)	[商売(する)]	名,動	장사(하다)
2級	じょうはつ(する)	[蒸発(する)]	名,動	증발(하다)
2級	しょうひ(する)	[消費(する)]	名,動	소비(하다)
2級	しょうひん	[賞品]	名	상품
2級	しょうひん	[商品]	名	상품

2級	じょうひん(だ)	[上品(だ)]	名な形	고상(하다), 품위가 있다
2級	しょうぶ(する)	[勝負(する)]	名,動	승부(를 겨루다)
2級	しょうべん	[小便]	名	소변
2級	しょうぼう	[消防]	名	소방
2級	しょうぼうしょ	[消防署]	名	소방서
2級	じょうほう	[情報]	名	정보
2級	しょうみ	[正味]	名	알맹이, 실제
2級	しょうめい(する)	[証明(する)]	名,動	증명(하다)
2級	しょうめん	[正面]	名	정면
2級	しょうもう(する)	[消耗(する)]	名,動	소모(하다)
2級	しょうりゃく(する)	[省略(する)]	名,動	생략(하다)
2級	じょおう	[女王]	名	여왕
2級	しょきゅう	[初級]	名	초급
2級	じょきょうじゅ	[助教授]	名	조교수
2級	しょく	[職]	名	직무, 직업
2級	~しょく	[~色]	接尾	~색(색깔)
2級	しょくえん	[食塩]	名	소금, 식염
2級	しょくぎょう	[職業]	名	직업
2級	しょくたく	[食卓]	名	식탁
2級	しょくにん	[職人]	名	장인
2級	しょくば	[職場]	名	직장
2級	しょくひん	[食品]	名	식품
2級	しょくぶつ	[植物]	名	식물
2級	しょくもつ	[食物]	名	식품, 음식, 음식물
2級	しょくよく	[食欲]	名	식욕

2級

단어 제대로 끝내기

2級	しょくりょう	[食料]	名	식품, 음식물
2級	しょくりょう	[食糧]	名	식량
2級	しょさい	[書斎]	名	서재
2級	じょし	[女子]	名	여자
2級	じょしゅ	[助手]	名	조수, 조교
2級	しょじゅん	[初旬]	名	초순, 상순
2級	じょじょに	[徐々に]	副	서서히, 천천히
2級	しょせき	[書籍]	名	서적, 책
2級	しょっき	[食器]	名	식기
2級	ショップ	[shop]	名	가게, 상점
2級	しょてん	[書店]	名	서점
2級	しょどう	[書道]	名	서예
2級	しょほ	[初歩]	名	초보
2級	しょめい(する)	[署名(する)]	名,動	서명(하다), 사인(하다)
2級	しょもつ	[書物]	名	서적, 책
2級	じょゆう	[女優]	名	여배우
2級	しょり(する)	[処理(する)]	名,動	처리(하다)
2級	しょるい	[書類]	名	서류
2級	しらが	[白髪]	名	흰머리, 백발
2級	しらせ	[知らせ]	名	알림, 통지, 징조
2級	しり	[尻]	名	엉덩이
2級	しりあい	[知り合い]	名	아는 사람, 지인
2級	シリーズ	[series]	名	시리즈
2級	しりつ	[私立]	名	사립
2級	しりょう	[資料]	名	자료

2級	しる	[汁]	名	국, 즙
2級	しるし	[印]	名	표, 표시
2級	しろ	[城]	名	성
2級	しろうと	[素人]	名	초심자, 아마추어
2級	しわ	[皺]	名	주름, 주름살
2級	しん	[芯]	名	심지, 심
2級	しん~	[新~]	接頭	신~(새로운)
2級	しんがく(する)	[進学(する)]	名,動	진학(하다)
2級	しんかんせん	[新幹線]	名	신간선(일본 고속 간선 철도)
2級	しんくう	[真空]	名	진공
2級	しんけい	[神経]	名	신경
2級	しんけんだ	[真剣だ]	な形	진지하다
2級	しんこう	[信仰]	名	신앙
2級	しんごう	[信号]	名	신호, 신호등
2級	じんこう	[人工]	名	인공
2級	しんこくだ	[深刻だ]	な形	심각하다
2級	しんさつ(する)	[診察(する)]	名,動	진찰(하다)
2級	じんじ	[人事]	名	인사
2級	じんしゅ	[人種]	名	인종
2級	しんじる	[信じる]	動	믿다
2級	しんしん	[心身]	名	심신
2級	しんずる	[信ずる]	動	믿다
2級	しんせい(する)	[申請(する)]	名,動	신청(하다)
2級	じんせい	[人生]	名	인생
2級	しんせき	[親戚]	名	친척

2級

단어 체크를 끝내기

2級	しんせんだ	[新鮮だ]	な形	신선하다, 싱싱하다
2級	しんぞう	[心臓]	名	심장
2級	じんぞう	[人造]	名	인조
2級	しんたい	[身体]	名	신체
2級	しんだい	[寝台]	名	침대
2級	しんだん(する)	[診断(する)]	名,動	진단(하다)
2級	しんちょう	[身長]	名	신장, 키
2級	しんちょうだ	[慎重だ]	な形	신중하다
2級	しんにゅう(する)	[侵入(する)]	名,動	침입(하다)
2級	しんぱん(する)	[審判(する)]	名,動	심판(하다)
2級	じんぶつ	[人物]	名	인물
2級	じんぶんかがく	[人文科学]	名	인문과학
2級	しんぽ(する)	[進歩(する)]	名,動	진보(하다)
2級	じんめい	[人命]	名	인명
2級	しんや	[深夜]	名	심야
2級	しんゆう	[親友]	名	친한 친구
2級	しんよう(する)	[信用(する)]	名,動	신용(하다)
2級	しんらい(する)	[信頼(する)]	名,動	신뢰(하다)
2級	しんり	[心理]	名	심리
2級	しんりん	[森林]	名	삼림
2級	しんるい	[親類]	名	친척
2級	じんるい	[人類]	名	인류
2級	しんろ	[針路]	名	항로, 진로
2級	しんわ	[神話]	名	신화

2級	す	[酢]	名	식초, 초
2級	す	[巣]	名	둥지, 보금자리
2級	ず	[図]	名	그림, 도면
2級	すい	[水]	名	수(요일)
2級	すいさん	[水産]	名	수산
2級	すいじ(する)	[炊事(する)]	名,動	취사(하다)
2級	すいじゅん	[水準]	名	수준
2級	すいじょうき	[水蒸気]	名	수증기
2級	すいせん(する)	[推薦(する)]	名,動	추천(하다)
2級	すいそ	[水素]	名	수소
2級	すいちょく(だ)	[垂直(だ)]	名,な形	수직(이다)
2級	スイッチ	[switch]	名	스위치
2級	すいてい(する)	[推定(する)]	名,動	추정(하다)
2級	すいてき	[水滴]	名	물방울
2級	すいとう	[水筒]	名	물통, 수통
2級	ずいひつ	[随筆]	名	수필
2級	すいぶん	[水分]	名	수분
2級	すいへい(だ)	[水平(だ)]	名,な形	수평(하다)
2級	すいへいせん	[水平線]	名	수평선
2級	すいみん(する)	[睡眠(する)]	名,動	수면(하다), 잠(자다)
2級	すいめん	[水面]	名	수면
2級	すいよう	[水曜]	名	수요일
2級	すう	[数]	名	수, 숫자

2級 단어 제대로 훑어보기

2級	すうじ	[数字]	名	숫자
2級	ずうずうしい	[図々しい]	形	뻔뻔하다, 교활하다
2級	ずうっと		副	훨씬, 쭉
2級	スープ	[soup]	名	수프, 탕
2級	すえ	[末]	名	끝, 마지막, 장래
2級	すえっこ	[末っ子]	名	막내
2級	スカーフ	[scarf]	名	스카프
2級	すがた	[姿]	名	모습, 모양
2級	ずかん	[図鑑]	名	도감
2級	すき	[隙]	名	틈, 빈틈, 짬
2級	すぎ	[杉]	名	삼나무
2級	スキー	[ski]	名	스키
2級	すききらい	[好き嫌い]	名	호불호, 선호, 음식을 가림
2級	すきずき	[好き好き]	名	각기 기호가 다름
2級	すきとおる	[透き通る]	動	투명하다, 맑다
2級	すきま	[隙間]	名	빈틈, 짬
2級	すくう	[救う]	動	구하다, 구제하다
2級	スクール	[school]	名	스쿨, 학교
2級	すくなくとも	[少なくとも]	副	적어도, 최소한
2級	すぐれる	[優れる]	動	뛰어나다, 우수하다
2級	ずけい	[図形]	名	도형
2級	スケート	[skate]	名	스케이트
2級	スケジュール	[schedule]	名	스케줄, 일정
2級	すこしも	[少しも]	副	조금도, 전혀
2級	すごす	[過ごす]	動	보내다, 지내다

2級	すじ	[筋]	名	힘줄, 조리, 혈통
2級	すず	[鈴]	名	방울
2級	すずむ	[涼む]	動	시원한 바람을 쐬다
2級	すすめる	[進める]	動	나아가게 하다, 진행시키다
2級	すすめる	[勧める]	動	권하다, 권유하다
2級	スター	[star]	名	스타
2級	スタート(する)	[start(する)]	名,動	스타트(하다), 시작(하다)
2級	スタイル	[style]	名	스타일, 방식
2級	スタンド	[stand]	名	스탠드
2級	スチュワーデス	[stewardess]	名	스튜어디스
2級	ずつう	[頭痛]	名	두통
2級	すっきり		副	산뜻한, 상쾌한, 후련한
2級	すっと		副	쓱, 개운한, 상쾌한
2級	すっぱい	[酸っぱい]	形	시다, 시큼하다
2級	ステージ	[stage]	名	스테이지, 무대
2級	すてきだ	[素敵だ]	な形	멋지다, 매우 근사하다
2級	すでに	[既に]	副	이미, 벌써
2級	ストッキング	[stocking]	名	스타킹
2級	ストップ(する)	[stop(する)]	名,動	스톱(하다), 정지(하다), 중지(하다)
2級	すなおだ	[素直だ]	な形	순수하다, 순진하다, 꾸밈없다
2級	すなわち	[即ち]	接	즉, 곧, 다시 말하면
2級	ずのう	[頭脳]	名	두뇌
2級	スピーカー	[speaker]	名	스피커, 확성기
2級	スピーチ	[speech]	名	스피치, 연설
2級	スピード	[speed]	名	스피드, 속도

2級

단어
 색깔로 끝내기

2級	ずひょう	[図表]	名	도표
2級	すべて	[全て]	名,副	전부, 일체, 모두
2級	スマートだ	[smartだ]	な形	날씬하고 멋지다, 말쑥하다
2級	すまい	[住まい]	名	주소, 주거지, 생활
2級	すませる	[済ませる]	動	끝내다, 해결하다
2級	すまない	[済まない]	連語	미안하다
2級	すみ	[墨]	名	먹, 먹물
2級	~ずみ	[~済み]	接尾	끝난 일
2級	すむ	[澄(清)む]	動	맑다, 맑아지다
2級	すもう	[相撲]	名	스모(일본 씨름)
2級	スライド	[slide]	名	슬라이드, 미끄러짐
2級	ずらす		動	비켜 놓다
2級	ずらり		副	죽(잇달아 늘어선 모양)
2級	する	[刷る]	動	인쇄하다
2級	ずるい	[狡い]	形	교활하다, 간사하다, 약삭빠르다
2級	するどい	[鋭い]	形	날카롭다, 예리하다
2級	すれちがう	[擦れ違う]	動	스치듯 지나가다, 엇갈리다
2級	ずれる		動	어긋나다, 빗나가다
2級	すんぽう	[寸法]	名	치수, 길이

2級	せ	[背]	名	키, 신장, 등
2級	せい	[正]	名	정식, 올바름
2級	せい	[性]	名	성별, 천성
2級	せい	[生]	名	생명, 목숨, 인생

2級	せい	[姓]	名	성, 성씨
2級	せい	[所為]	刑名	탓, 이유, 원인, 까닭
2級	~せい	[~性]	接尾	~성(성질)
2級	ぜい	[税]	名	세, 세금
2級	せいかく	[性格]	名	성격
2級	せいかく(だ)	[正確(だ)]	名,な形	정확(하다)
2級	ぜいかん	[税関]	名	세관
2級	せいき	[世紀]	名	세기
2級	せいきゅう(する)	[請求(する)]	名,動	청구
2級	ぜいきん	[税金]	名	세금
2級	せいけつ(だ)	[清潔(だ)]	名,な形	청결(하다)
2級	せいげん(する)	[制限(する)]	名,動	제한(하다)
2級	せいこう(する)	[成功(する)]	名,動	성공(하다)
2級	せいさく(する)	[製作(する)]	名,動	(작품) 제작(하다)
2級	せいさく(する)	[制作(する)]	名,動	(물건) 제작(하다)
2級	せいしき(だ)	[正式(だ)]	名,な形	정식(적이다)
2級	せいしつ	[性質]	名	성질
2級	せいしょ	[清書]	名	정서
2級	せいしょうねん	[青少年]	名	청소년
2級	せいしん	[精神]	名	정신
2級	せいじん	[成人]	名	성인
2級	せいすう	[整数]	名	정수
2級	せいぜい	[精々]	副	기껏, 고작, 힘껏
2級	せいせき	[成績]	名	성적
2級	せいそう(する)	[清掃(する)]	名,動	청소(하다)

2級	せいぞう(する)	[製造(する)]	名,動	제조(하다)
2級	せいぞん(する)	[生存(する)]	名,動	생존(하다)
2級	ぜいたく(だ)	[贅沢(だ)]	名,な形	사치(스럽다), 호화롭다
2級	せいちょう(する)	[成長(する)]	名,動	성장(하다)
2級	せいちょう(する)	[生長(する)]	名,動	성장(하다), 생장(하다)
2級	せいど	[制度]	名	제도
2級	せいとう	[政党]	名	정당
2級	せいねん	[青年]	名	청년
2級	せいねんがっぴ	[生年月日]	名	생년월일
2級	せいのう	[性能]	名	성능
2級	せいび(する)	[整備(する)]	名,動	정비(하다)
2級	せいひん	[製品]	名	제품
2級	せいふ	[政府]	名	정부
2級	せいぶつ	[生物]	名	생물
2級	せいぶん	[成分]	名	성분
2級	せいべつ	[性別]	名	성별
2級	せいほうけい	[正方形]	名	정사각형
2級	せいめい	[生命]	名	생명
2級	せいもん	[正門]	名	정문
2級	せいり(する)	[整理(する)]	名,動	정리(하다)
2級	せいりつ(する)	[成立(する)]	名,動	성립(하다)
2級	せいれき	[西暦]	名	서기
2級	せおう	[背負う]	動	(등에) 짊어지다, 업다, 떠맡다
2級	せき	[咳]	名	기침
2級	～せき	[～隻]	接尾	～척(배)

2級	せきたん	[石炭]	名	석탄
2級	せきどう	[赤道]	名	적도
2級	せきにん	[責任]	名	책임
2級	せきゆ	[石油]	名	석유
2級	せけん	[世間]	名	세상
2級	せつ	[説]	名	설, 주장, 의견
2級	せっかく	[折角]	副	모처럼, 일부러, 애써
2級	せっきょくてきだ	[積極的だ]	な形	적극적이다
2級	せっきん(する)	[接近(する)]	名,動	접근(하다)
2級	せっけい(する)	[設計(する)]	名,動	설계(하다)
2級	せっする	[接する]	動	접하다, 만나다
2級	せっせと		副	부지런히, 열심히
2級	せつぞく(する)	[接続(する)]	名,動	접속(하다)
2級	ぜったい(に)	[絶対(に)]	名,副	절대, 절대로, 반드시
2級	セット(する)	[set(する)]	名	세트, 맞추다
2級	せつび(する)	[設備(する)]	名,動	설비(하다)
2級	ぜつめつ(する)	[絶滅(する)]	名,動	절멸(하다)
2級	せつやく(する)	[節約(する)]	名,動	절약(하다)
2級	せともの	[瀬戸物]	名	도자기
2級	ぜひとも	[是非とも]	副	제발, 꼭, 무슨 일이 있어도
2級	せまる	[迫る]	動	다가오다, 닥쳐오다, 강요하다
2級	ゼミ	[seminar]	名	세미나
2級	せめて		副	최소한, 적어도
2級	せめる	[攻める]	動	공격하다
2級	せめる	[責める]	動	책망하다, 꾸짖다, 재촉하다

2級

단어 재대로 끝내기

169

2級	セメント	[cement]	名	시멘트
2級	せりふ	[台詞]	名	대사, 문구
2級	せん	[栓]	名	마개, 수도꼭지
2級	~せん	[~船]	接尾	~선(배)
2級	~せん	[~戦]	接尾	~전(전쟁)
2級	ぜん	[善]	名	선, 좋은 일
2級	ぜん~	[全~]	接頭	전~(모든)
2級	ぜん~	[前~]	接頭	전~(앞)
2級	~ぜん	[~前]	接尾	~전(이전)
2級	ぜんいん	[全員]	名	전원
2級	せんきょ(する)	[選挙(する)]	名,動	선거(하다)
2級	ぜんご	[前後]	名	전후
2級	せんこう(する)	[専攻(する)]	名,動	전공(하다)
2級	ぜんこく	[全国]	名	전국
2級	せんざい	[洗剤]	名	세제
2級	せんじつ	[先日]	名	전날, 일전
2級	ぜんしゃ	[前者]	名	전자
2級	せんしゅ	[選手]	名	선수
2級	ぜんしゅう	[全集]	名	전집
2級	ぜんしん	[全身]	名	전신
2級	ぜんしん(する)	[前進(する)]	名,動	전진(하다)
2級	せんす	[扇子]	名	부채
2級	せんせい	[専制]	名	전제
2級	せんせんげつ	[先々月]	名	지지난달
2級	せんせんしゅう	[先々週]	名	지지난주

2級	せんぞ	[先祖]	名	조상, 선조
2級	センター	[center]	名	센터, 중앙
2級	ぜんたい	[全体]	名	전체
2級	せんたく(する)	[選択(する)]	名,動	선택(하다)
2級	せんたん	[先端]	名	첨단, 끝
2級	センチ	[centi]	名	센티
2級	センチメートル	[centimeter]	名	센티미터
2級	せんでん(する)	[宣伝(する)]	名,動	선전(하다)
2級	せんとう	[先頭]	名	선두
2級	ぜんぱん	[全般]	名	전반
2級	せんぷうき	[扇風機]	名	선풍기
2級	せんめん(する)	[洗面(する)]	名,動	세수(하다), 세면(하다)
2級	ぜんりょく	[全力]	名	전력
2級	せんろ	[線路]	名	선로

2級	~そい	[~沿い]	接尾	~가, ~옆
2級	そう		感	그래, 정말
2級	そう	[沿う]	動	따라 옮기다
2級	そう	[添う]	動	따르다, 붙어 다니다
2級	そう~	[総~]	接頭	총~(모든)
2級	~そう	[~艘]	接尾	~척(배)
2級	ぞう	[象]	名	코끼리
2級	ぞう	[像]	名	상, 형상
2級	そうい(する)	[相違(する)]	名,動	상이(하다), 다르다

2級

단어 채워보기

2級	そういえば	[そう言えば]	連語	그러고 보니
2級	そうおん	[騒音]	名	소음
2級	ぞうか(する)	[増加(する)]	名動	증가(하다)
2級	ぞうきん	[雑巾]	名	걸레
2級	ぞうげん(する)	[増減(する)]	名動	증감(하다)
2級	そうこ	[倉庫]	名	창고
2級	そうご	[相互]	名	상호
2級	そうさ(する)	[操作(する)]	名動	조작(하다)
2級	そうさく(する)	[創作(する)]	名動	창작(하다)
2級	そうしき	[葬式]	名	장례식
2級	ぞうせん(する)	[造船(する)]	名動	조선, 배를 만들다
2級	そうぞう(する)	[想像(する)]	名動	상상(하다)
2級	そうぞうしい	[騒々しい]	形	시끄럽다, 소란하다
2級	そうぞく(する)	[相続(する)]	名動	상속(하다), 계승(하다)
2級	ぞうだい(する)	[増大(する)]	名動	증대(하다)
2級	そうち(する)	[装置(する)]	名動	장치(하다)
2級	そうとう	[相当]	副	상당히, 꽤
2級	そうとう(だ)	[相当(だ)]	名な形	해당, 상당(하다), 대단하다
2級	そうべつ	[送別]	名	송별
2級	ぞうり	[草履]	名	조리(일본 짚신)
2級	そうりだいじん	[総理大臣]	名	총리, 수상
2級	そうりょう	[送料]	名	배송료
2級	~そく	[~足]	接尾	~켤레
2級	ぞくする	[属する]	動	속하다
2級	ぞくぞく	[続々]	副	속속, 잇달아

2級	そくたつ	[速達]	名	속달
2級	そくてい(する)	[測定(する)]	名,動	측정(하다)
2級	そくど	[速度]	名	속도
2級	そくりょう(する)	[測量(する)]	名,動	측량(하다)
2級	そくりょく	[速力]	名	속력
2級	そこ	[底]	名	바닥
2級	そこで		接	그래서, 그런데
2級	そしき(する)	[組織(する)]	名,動	조직(하다), 구성(하다)
2級	そしつ	[素質]	名	소질
2級	そせん	[祖先]	名	선조, 조상
2級	そそぐ	[注ぐ]	動	따르다, 붓다, 집중하다
2級	そそっかしい		形	덜렁대다, 경솔하다
2級	そだつ	[育つ]	動	자라다, 성장하다
2級	そっくり		副	전부, 그대로, 몽땅
2級	そっくりだ		な形	꼭 닮다
2級	そっちょくだ	[率直だ]	な形	솔직하다
2級	そっと		副	살짝, 조용히
2級	そで	[袖]	名	소매
2級	そなえる	[備える]	動	대비하다, 준비하다
2級	そなえる	[具える]	動	대비하다, 갖추다, 지니다
2級	そのうえ	[其の上]	接	그 위에, 게다가
2級	そのうち	[其の内]	副	머지않아, 조만간
2級	そのころ	[其の頃]		그 무렵, 그 당시, 그때쯤
2級	そのため	[其の為]	接	그 때문에
2級	そのほか	[其の外]		그 외, 그 밖에

2級

단어 제대로 끝내기

2級	そのまま	[其の壔]	副	그대로, 바로, 즉시
2級	そば	[蕎麦]	名	메밀, 메밀국수
2級	ソファー	[sofa]	名	소파
2級	そまつ(だ)	[粗末(だ)]	名,形	허술(하다), 변변치 못하다
2級	そる	[剃る]	動	깎다, 면도하다
2級	それ		感	야!, 자!, 봐라
2級	それぞれ	[其(夫)々]	名,副	각자, 각기, 제각기
2級	それでも	[其れでも]	接	그래도, 그럼에도 불구하고
2級	それとも	[其れとも]	接	또는, 혹은, 그렇지 않으면
2級	それなのに	[其れなのに]	接	그런데도, 그럼에도 불구하고
2級	それなら	[其れなら]	接	그러면, 그렇다면
2級	それる	[逸れる]	動	빗나가다, 벗어나다
2級	そろう	[揃う]	動	갖추어지다, 구비되다
2級	そろえる	[備える]	動	고루 갖추다, 가지런히 하다
2級	そろばん	[算盤]	名	주판
2級	そん	[損]	名	손, 손해
2級	そんがい	[損害]	名	손해
2級	そんけい(する)	[尊敬(する)]	名,動	존경(하다)
2級	そんざい(する)	[存在(する)]	名,動	존재(하다)
2級	ぞんじる	[存じる]	動	思う,考える의 겸양어
2級	ぞんずる	[存ずる]	動	思う,考える의 겸양어
2級	そんちょう(する)	[尊重(する)]	名,動	존중(하다)
2級	そんとく	[損得]	名	손익

そのまま ⟶ たいけい

2級	た	[他]	名	다른 것, 다른 일
2級	た	[田]	名	논
2級	たい	[対]	名	대, 승률
2級	だい	[大]	名	큼, 대단함
2級	だい	[台]	名	대, 받침대
2級	だい	[題]	名	표제, 제목, 주제
2級	だい~	[第~]	接頭	제~(순서)
2級	たいいく	[体育]	名	체육
2級	だいいち	[第一]	名,副	제일, 우선, 무엇보다도
2級	たいおん	[体温]	名	체온
2級	たいかい	[大会]	名	대회
2級	だいがくいん	[大学院]	名	대학원
2級	たいき	[大気]	名	대기
2級	だいきん	[代金]	名	대금
2級	だいく	[大工]	名	목수
2級	たいくつ(だ)	[退屈(だ)]	名,な形	지루함, 지루(하다), 따분하다
2級	たいけい	[体系]	名	체계

2級	たいこ	[太鼓]	名	북
2級	たいざい(する)	[滞在(する)]	名,動	체재(하다), 체류(하다)
2級	たいさく	[対策]	名	대책
2級	たいし	[大使]	名	대사
2級	たいした	[大した]	連体	대단한, 굉장한, 별
2級	たいして	[大して]	副	그다지, 별로, 그렇게까지는
2級	たいじゅう	[体重]	名	몸무게, 체중
2級	たいしょう	[対象]	名	대상
2級	たいしょう(する)	[対照(する)]	名,動	대조(하다)
2級	だいしょう	[大小]	名	대소
2級	だいじん	[大臣]	名	장관
2級	たいする	[対する]	動	대하다, 응하다
2級	たいせい	[体制]	名	체제
2級	たいせき	[体積]	名	체적, 부피
2級	たいせん	[大戦]	名	대전
2級	たいそう	[体操]	名	체조
2級	たいそう	[大層]	副	매우, 대단히
2級	たいど	[態度]	名	태도
2級	だいとうりょう	[大統領]	名	대통령
2級	たいはん	[大半]	副	태반, 거의 대부분
2級	だいひょう(する)	[代表(する)]	名,動	대표(하다)
2級	だいぶぶん	[大部分]	名	대부분, 대개
2級	タイプライター	[typewriter]	名	타자기
2級	たいほ(する)	[逮捕(する)]	名,動	체포(하다)
2級	たいぼく	[大木]	名	큰 나무, 거목

2級	だいめい	[題名]	名	제목, 표제
2級	だいめいし	[代名詞]	名	대명사
2級	タイヤ	[tire]	名	타이어
2級	ダイヤ	[dia]	名	다이아
2級	ダイヤモンド	[diamond]	名	다이아몬드
2級	ダイヤル	[dial]	名	다이얼
2級	たいよう	[太陽]	名	태양, 해
2級	たいらだ	[平らだ]	な形	평평하다, 평탄하다
2級	だいり	[代理]	名	대리
2級	たいりく	[大陸]	名	대륙
2級	たいりつ(する)	[対立(する)]	名,動	대립(하다)
2級	たうえ	[田植え]	名	모내기
2級	たえず	[絶えず]	副	끊임없이, 항상
2級	だえん	[楕円]	名	타원
2級	たおす	[倒す]	動	넘어뜨리다, 쓰러뜨리다
2級	タオル	[towel]	名	타월, 수건
2級	だが		接	그러나, 하지만
2級	たがい	[互い]	名,副	상호, 서로, 피차, 교대로
2級	たかめる	[高める]	動	높이다, 올리다
2級	たがやす	[耕す]	動	경작하다, 갈다
2級	たから	[宝]	名	보물, 보배, 금전
2級	たき	[滝]	名	폭포
2級	たく	[宅]	名	집, 댁
2級	たく	[炊く]	動	(밥을) 짓다
2級	たく	[焚く]	動	(불을) 피우다, 지피다

2級

단어 재대로 끝내기

2級	だく	[抱く]	動	안다, 품다
2級	たくわえる	[蓄える]	動	저축하다, 비축하다
2級	たけ	[竹]	名	대나무, 대
2級	だけど		接	그러나, 그렇지만
2級	たしか	[確か]	副	분명, 틀림없이
2級	たしかめる	[確かめる]	動	확인하다
2級	たしょう	[多少]	名,副	다소, 약간, 꽤
2級	たすかる	[助かる]	動	살아나다, 도움이 되다
2級	たすける	[助ける]	動	살리다, 구하다, 거들다
2級	ただ		名	공짜, 무료
2級	ただ	[只(唯)]	副	다만, 단지, 오직
2級	たたかい	[戦い]	名	싸움, 전쟁
2級	たたかう	[戦う]	動	싸우다, 겨루다, 전쟁하다
2級	たたく	[叩く]	動	두드리다, 치다
2級	ただし	[但し]	接	단, 다만
2級	ただちに	[直ちに]	副	즉시, 곧바로, 당장
2級	たたむ	[畳む]	動	접다, 개다
2級	たちあがる	[立ち上がる]	動	일어서다, 회복되다, 나서다
2級	たちどまる	[立ち止まる]	動	멈추어서다
2級	たちば	[立場]	名	입장, 처지, 형편
2級	たちまち	[忽ち]	副	순식간에, 금세, 갑자기
2級	たつ	[建つ]	動	세워지다
2級	たつ	[発つ]	動	떠나다, 출발하다
2級	たつ	[経つ]	動	(시간이) 지나다, 경과하다
2級	たっする	[達する]	動	도달하다, 이르다

2級	だっせん(する)	[脱線(する)]	名,動	탈선(하다)
2級	たった	[唯]	副	겨우, 기껏, 고작
2級	だって		接	그렇긴 하지만, 왜냐하면
2級	たっぷり		副	듬뿍, 잔뜩, 충분히, 넉넉히
2級	だとう(だ)	[妥当(だ)]	名,な形	타당함, 타당(하다)
2級	たとえ	[例え]	副	설령, 비록, 가령
2級	たとえる	[例える]	動	비유하다
2級	たに	[谷]	名	골짜기, 계곡
2級	たにん	[他人]	名	타인, 남
2級	たね	[種]	名	씨앗, 원인, 소재
2級	たのみ	[頼み]	名	부탁, 의뢰, 청
2級	たのもしい	[頼もしい]	形	믿음직하다, 듬직하다
2級	たば	[束]	名	다발, 묶음
2級	たび	[足袋]	名	일본식 버선
2級	たび	[度]	名,接	때, 시기, 번
2級	たび	[旅]	名	여행
2級	たびたび	[度々]	副	여러 번, 자주
2級	ダブる	[doubleる]	動	겹치다, 중복되다
2級	たま	[玉]	名	구슬, 옥
2級	たま	[弾]	名	총알, 탄환
2級	たま	[球]	名	공, 구, 볼
2級	だます	[騙す]	動	속이다, 호리다
2級	たまたま	[偶々]	副	우연히, 때마침, 가끔
2級	たまに	[偶に]	副	간혹, 가끔, 드물게
2級	たまらない	[堪らない]	形	견딜 수 없다, 참을 수 없다

2級

단어 끝장내기

179

2級	たまる	[溜まる]	動	모이다, 괴다, 쌓이다
2級	だまる	[黙る]	動	가만히 있다, 침묵하다
2級	ダム	[dam]	名	댐
2級	ためいき	[溜め息]	名	한숨
2級	ためし	[試し]	名	시도, 시험
2級	ためす	[試す]	動	시도하다, 시험하다
2級	ためらう	[躊躇う]	動	주저하다, 망설이다
2級	ためる	[溜める]	動	모으다, 저축하다, 쌓아두다
2級	たより	[便り]	名	소식, 기별, 편지
2級	たよる	[頼る]	動	의지하다, 의존하다
2級	~だらけ		接尾	~투성이
2級	だらしない		形	칠칠치 못하다, 야무지지 않다
2級	たる	[足る]	動	족하다, 충분하다
2級	たん~	[短~]	接頭	단~(짧은)
2級	だん	[段]	名	계단, 칸, 구획
2級	~だん	[~団]	接尾	~단(조직)
2級	たんい	[単位]	名	학점, 단위
2級	だんかい	[段階]	名	단계
2級	たんき	[短期]	名	단기
2級	たんご	[単語]	名	단어
2級	たんこう	[炭鉱]	名	탄광
2級	だんし	[男子]	名	남자
2級	たんじゅん(だ)	[単純(だ)]	名,な形	단순(하다)
2級	たんしょ	[短所]	名	단점, 결점
2級	たんじょう(する)	[誕生(する)]	名,動	출생(하다), 탄생(하다)

2級	たんす	[箪笥]	名	서랍장, 옷장
2級	ダンス	[dance]	名	댄스, 춤
2級	たんすい	[淡水]	名	담수
2級	だんすい(する)	[断水(する)]	名,動	단수(하다, 되다)
2級	たんすう	[単数]	名	단수
2級	だんたい	[団体]	名	단체
2級	だんち	[団地]	名	단지
2級	だんてい(する)	[断定(する)]	名,動	단정(하다)
2級	たんとう(する)	[担当(する)]	名,動	담당(하다)
2級	たんなる	[単なる]	連体	단순한
2級	たんに	[単に]	副	단순히, 단지, 다만
2級	たんぺん	[短編]	名	단편
2級	たんぼ	[田んぼ]	名	논

2級	ち	[地]	名	땅, 토지
2級	ちい	[地位]	名	지위
2級	ちいき	[地域]	名	지역, 지방
2級	チーズ	[cheese]	名	치즈
2級	チーム	[team]	名	팀, 한 패
2級	ちえ	[知恵]	名	지혜
2級	ちか	[地下]	名	지하
2級	ちがい	[違い]	名	차이
2級	ちがいない	[違いない]	連語	틀림없다, 분명하다
2級	ちかう	[誓う]	動	맹세하다, 다짐하다

2級	ちかごろ	[近頃]	名	최근, 근래, 요사이
2級	ちかすい	[地下水]	名	지하수
2級	ちかぢか	[近々]	副	머지않아, 멀지 않은
2級	ちかづく	[近付く]	動	접근하다, 다가가다, 친해지다
2級	ちかづける	[近付ける]	動	가까이하다, 접근시키다
2級	ちかよる	[近寄る]	動	가까이 가다, 접근하다
2級	ちからづよい	[力強い]	形	힘차다, 믿음직스럽다
2級	ちきゅう	[地球]	名	지구
2級	ちぎる	[千切る]	動	(비틀어) 뜯다, 잘게 찢다
2級	ちく	[地区]	名	지구, 구역
2級	ちこく(する)	[遅刻(する)]	名,動	지각(하다)
2級	ちじ	[知事]	名	지사
2級	ちしき	[知識]	名	지식
2級	ちしつ	[地質]	名	지질
2級	ちじん	[知人]	名	지인, 아는 사람
2級	ちたい	[地帯]	名	지대
2級	ちちおや	[父親]	名	부친
2級	ちぢむ	[縮む]	動	줄다, 움츠러들다
2級	ちぢめる	[縮める]	動	줄이다, 움츠리다
2級	ちぢれる	[縮れる]	動	주름지다, 곱슬곱슬하다
2級	チップ	[tip]	名	팁
2級	ちてん	[地点]	名	지점
2級	ちのう	[知能]	名	지능
2級	ちへいせん	[地平線]	名	지평선
2級	ちほう	[地方]	名	지방

2級	ちめい	[地名]	名	지명
2級	ちゃ	[茶]	名	차
2級	ちゃいろい	[茶色い]	形	갈색을 띠다
2級	~ちゃく	[~着]	接尾	~착(도착)
2級	~ちゃく	[~着]	助数	~벌(의복)
2級	ちゃくちゃく	[着々]	副	착착
2級	チャンス	[chance]	名	찬스, 기회
2級	ちゃんと		副	정확히, 분명히, 바르게
2級	ちゅう	[注]	名	주, 주석
2級	ちゅう	[中]	名	중, 가운데, 중간
2級	ちゅうおう	[中央]	名	중앙
2級	ちゅうがく	[中学]	名	중학교
2級	ちゅうかん	[中間]	名	중간
2級	ちゅうこ	[中古]	名	중고
2級	ちゅうじゅん	[中旬]	名	중순
2級	ちゅうしょう	[抽象]	名	추상
2級	ちゅうしょく	[昼食]	名	점심식사
2級	ちゅうしん	[中心]	名	중심
2級	ちゅうせい	[中性]	名	중성
2級	ちゅうせい	[中世]	名	중세
2級	ちゅうと	[中途]	名	중도, 도중
2級	ちゅうねん	[中年]	名	중년
2級	ちゅうもく(する)	[注目(する)]	名,動	주목(하다)
2級	ちゅうもん(する)	[注文(する)]	名,動	주문(하다)
2級	ちょう~	[長~]	接頭	장~(긴, 손위)

2級

단어 재배열하기

183

2級	~ちょう	[~兆]	助数	~조(숫자)
2級	~ちょう	[~長]	接尾	~장(우두머리)
2級	~ちょう	[~帳]	接尾	~장(장부)
2級	~ちょう	[~庁]	接尾	~청(관청)
2級	ちょうか(する)	[超過(する)]	名,動	초과(하다)
2級	ちょうかん	[朝刊]	名	조간
2級	ちょうき	[長期]	名	장기
2級	ちょうこく(する)	[彫刻(する)]	名,動	조각(하다)
2級	ちょうさ(する)	[調査(する)]	名,動	조사(하다)
2級	ちょうし	[調子]	名	가락, 장단, 태도
2級	ちょうしょ	[長所]	名	장점
2級	ちょうじょ	[長女]	名	장녀
2級	ちょうじょう	[頂上]	名	정상, 절정
2級	ちょうせい(する)	[調整(する)]	名,動	조정(하다)
2級	ちょうせつ(する)	[調節(する)]	名,動	조절(하다)
2級	ちょうだい	[頂戴]	名	받음
2級	ちょうだい	[頂戴]	連語	해 주세요
2級	ちょうたん	[長短]	名	장단점, 길고 짧음
2級	ちょうてん	[頂点]	名	정점, 정상
2級	ちょうなん	[長男]	名	장남
2級	ちょうほうけい	[長方形]	名	직사각형
2級	ちょうみりょう	[調味料]	名	조미료
2級	~ちょうめ	[~丁目]	接尾	~가(거리)
2級	チョーク	[chalk]	名	초크, 분필
2級	ちょきん(する)	[貯金(する)]	名,動	저금(하다), 예금(하다)

2級	ちょくご	[直後]	名	직후
2級	ちょくせつ(だ)	[直接(だ)]	名,な形	직접(적이다)
2級	ちょくせん	[直線]	名	직선
2級	ちょくぜん	[直前]	名	직전
2級	ちょくつう(する)	[直通(する)]	名,動	직통(하다)
2級	ちょくりゅう	[直流]	名	직류
2級	ちょしゃ	[著者]	名	저자
2級	ちょぞう(する)	[貯蔵(する)]	名,動	저장(하다)
2級	ちょっかく	[直角]	名	직각
2級	ちょっけい	[直徑]	名	직경
2級	ちらかす	[散らかす]	動	어지르다, 흩뜨리다
2級	ちらかる	[散らかる]	動	어질러지다, 흩어지다
2級	ちらす	[散らす]	動	흩뜨리다, 흩어 놓다, 퍼뜨리다
2級	ちりがみ	[塵紙]	名	휴지
2級	ちる	[散る]	動	(꽃잎이) 지다, 흩어지다, 산란해지다

2級	つい(に)	[遂(に)]	副	드디어, 마침내
2級	ついか(する)	[追加(する)]	名,動	추가(하다)
2級	ついで	[序で]	名	적당한 때, 좋은 기회
2級	~つう	[~通]	助数	~통(편지)
2級	~つう	[~通]	接尾	~통(정통)
2級	つうか	[通貨]	名	통화, 통용 화폐
2級	つうか(する)	[通過(する)]	名,動	통과(하다)
2級	つうがく(する)	[通学(する)]	名,動	통학(하다)

2級

단어 제대로 끝내기

2級	つうきん(する)	[通勤(する)]	名,動	통근(하다)
2級	つうこう(する)	[通行(する)]	名,動	통행(하다)
2級	つうじる	[通じる]	動	통하다, 연결되다
2級	つうしん(する)	[通信(する)]	名,動	통신(하다)
2級	つうずる	[通ずる]	動	통하다, 연결되다
2級	つうち(する)	[通知(する)]	名,動	통지(하다), 알리다
2級	つうちょう	[通帳]	名	통장
2級	つうやく(する)	[通訳(する)]	名,動	통역(하다)
2級	つうよう(する)	[通用(する)]	名,動	통용(되다)
2級	つうろ	[通路]	名	통로
2級	~づかい	[~遣い]	接尾	사용함, 사용법, 사용인
2級	つかまる	[捕まる]	動	잡히다, 붙잡히다
2級	つかむ	[掴む]	動	붙잡다, 움켜쥐다, 파악하다
2級	つかれ	[疲れ]	名	피곤, 피로
2級	~つき	[~付き]	接尾	~딸림, 갖춰짐,
2級	つきあい	[付き合い]	名	교제, 인간관계
2級	つきあう	[付き合う]	動	사귀다, 교제하다
2級	つきあたり	[突き当たり]	名	막다른 곳
2級	つきあたる	[突き当たる]	動	부딪치다, 막다른 곳에 이르다
2級	つぎつぎ(に)	[次々(に)]	副	차례차례, 연달아, 잇달아
2級	つきひ	[月日]	名	세월
2級	つく	[付く]	動	붙다, 달라붙다
2級	つく	[就く]	動	취임하다, 착수하다
2級	つく	[突く]	動	찌르다, 치다
2級	つぐ	[次ぐ]	動	뒤따르다, 버금가다

2級	つぐ	[注ぐ]	動	(액체를) 따르다, 붓다
2級	つくる	[造る]	動	만들다
2級	つける	[着ける]	動	입다, 닿게 하다
2級	つける	[浸ける]	動	(물에) 담그다
2級	つたわる	[伝わる]	動	전해지다, 전승되다
2級	つち	[土]	名	땅, 흙
2級	つづき	[続き]	名	계속, 이음, 연결
2級	~つづく[~続く]		接尾	계속 ~되다
2級	つっこむ	[突っ込む]	動	돌진하다, 깊이 들어가다, 처넣다
2級	つつみ	[包み]	動	포장한 물건, 보따리
2級	つとめ	[勤め]	名	근무, 업무, 근무처
2級	つとめ	[務め]	名	소임, 의무, 임무, 책무
2級	つとめる	[務める]	動	임무를 맡다, 역할을 하다
2級	つとめる	[努める]	動	노력하다, 힘쓰다
2級	つな	[綱]	名	밧줄
2級	つながり	[繋がり]	名	연결, 관계
2級	つながる	[繋がる]	動	이어지다, 연결되다
2級	つなぐ	[繋ぐ]	動	매다, 잇다, 연결하다
2級	つなげる	[繋げる]	動	잇다, 매다, 연결하다
2級	つねに	[常に]	副	항상, 늘
2級	つばさ	[翼]	名	날개
2級	つぶ	[粒]	名	알, 알갱이, 낱알
2級	つぶす	[潰す]	動	으깨다, 뭉개다, 부수다
2級	つぶれる	[潰れる]	動	찌부러지다, 으깨다, 망치다
2級	つまずく	[躓く]	動	(발이 걸려) 넘어지다, 실패하다

2級
단어를 제대로

2級	つまり	[詰まり]	接	즉, 요컨대
2級	つまる	[詰る]	動	가득 차다, 막히다
2級	つみ	[罪]	名	죄
2級	つむ	[積む]	動	쌓다, 싣다
2級	つめ	[爪]	名	손톱
2級	つめる	[詰める]	動	꽉 채우다, 담다, 막다
2級	つや	[艶]	名	윤기, 광택
2級	つゆ	[梅雨]	名	장마
2級	つよき	[強気]	名	강한 마음, 강한 태도
2級	つらい	[辛い]	形	괴롭다, 고통스럽다
2級	～づらい	[～辛い]	接尾	～하기 어렵다, ～하기 곤란하다
2級	つり	[釣り]	名	낚시
2級	つり	[釣り]	名	거스름돈
2級	つりあう	[釣り合う]	動	어울리다, 균형 잡히다
2級	つる	[吊る]	動	달다, 매달다, 쥐가 나다
2級	つるす	[吊す]	動	매달다, 달아매다
2級	つれ	[連れ]	名	동행, 동행인

2級	で		接	그래서
2級	であい	[出会い]	名	만남, 해후, 마주침
2級	であい	[出合い]	名	만남, 해후, 마주침
2級	であう	[出会う]	動	만나다, 마주치다
2級	であう	[出合う]	動	만나다, 마주치다
2級	てあらい	[手洗い]	名	화장실, 손을 씻음

2級	てい〜	[低〜]	接頭	저〜(낮은)
2級	ていあん(する)	[提案(する)]	名,動	제안(하다)
2級	ていいん	[定員]	名	정원
2級	ていか	[定価]	名	정가
2級	ていか(する)	[低下(する)]	名,動	저하(하다)
2級	ていき	[定期]	名	정기, 일정 기간
2級	ていきけん	[定期券]	名	정기권
2級	ていきゅうび	[定休日]	名	정기 휴일
2級	ていこう(する)	[抵抗(する)]	名,動	저항(하다), 반항(하다)
2級	ていし(する)	[停止(する)]	名,動	정지(하다)
2級	ていしゃ(する)	[停車(する)]	名,動	정차(하다), 정거(하다)
2級	ていしゅつ(する)	[提出(する)]	名,動	제출(하다)
2級	ていでん(する)	[停電(する)]	名,動	정전(되다)
2級	ていど	[程度]	名	정도, 수준
2級	でいり(する)	[出入り(する)]	名,動	출입(하다)
2級	でいりぐち	[出入り口]	名	출입구
2級	ていりゅうじょ	[停留所]	名	정류장
2級	ていれ(する)	[手入れ(する)]	名,動	손질(하다), 보살피다
2級	デート(する)	[date(する)]	名,動	데이트(하다)
2級	テーマ	[Thema]	名	테마, 주제
2級	てき	[敵]	名	적, 경쟁자
2級	〜てき	[〜的]	接尾	〜적(같은 성질)
2級	できあがり	[出来上がり]	名	완성, 완성됨, 됨됨이
2級	できあがる	[出来上がる]	動	완성되다
2級	てきかく(だ)	[的確(だ)]	名,な形	정확(하다), 적확(하다)

2級

단어 제대로 끝내기

2級	てきかくだ	[適格だ]	な形	적확하다, 들어맞다
2級	できごと	[出来事]	名	일어난 일, (우연한) 사건
2級	てきする	[適する]	動	알맞다, 적당하다
2級	てきせつ(だ)	[適切(だ)]	名,な形	적절(하다)
2級	てきど(だ)	[適度(だ)]	名,な形	알맞은 정도, 적당(하다)
2級	てきよう(する)	[適用(する)]	名,動	적용(하다)
2級	できる	[出来る]	動	완성되다
2級	できれば	[出切れば]	連語	가능하면, 될 수 있으면
2級	てくび	[手首]	名	손목
2級	でこぼこ(だ)(する)	[凸凹(だ)(する)]	名,な形,動	울퉁불퉁(하다), 들쭉날쭉(하다)
2級	でし	[弟子]	名	제자, 문하생
2級	てじな	[手品]	名	마술, 요술
2級	ですから		接	그래서, 그러므로
2級	でたらめ(だ)	[出鱈目(だ)]	名,な形	허튼 소리, 엉터리(다), 터무니없다
2級	てちょう	[手帳]	名	수첩
2級	てつ	[鉄]	名	철, 쇠
2級	てつがく	[哲学]	名	철학
2級	てっきょう	[鉄橋]	名	철교
2級	てつだい	[手伝い]	名	도와줌, 심부름, 돕는 사람
2級	てつづき	[手続き]	名	수속, 절차
2級	てってい(する)	[徹底(する)]	名,動	철저(하다, 되다)
2級	てつどう	[鉄道]	名	철도
2級	てっぽう	[鉄砲]	名	총, 총포
2級	てつや(する)	[徹夜(する)]	名,動	철야(하다), 밤을 새우다
2級	テニスコート	[tennis court]	名	테니스코트

2級	てぬぐい	[手拭い]	名	수건
2級	てま	[手間]	名	품, 수고, 노력
2級	てまえ	[手前]	名	눈 앞, 바로 앞
2級	でむかえ	[出迎え]	名	마중
2級	でむかえる	[出迎える]	動	마중 나가다
2級	デモ	[demo]	名	데모, 시위
2級	てらす	[照らす]	動	비추다, 밝히다, 대조하다
2級	てる	[照る]	動	비치다, 빛나다, 개다
2級	~てん	[~店]	接尾	~점(가게)
2級	てんかい(する)	[展開(する)]	名,動	전개(되다)
2級	でんき	[伝記]	名	전기
2級	でんきゅう	[電球]	名	전구
2級	てんけい	[典型]	名	전형
2級	てんこう	[天候]	名	기후, 날씨
2級	でんごん(する)	[伝言(する)]	名,動	전언(하다)
2級	でんし	[電子]	名	전자
2級	てんじょう	[天井]	名	천장
2級	てんすう	[点数]	名	점수
2級	でんせん	[電線]	名	전선
2級	でんせん(する)	[伝染(する)]	名,動	전염(하다, 되다)
2級	でんたく	[電卓]	名	전자계산기
2級	でんち	[電池]	名	전지
2級	でんちゅう	[電柱]	名	전봇대, 전신주
2級	てんてん	[点々]	副	여기저기, 띄엄띄엄
2級	てんてん(する)	[転転(する)]	名,動	전전(하다), 옮겨다니다

2級

단어 제대로 끝내기

2級	テント	[tent]	名	텐트, 천막
2級	でんとう	[伝統]	名	전통
2級	てんねん	[天然]	名	천연
2級	てんのう	[天皇]	名	일왕
2級	でんぱ	[電波]	名	전파
2級	テンポ	[tempo]	名	템포, 속도
2級	でんりゅう	[電流]	名	전류
2級	でんりょく	[電力]	名	전력

2級	ど	[土]	名	토(요일)
2級	とい	[問い]	名	물음, 질문, 문제
2級	といあわせ	[問合わせ]	名	문의, 확인, 조회
2級	とう	[党]	名	당, 정당
2級	とう	[塔]	名	탑
2級	とう	[問う]	動	묻다, 질문하다, 추궁하다
2級	~とう	[~島]	接尾	~도(섬)
2級	~とう	[~等]	接尾	~등(등등)
2級	~とう	[~頭]	接尾	~두(마리)
2級	どう	[銅]	名	동, 구리
2級	どう~	[同~]	接頭	동~(같은)
2級	~どう	[~道]	接尾	~도(길)
2級	とうあん	[答案]	名	답안
2級	とういつ(する)	[統一(する)]	名,動	통일(하다)
2級	どういつ(だ)	[同一(だ)]	名,な形	동일(하다), 동등(하다)

2級	どうか		副	부디, 제발, 그럭저럭, 어쩐지
2級	どうかく	[同格]	名	동격
2級	とうげ	[峠]	名	고개, 산마루
2級	とうけい	[統計]	名	통계
2級	どうさ	[動作]	名	동작
2級	とうざい	[東西]	名	동서
2級	とうじ	[当時]	名	당시, 현재
2級	どうし	[動詞]	名	동사
2級	どうじ	[同時]	名	동시
2級	とうじつ	[当日]	名	당일
2級	どうしても		副	반드시, 꼭, 아무리 해도
2級	とうしょ(する)	[投書(する)]	名,動	투서(하다), 투고(하다)
2級	とうじょう(する)	[登場(する)]	名,動	등장(하다)
2級	どうせ		副	어차피, 하여간
2級	とうぜん	[当然]	副	당연히
2級	とうぜん(だ)	[当然(だ)]	名,な形	당연(하다)
2級	とうだい	[灯台]	名	등대, 등
2級	とうちゃく(する)	[到着(する)]	名,動	도착(하다)
2級	どうとく	[道徳]	名	도덕
2級	とうなん	[盗難]	名	도난
2級	とうばん	[当番]	名	당번
2級	とうひょう(する)	[投票(する)]	名,動	투표(하다)
2級	とうぶん(する)	[等分(する)]	名,動	등분(하다), 똑같이 나누다
2級	とうめい(だ)	[透明(だ)]	名,な形	투명(하다)
2級	とうゆ	[灯油]	名	등유

2級
단어를 외워야 산다

2級	とうよう	[東洋]	名	동양
2級	どうよう	[童謡]	名,動	동요
2級	どうよう(だ)	[同様(だ)]	名,な形	같음, 같다, 마찬가지다
2級	どうりょう	[同僚]	名	동료
2級	どうろ	[道路]	名	도로
2級	どうわ	[童話]	名	동화
2級	とおす	[通す]	動	통하게 하다, 통과시키다
2級	~とおり	[~通り]	接尾	~종류, ~방법
2級	とおりかかる	[通り掛かる]	動	(우연히 그곳을) 지나가다
2級	とおりすぎる	[通り過ぎる]	動	지나가다, 통과하다
2級	とかい	[都会]	名	도회, 도회지
2級	とかす	[溶かす]	動	녹이다
2級	とがる	[尖る]	動	뾰족해지다, 예민해지다
2級	どきどき(する)		副,動	두근두근, 두근거리다
2級	とく	[溶く]	動	녹이다, 풀다
2級	とく	[解く]	動	풀다
2級	どく	[毒]	名	독
2級	どく	[退く]	動	비키다, 물러나다
2級	とくい(だ)	[得意(だ)]	名,な形	득이, 잘함, 잘하다, 만족하다
2級	とくしゅ(だ)	[特殊(だ)]	名,な形	특수(하다)
2級	どくしょ(する)	[読書(する)]	名,動	독서(하다)
2級	とくしょく	[特色]	名	특색
2級	どくしん	[独身]	名	독신
2級	とくちょう	[特徴]	名	특징
2級	とくちょう	[特長]	名	특색, 장점

2級	とくてい(する)	[特定(する)]	名,動	특정(하다)
2級	どくとく(だ)	[独特(だ)]	名,な形	독특(하다)
2級	とくばい(する)	[特売(する)]	名,動	특별판매(하다)
2級	どくりつ(する)	[独立(する)]	名,動	독립(하다), 자립(하다)
2級	とけこむ	[溶け込む]	動	용해되다, 융화되다
2級	とける	[溶ける]	動	녹다
2級	とける	[解ける]	動	풀리다
2級	どける	[退ける]	動	치우다, 제거하다
2級	どこか	[何処か]	副	어딘가, 어디론가, 어딘지
2級	とこのま	[床の間]	名	일본 집의 족자, 장식물 등을 놓는 곳
2級	~ところ	[~所]	形名	~바, ~결과
2級	ところが	[所が]	接	그런데, 그럼에도 불구하고
2級	ところで	[所で]	接	그런데, 그것은 그렇고
2級	ところどころ	[所々]	副	여기저기, 군데군데
2級	とざん(する)	[登山(する)]	名	등산(하다), 등반(하다)
2級	とし	[都市]	名	도시, 도회지
2級	としつき	[年月]	名	세월, 연월
2級	としょ	[図書]	名	도서
2級	としより	[年寄り]	名	노인
2級	とじる	[閉じる]	動	닫히다, 닫다, (눈을) 감다
2級	としん	[都心]	名	도심
2級	とだな	[戸棚]	名	찬장
2級	とたん	[途端]	名	찰나, 바로 그 순간
2級	とち	[土地]	名	토지
2級	とっくに	[疾っくに]	副	일찍이, 벌써, 훨씬 이전에

2級

단어 체크하기

2級	とつぜん	[突然]	副	갑자기, 돌연
2級	(~に)とって	[(~に)取って]	連語	(~에) 있어서, 으로서는
2級	どっと		副	우르르, 일시에
2級	トップ	[top]	名	탑, 정상
2級	とどく	[届く]	動	닿다, 도달하다, 도착하다
2級	ととのう	[整う]	動	가지런하다, 정돈되다
2級	とどまる	[留まる]	動	머무르다, 멈추다, 그치다
2級	どなる	[怒鳴る]	動	고함치다, 호통치다
2級	とにかく	[兎に角]	副	어쨌든, 여하튼
2級	~どの	[~殿]	接尾	~님, ~귀하
2級	とばす	[飛ばす]	動	날리다, 건너뛰다, 내뱉다
2級	とびこむ	[飛び込む]	動	뛰어들다
2級	とびだす	[飛び出す]	動	뛰어 나가다, 튀어나가다
2級	とぶ	[跳ぶ]	動	뛰다, 뛰어넘다
2級	とまる	[留まる]	動	머무르다, 고정되다
2級	とめる	[留める]	動	고정시키다, 말리다
2級	とめる	[泊める]	動	숙박시키다, 정박시키다
2級	とも	[友]	名	벗, 친구
2級	ともかく	[兎も角]	副	어쨌든, 여하튼, 하여간
2級	ともなう	[伴う]	動	따라가다, 수반하다
2級	ともに	[共に]	副	함께, 같이, 더불어
2級	どよう	[土曜]	名	토요일
2級	とら	[虎]	名	호랑이, 범
2級	ドライブ(する)	[drive(する)]	名,動	드라이브(하다), 운전(하다)
2級	とらえる	[捕らえる]	動	잡다, 붙들다, 파악하다

2級	トラック	[truck]	名	트럭
2級	ドラマ	[drama]	名	드라마
2級	トランプ	[trump]	名	트럼프, 카드놀이
2級	とりあげる	[取り上げる]	動	집어들다, 채택하다
2級	とりいれる	[取り入れる]	動	수확하다, 받아들이다
2級	とりけす	[取り消す]	動	취소하다
2級	とりだす	[取り出す]	動	꺼내다, 골라내다
2級	どりょく(する)	[努力(する)]	名,動	노력(하다)
2級	とる	[執る]	動	잡다, 들다, 맡다
2級	とる	[採る]	動	채용하다, 채집하다
2級	とる	[捕る]	動	(동물을) 잡다
2級	トレーニング(する)	[training(する)]	名,動	트레이닝(하다), 훈련(하다)
2級	ドレス	[dress]	名	드레스
2級	とれる	[取れる]	動	떨어지다, (피로가) 풀리다, 균형 잡히다
2級	どろ	[泥]	名	진흙
2級	トン	[ton]	名	톤
2級	とんでもない		連語	터무니없다, 가당찮다
2級	どんなに		副	아무리, 얼마나
2級	トンネル	[tunnel]	名	터널
2級	どんぶり	[丼]	名	덮밥, 사발

2級

부록 단어 재료로 끝내기

2級	な	[名]	名	이름, 명칭
2級	～ない	[～内]	接尾	～내(안)
2級	ないか	[内科]	名	내과
2級	ないせん	[内線]	名	내선
2級	ないよう	[内容]	名	내용
2級	ナイロン	[nylon]	名	나일론
2級	なお	[尚]	副	더욱, 역시, 아직
2級	なお	[尚]	接	또한
2級	なおす	[治す]	動	치료하다
2級	～なおす	[～直す]	接尾	다시 ～하다, 고쳐 ～하다
2級	なか	[仲]	名	사이, 관계
2級	なが～	[長～]	接頭	장～(긴)
2級	ながい	[永い]	形	오래다, 길다, 영구하다
2級	ながす	[流す]	動	흘리다, 흘려보내다
2級	なかなおり(する)	[仲直り(する)]	名,動	화해(하다)
2級	なかば	[半ば]	名	절반, 중간
2級	ながびく	[長引く]	動	오래 끌다, 지연되다

2級	なかま	[仲間]	名	동료, 친구
2級	なかみ	[中身(味)]	名	속, 알맹이, 내용
2級	ながめ	[眺め]	名	전망, 조망
2級	ながめる	[眺める]	動	바라보다, 전망하다
2級	なかゆび	[中指]	名	가운뎃손가락, 중지
2級	なかよし	[仲良し]	名	단짝친구, 좋은 사이
2級	ながれ	[流れ]	名	흐름, 시내
2級	ながれる	[流れる]	動	흐르다, 취소되다
2級	なぐさめる	[慰める]	動	위로하다, 달래다
2級	なくす	[亡くす]	動	여의다, 잃다
2級	なぐる	[殴る]	動	세게 치다, 때리다
2級	なし	[無し]	名	없음
2級	なす	[為す]	動	행하다, 하다
2級	なぜなら(ば)	[何故なら(ば)]	接	왜냐하면
2級	なぞ	[謎]	名	수수께끼, 불가사의
2級	なぞなぞ	[謎謎]	名	수수께끼 놀이
2級	なだらかだ		な形	완만하다, 순조롭다, 원활하다
2級	なつかしい	[懐かしい]	形	그립다, 반갑다
2級	なっとく(する)	[納得(する)]	名動	납득(하다), 이해(하다)
2級	なでる	[撫でる]	動	쓰다듬다, 어루만지다
2級	なな	[七]	名	7, 일곱
2級	ななめ(だ)	[斜め(だ)]	名な形	경사, 기울어지다, 비스듬하다
2級	なにか	[何か]	連語	무언가
2級	なにしろ	[何しろ]	副	어쨌든, 아무튼
2級	なになに	[何々].	代	무엇무엇

2級	なにぶん	[何分]	副	부디, 아무쪼록, 여하튼
2級	なにも	[何も]	副	아무것도, 조금도, 무엇이고
2級	なべ	[鍋]	名	냄비
2級	なま	[生]	名	날 것, 생것
2級	なまいき(だ)	[生意気(だ)]	名,な形	건방짐, 건방지다
2級	なまける	[怠ける]	動	게으름 피우다, (일을) 빼먹다
2級	なみ	[波]	名	파도
2級	なみき	[並木]	名	가로수
2級	なみだ	[涙]	名	눈물
2級	なやむ	[悩む]	動	고민하다, 괴로워하다
2級	ならう	[倣う]	動	모방하다, 따르다
2級	ならす	[鳴らす]	動	소리를 내다, 울리다
2級	なる	[生る]	動	열리다, 맺다
2級	なれる	[馴れる]	動	길들다
2級	なわ	[縄]	名	새끼, 밧줄
2級	なんきょく	[南極]	名	남극
2級	~なんて		助	~따위, ~같은 것, ~하다니
2級	なんで	[何で]	副	왜, 어째서
2級	なんでも	[何でも]	連語	무엇이든지
2級	なんとか	[何とか]	副	어떻게 해서라도, 어떻게든, 그럭저럭
2級	なんとなく	[何となく]	副	어쩐지, 왠지
2級	なんとも	[何とも]	副	참으로, 아무렇지도
2級	ナンバー	[number]	名	넘버
2級	なんべい	[南米]	名	남미
2級	なんぼく	[南北]	名	남북

2級	にあう	[似合う]	動	어울리다, 잘 맞다
2級	にえる	[煮える]	動	익다, 삶아지다, 끓다
2級	におう	[匂う]	動	냄새가 나다
2級	にがす	[逃がす]	動	놓치다, 놓아주다
2級	にがて(だ)	[苦手(だ)]	名,な形	서투름, 서투르다, 다루기 벅차다
2級	にぎる	[握る]	動	쥐다, 잡다
2級	にくい	[憎い]	形	밉다, 밉살스럽다, 얄밉다
2級	にくむ	[憎む]	動	미워하다, 증오하다
2級	にくらしい	[憎らしい]	形	얄밉다, 밉살스럽다
2級	にこにこ(する)		副動	싱글싱글, 싱글벙글(하다)
2級	にごる	[濁る]	動	흐려지다, 탁해지다
2級	にじ	[虹]	名	무지개
2級	にち	[日]	名	일본
2級	にち	[日]	名	일(요일)
2級	にちじ	[日時]	名	일시, 세월
2級	にちじょう	[日常]	名	일상
2級	にちよう	[日曜]	名	일요
2級	にちようひん	[日用品]	名	일용품
2級	にっか	[日課]	名	일과
2級	にっこう	[日光]	名	일광
2級	にっこり(する)		副動	생긋(거리다), 방긋(거리다)
2級	にっちゅう	[日中]	名	한낮, 대낮
2級	にってい	[日程]	名	일정

201

2級	にっぽん	[日本]	名	일본
2級	にぶい	[鈍い]	形	무디다, 둔하다
2級	にほん	[日本]	名	일본
2級	にゅうしゃ(する)	[入社(する)]	名,動	입사(하다)
2級	にゅうじょう(する)	[入場(する)]	名,動	입장(하다)
2級	にょうぼう	[女房]	名	아내, 마누라
2級	にらむ	[睨む]	動	노려보다, 쏘아보다
2級	にる	[煮る]	動	삶다, 끓이다
2級	にわか(に)	[俄(に)]	名,副	돌연, 졸지, 갑자기, 즉각
2級	にんき	[人気]	名	인기
2級	にんげん	[人間]	名	인간

2級	ぬう	[縫う]	動	꿰매다, 누비다, 깁다
2級	ぬく	[抜く]	動	뽑다, 빼다, 앞지르다
2級	ぬける	[抜ける]	動	빠지다, 관통하다
2級	ぬの	[布]	名	천, 무명
2級	ぬらす	[濡らす]	動	적시다

ね

2級	ね	[値]	名	값, 값어치
2級	ね	[根]	名	뿌리
2級	ね(え)		感	저, 응!, 네!
2級	ねがい	[願い]	名	소원, 바람, 기원
2級	ねがう	[願う]	動	바라다, 기원하다

2級	ねじ	[捻子]	名	나사
2級	ねじる	[捩じる]	動	비틀다, 뒤틀다
2級	ねずみ	[鼠]	名	쥐
2級	ネックレス	[necklace]	名	목걸이
2級	ねっする	[熱する]	動	가열하다, 달구다
2級	ねったい	[熱帯]	名	열대
2級	ねっちゅう(する)	[熱中(する)]	名,動	열중(하다)
2級	ねまき	[寝巻き]	名	잠옷
2級	ねまき	[寝間着]	名	잠옷
2級	ねらい	[狙い]	名	목적, 목표, 겨냥
2級	ねらう	[狙う]	動	겨누다, 조준하다, 노리다
2級	ねんかん	[年間]	名	연간
2級	ねんげつ	[年月]	名	연월, 세월
2級	ねんじゅう	[年中]	名,副	연중, 일년 내내, 항상
2級	~ねんせい	[~年生]	接尾	~년생
2級	ねんだい	[年代]	名	연대
2級	ねんど	[年度]	名	연도
2級	ねんれい	[年齢]	名	연령

の

2級	の	[野]	名	들, 들판
2級	のう	[能]	名	노(일본 가면극), 능력, 재능
2級	のうか	[農家]	名	농가
2級	のうぎょう	[農業]	名	농업
2級	のうさんぶつ	[農産物]	名	농산물

2級	のうそん	[農村]	名	농촌
2級	のうど	[濃度]	名	농도
2級	のうみん	[農民]	名	농민
2級	のうやく	[農薬]	名	농약
2級	のうりつ	[能率]	名	능률
2級	のうりょく	[能力]	名	능력
2級	のき	[軒]	名	처마
2級	のこぎり	[鋸]	名	톱
2級	のこす	[残す]	動	남기다
2級	のこらず	[残らず]	副	남김없이, 모조리
2級	のこり	[残り]	名	나머지, 남은 것
2級	のせる	[乗せる]	動	태우다
2級	のせる	[載せる]	動	싣다, 얹다
2級	のぞく	[除く]	動	제거하다
2級	のぞく	[覗く]	動	엿보다, 들여다보다
2級	のぞみ	[望み]	名	바람, 소망, 희망, 기대
2級	のぞむ	[望む]	動	바라다, 원하다
2級	のち	[後]	名	후, 나중, 뒷날
2級	ノック(する)	[knock(する)]	名,動	노크, 두드리다
2級	のばす	[伸ばす]	動	펴다, 늘리다, 신장시키다
2級	のばす	[延ばす]	動	펴다, 늘리다, 연기하다
2級	のびる	[延びる]	動	연장되다, 연기되다
2級	のべる	[述べる]	動	말하다, 진술하다
2級	のぼり	[上り]	名	올라감, 오름, 오르막길
2級	のぼる	[上る]	動	위로 향해 오르다

2級	のぼる	[昇る]	動	(해, 달이) 떠오르다, 높이 오르다
2級	のり	[糊]	名	풀
2級	のりかえ	[乗り換え]	名	환승, 갈아탐
2級	のりこし	[乗り越し]	名	내릴 곳을 못 내리고 지나침
2級	のる	[載る]	動	놓이다, 실리다
2級	のろい	[鈍い]	形	느리다, 둔하다
2級	のろのろ(する)		副,動	느릿느릿(하다), 꾸물꾸물(하다)
2級	のんき(だ)	[呑気(だ)]	名,な形	느긋함, 느긋하다, 태평하다
2級	のんびり(する)		副,動	느긋이, 한가롭게, 유유하다

は

2級	ば	[場]	名	장소, 자리, 경우
2級	はあ		感	네?, 네, 아, 허
2級	パーセント	[percent]	名	퍼센트
2級	はい	[灰]	名	재
2級	はいいろ	[灰色]	名	회색
2級	ばいう	[梅雨]	名	장마
2級	バイオリン	[violin]	名	바이올린
2級	ハイキング	[hiking]	名	하이킹
2級	はいく	[俳句]	名	하이쿠(일본 정형시)
2級	はいたつ(する)	[配達(する)]	名,動	배달(하다)
2級	ばいてん	[売店]	名	매점
2級	ばいばい(する)	[売買(する)]	名,動	매매(하다)
2級	バイバイ	[bye-bye]	感	바이바이, 안녕
2級	パイプ	[pipe]	名	파이프
2級	はいゆう	[俳優]	名	배우
2級	パイロット	[pilot]	名	파일럿, 조종사
2級	はう	[這う]	動	기다, 기어가다

2級	はえる	[生える]	動	나다, 돋아나다
2級	はか	[墓]	名	묘, 무덤
2級	ばか(だ)	[馬鹿(だ)]	名,な形	바보, 어리석음, 어리석다, 어처구니없다
2級	はがす	[剥がす]	動	벗기다, 떼어 내다
2級	はかせ	[博士]	名	박사
2級	ばからしい	[馬鹿らしい]	形	어리석다, 어처구니없다
2級	はかり	[秤]	名	저울
2級	はかる	[計る]	動	재다, 수를 세다, 측정하다
2級	はかる	[測る]	動	재다, 가늠하다
2級	はかる	[量る]	動	재다, 측량하다
2級	はきけ	[吐き気]	名	구역질
2級	はきはき(する)		副,動	시원시원(하다), 또렷(하다)
2級	はく	[吐く]	動	토하다, 내뱉다
2級	はく	[掃く]	動	쓸다
2級	~はく	[~泊]	接尾	~박(숙박)
2級	はくしゅ(する)	[拍手(する)]	名,動	박수(치다)
2級	ばくだい(だ)	[莫大(だ)]	名,な形	많음, 너무큼, 막대(하다)
2級	ばくはつ(する)	[爆発(する)]	名,動	폭발(하다)
2級	はくぶつかん	[博物館]	名	박물관
2級	はぐるま	[歯車]	名	톱니바퀴
2級	はげしい	[激しい]	形	세차다
2級	バケツ	[bucket]	名	양동이
2級	はさまる	[挟まる]	動	끼이다
2級	はさみ	[挟]	名	가위
2級	はさむ	[挟む]	動	끼우다, 사이에 두다

2級 単語 제대로 끝내기

2級	はさん(する)	[破産(する)]	名,動	파산(하다)
2級	はし	[端]	名	끝, 가장자리
2級	はしご	[梯子]	名	사다리, 사닥다리
2級	はじまり	[始まり]	名	시작
2級	はしら	[柱]	名	기둥
2級	はす	[斜]	名	비스듬함, 경사
2級	パス(する)	[pass(する)]	名,動	패스(하다), 통과(하다), 송구(하다)
2級	はずす	[外す]	動	떼다, 끄르다, 제외하다
2級	パスポート	[passport]	名	패스포트, 여권
2級	はずれる	[外れる]	動	빠지다, 벗어나다, 빗나가다
2級	はた	[旗]	名	기, 깃발
2級	はだ	[肌]	名	피부, 살결, 살갗
2級	パターン	[pattern]	名	패턴, 유형
2級	はだか	[裸]	名	발가숭이, 알몸
2級	はだぎ	[肌着]	名	속옷, 내의
2級	はたけ	[畑]	名	밭
2級	はたして	[果たして]	副	과연, 정말로
2級	はたらき	[働き]	名	작용, 활동, 일, 공적
2級	はち	[鉢]	名	대접, 사발, 주발
2級	~はつ	[~発]	接尾	~발(출발)
2級	ばつ		名	가위표, 틀림
2級	はっき(する)	[発揮(する)]	名,動	발휘(하다)
2級	バッグ	[bag]	名	백, 가방
2級	はっけん(する)	[発見(する)]	名,動	발견(하다)
2級	はっこう(する)	[発行(する)]	名,動	발행(하다)

2級	はっしゃ(する)	[発車(する)]	名,動	발차(하다)
2級	はっしゃ(する)	[発射(する)]	名,動	발사(하다)
2級	ばっする	[罰する]	動	벌하다
2級	はっそう	[発想]	名	발상
2級	はったつ(する)	[発達(する)]	名,動	발달(하다)
2級	ばったり		副	픽, 털썩, 딱, 뚝
2級	はってん(する)	[発展(する)]	名,動	발전(하다)
2級	はつでん(する)	[発電(する)]	名,動	발전(하다)
2級	はつばい(する)	[発売(する)]	名,動	발매(하다)
2級	はっぴょう(する)	[発表(する)]	名,動	발표(하다)
2級	はつめい(する)	[発明(する)]	名,動	발명(하다)
2級	はで(だ)	[派手(だ)]	名,な形	화려함, 화려하다, 요란하다
2級	はなしあい	[話し合い]	名	의논, 교섭
2級	はなしあう	[話し合う]	動	의논하다, 상의하다, 교섭하다
2級	はなしかける	[話し掛ける]	動	말 걸다, 말하기 시작하다
2級	はなしちゅう	[話し中]	名	이야기 도중, 통화중
2級	はなす	[離す]	動	떼다, 거리를 두다
2級	はなす	[放す]	動	놓아주다, 풀어주다
2級	はなはだしい	[甚だしい]	形	심하다, 지나치다
2級	はなび	[花火]	名	불꽃, 폭죽
2級	はなよめ	[花嫁]	名	신부, 새색시
2級	はなれる	[離れる]	動	떨어지다, 떠나다
2級	はなれる	[放れる]	動	풀리다, 놓이다
2級	はね	[羽]	名	깃털, 날개
2級	はね	[羽根]	名	깃털, 화살 깃

2級
단어 제대로 끝내기

2級	ばね	[発条]	名	용수철
2級	はねる	[跳ねる]	動	뛰어오르다, 튀다
2級	はば	[幅]	名	폭, 너비
2級	ははおや	[母親]	名	모친, 어머니
2級	はぶく	[省く]	動	없애다, 줄이다, 생략하다
2級	はへん	[破片]	名	파편
2級	はみがき	[歯磨き]	名	양치, 치약
2級	はめる	[嵌める]	動	끼다, 채우다, 맞추다
2級	ばめん	[場面]	名	장면, 경우
2級	はやくち	[早口]	名	빠른 말씨
2級	はやる	[流行る]	動	유행하다
2級	はら	[腹]	名	배, 배짱, 기분
2級	はら	[原]	名	들, 들판, 벌판
2級	はらいこむ	[払い込む]	動	납부하다, 불입하다
2級	はらいもどす	[払い戻す]	動	되돌려주다, 환불하다
2級	バランス	[balance]	名	밸런스, 균형
2級	はり	[針]	名	바늘, 침
2級	はりがね	[針金]	名	철사
2級	はりきる	[張り切る]	動	긴장하다, 활기를 띠다
2級	はる	[張る]	動	뻗다, 뻗치다
2級	はん~	[反~]	接頭	반~(반대)
2級	バン	[van]	名	밴
2級	はんい	[範囲]	名	범위
2級	はんえい(する)	[反映(する)]	名,動	반영(하다, 되다)
2級	はんけい	[半径]	名	반경, 반지름

2級	はんこ	[判子]	名	도장
2級	はんこう	[犯行]	名	범행
2級	はんざい	[犯罪]	名	범죄
2級	ばんざい	[万歳]	名,感	만세
2級	ハンサム(だ)	[handsome(だ)]	名,な形	핸섬(하다)
2級	はんじ	[判事]	名	판사
2級	はんする	[反する]	動	반하다, 위배되다
2級	はんせい(する)	[反省(する)]	名,動	반성(하다)
2級	はんだん(する)	[判断(する)]	名,動	판단(하다)
2級	ばんち	[番地]	名	번지
2級	パンツ	[pants]	名	팬티, 바지
2級	はんとう	[半島]	名	반도
2級	ハンドバック	[handbag]	名	핸드백
2級	ハンドル	[handle]	名	핸들
2級	はんにん	[犯人]	名	범인
2級	はんばい(する)	[販売(する)]	名,動	판매(하다)
2級	~ばんめ	[~番目]	接尾	~번째

2級	ひ~	[非~]	接頭	비~(아닐)
2級	~ひ	[~費]	接尾	~비(비용)
2級	ひあたり	[日当たり]	名	채광, 양지 바름
2級	ビール	[beer]	名	맥주
2級	ひがい	[被害]	名	피해
2級	ひがえり(する)	[日帰り(する)]	名,動	당일치기(하다)

2級	ひかく(する)	[比較(する)]	名,動	비교(하다)
2級	ひかくてき	[比較的]	副	비교적
2級	ぴかぴか		副	반짝반짝, 번쩍번쩍
2級	ひきうける	[引き受ける]	動	떠맡다, 보증하다
2級	ひきかえす	[引き返す]	動	되돌아가다, 되돌리다
2級	ひきざん	[引き算]	名	뺄셈
2級	ひきだす	[引き出す]	動	꺼내다, 찾아내다, 인출하다
2級	ひきとめる	[引き止める]	動	말리다, 만류하다
2級	ひきょう(だ)	[卑怯(だ)]	名,な形	비겁(하다)
2級	ひきわけ	[引き分け]	名	비김, 무승부
2級	ひく	[轢く]	動	(차로) 치다, 들이받다
2級	ピクニック	[picnic]	名	피크닉, 소풍
2級	ひげき	[悲劇]	名	비극
2級	ひこう(する)	[飛行(する)]	名,動	비행(하다)
2級	ひこうじょう	[飛行場]	名	비행장
2級	ひざ	[膝]	名	무릎
2級	ひざし	[陽射し]	名	햇살, 햇볕
2級	ひじ	[肘]	名	팔꿈치
2級	ひじょう(だ)	[非常(だ)]	名,な形	비상, 대단하다
2級	びじん	[美人]	名	미인
2級	ピストル	[pistol]	名	권총
2級	ひたい	[額]	名	이마
2級	ビタミン	[vitamin]	名	비타민
2級	ぴたり		副	꼭, 딱, 갑자기, 뚝
2級	ひっかかる	[引っ掛かる]	動	걸리다, 속다

2級	ひっかける	[引っ掛ける]	動	걸다, 걸치다, 끼얹다
2級	ひっき(する)	[筆記(する)]	名,動	필기(하다)
2級	ひっくりかえす	[引っ繰り返す]	動	뒤집다, 뒤엎다, 쓰러뜨리다
2級	ひっくりかえる	[引っ繰り返る]	動	뒤집히다, 쓰러지다
2級	ひづけ	[日付]	名	날짜
2級	ひっこし(する)	[引っ越し(する)]	名,動	이사(하다)
2級	ひっこむ	[引っ込む]	動	틀어박히다, 쑥 들어가다
2級	ひっし	[必死]	名	필사, 필사적
2級	ひっしゃ	[筆者]	名	필자
2級	ひつじゅひん	[必需品]	名	필수품
2級	ぴったり(する)		副,動	딱, 착, 꼭, 꽉, 꼭 들어맞다
2級	ひっぱる	[引っ張る]	動	잡아끌다, 끌어당기다
2級	ひてい(する)	[否定(する)]	名,動	부정(하다)
2級	ビデオ	[video]	名	비디오
2級	ひと~	[一~]	接頭	한~(하나)
2級	ひとこと	[一言]	名	한마디, 한마디 말
2級	ひとごみ	[人込み]	名	혼잡, 북새통
2級	ひとさしゆび	[人指し指]	名	둘째손가락, 집게손가락
2級	ひとしい	[等しい]	形	동일하다, 동등하다, 흡사하다
2級	ひととおり	[一通り]	名,副	보통, 대강, 대충
2級	ひとどおり	[人通り]	名	사람의 왕래
2級	ひとまず	[一先ず]	副	우선, 일단
2級	ひとみ	[瞳]	名	눈동자
2級	ひとやすみ(する)	[一休み(する)]	名,動	잠깐 쉼, 잠깐 쉬다
2級	ひとり	[独り]	名	혼자

2級

단어 제대로 끝내기

2級	ひとりごと	[独り言]	名	혼잣말, 독백
2級	ひとりでに	[独りでに]	副	저절로, 자연히
2級	ひとりひとり	[一人一人]	副	각자, 한 명씩
2級	ビニール	[vinyl]	名	비닐
2級	ひにく(だ)	[皮肉(だ)]	名,な形	빈정거림, 얄궂다, 기구하다
2級	ひにち	[日日]	名	날짜, 날수
2級	ひねる	[捻る]	動	비틀다, 돌리다
2級	ひのいり	[日の入り]	名	일몰
2級	ひので	[日の出]	名	일출, 해돋이
2級	ひはん(する)	[批判(する)]	名,動	비판(하다)
2級	ひびき	[響き]	名	울림, 진동
2級	ひびく	[響く]	動	울리다, 영향을 주다
2級	ひひょう(する)	[批評(する)]	名,動	비평(하다)
2級	ひふ	[皮膚]	名	피부
2級	ひみつ(だ)	[秘密(だ)]	名,な形	비밀(스럽다)
2級	びみょう(だ)	[微妙(だ)]	名,な形	미묘(하다)
2級	ひも	[紐]	名	끈
2級	ひやす	[冷やす]	動	차게 하다, 식히다, 진정시키다
2級	ひゃっかじてん	[百科事典]	名	백과사전
2級	ひよう	[費用]	名	비용
2級	ひょう	[表]	名	표
2級	びよう	[美容]	名	미용
2級	~びょう	[~秒]	助数	~초
2級	~びょう	[~病]	接尾	~병(질병)
2級	ひょうか(する)	[評価(する)]	名,動	평가(하다)

2級	ひょうげん(する)	[表現(する)]	名,動	표현(하다)
2級	ひょうし	[表紙]	名	표지
2級	ひょうしき	[標識]	名	표지
2級	ひょうじゅん	[標準]	名	표준
2級	ひょうじょう	[表情]	名	표정
2級	びょうどう(だ)	[平等(だ)]	名,な形	평등(하다)
2級	ひょうばん	[評判]	名	평판
2級	ひょうほん	[標本]	名	표본
2級	ひょうめん	[表面]	名	표면
2級	ひょうろん(する)	[評論(する)]	名,動	평론(하다)
2級	ビルディング	[building]	名	빌딩
2級	ひるね(する)	[昼寝(する)]	名,動	낮잠(자다)
2級	ひろがる	[広がる]	動	넓어지다, 퍼지다, 확대되다
2級	ひろげる	[広げる]	動	넓히다, 펴다, 펼치다, 확장하다
2級	ひろさ	[広さ]	名	넓이
2級	ひろば	[広場]	名	광장
2級	ひろびろ	[広々]	副	널찍한, 광활한
2級	ひろめる	[広める]	動	넓히다, 포교하다
2級	ひん	[品]	名	품위, 품격
2級	びん	[便]	名	편, 교통편
2級	びん	[瓶]	名	병
2級	ピン	[pin]	名	핀
2級	ピンク	[pink]	名	핑크, 핑크색
2級	びんせん	[便箋]	名	편지지
2級	びんづめ	[瓶詰]	名	병에 담은 것

2級

단어 제대로 공부하기

ふ

2級	ふ~	[不~]	接頭	불~, 부~(부정)
2級	ぶ	[分]	名,助数	두께, 1/10
2級	ぶ	[部]	名	부, 부서
2級	ぶ~	[無~]	接頭	무(없음)
2級	~ぶ	[~部]	助数	~부(서류)
2級	ファスナー	[fastener]	名	지퍼, 스냅
2級	ふあん(だ)	[不安(だ)]	名,な形	불안(하다)
2級	~ふう	[~風]	接尾	~풍(방식)
2級	ふうけい	[風景]	名	풍경, 경치
2級	ふうせん	[風船]	名	풍선
2級	ふうふ	[夫婦]	名	부부
2級	ふうん(だ)	[不運(だ)]	名,な形	불운(하다)
2級	ふえ	[笛]	名	피리
2級	ふえる	[殖える]	動	늘다, 번식하다
2級	ふか	[不可]	名	불가
2級	ふかまる	[深まる]	動	깊어지다
2級	ぶき	[武器]	名	무기
2級	ふきそく(だ)	[不規則(だ)]	名,な形	불규칙(하다)
2級	ふきゅう(する)	[普及(する)]	名,動	보급(하다)
2級	ふきん	[付近]	名	부근, 근처
2級	ふく	[拭く]	動	닦다, (수건으로) 훔치다
2級	ふく~	[副~]	接頭	부~(버금)
2級	ふくし	[副詞]	名	부사

216

2級	ふくしゃ(する)	[複写(する)]	名,動	복사(하다)
2級	ふくすう	[複数]	名	복수
2級	ふくそう	[服装]	名	복장
2級	ふくむ	[含む]	動	포함하다, 함유하다
2級	ふくめる	[含める]	動	포함시키다
2級	ふくらます	[膨らます]	動	부풀게 하다
2級	ふくらむ	[膨らむ]	動	부풀어 오르다, 불룩해지다
2級	ふくろ	[袋]	名	자루, 주머니
2級	ふけつ(だ)	[不潔(だ)]	名,な形	불결(하다)
2級	ふける	[更ける]	動	(밤이) 깊어지다
2級	ふこう(だ)	[不幸(だ)]	名,な形	불행(하다)
2級	ふごう	[符合]	名	부호
2級	ふさい	[夫妻]	名	부부
2級	ふさがる	[塞がる]	動	막히다
2級	ふさぐ	[塞ぐ]	動	막다, 닫다, 가로막다
2級	ふざける		動	까불다, 장난치다
2級	ぶさた(する)	[無沙汰(する)]	名,動	격조(하다)
2級	ふし	[節]	名	마디, 단락, 때
2級	ぶし	[武士]	名	무사
2級	ぶじ(だ)	[無事(だ)]	名,な形	무사함, 편안함, 무사하다
2級	ふしぎ(だ)	[不思議(だ)]	名,な形	불가사의(하다), 이상하다
2級	ぶしゅ	[部首]	名	부수
2級	ふじゆう(だ)	[不自由(だ)]	名,な形	부자유(스럽다), 불편하다
2級	ふじん	[夫人]	名	부인
2級	ふじん	[婦人]	名	부인, 여성

2級

단어 제대로 끝내기

2級	ふすま	[襖]	名	미닫이, 장지
2級	ふせい(だ)	[不正(だ)]	名,な形	부정, 바르지 못하다
2級	ふせぐ	[防ぐ]	動	막다, 방지하다
2級	ふそく(だ)(する)	[不足(だ)(する)]	名,な形,動	부족(하다), 모자라다
2級	ふぞく	[付属]	名	부속
2級	ふた	[蓋]	名	뚜껑, 덮개
2級	ぶたい	[舞台]	名	무대
2級	ふたご	[双子]	名	쌍둥이
2級	ふたたび	[再び]	副	재차, 다시
2級	ふたん(する)	[負担(する)]	名,動	부담(하다)
2級	ふだん	[普段]	名,副	평소, 평상시
2級	ふち	[縁]	名	가장자리, 테두리
2級	ぶつ	[打つ]	動	치다, 때리다
2級	~ぶつ	[~物]	接尾	~물(물건)
2級	ふつう	[不通]	名	불통
2級	ぶっか	[物価]	名	물가
2級	ぶつかる	[打つかる]	動	부딪치다, 마주치다
2級	ぶつける	[打つける]	動	부딪치다, 맞히다
2級	ぶっしつ	[物質]	名	물질
2級	ぶっそう(だ)	[物騒(だ)]	名,な形	어수선함, 어수선하다, 위험하다
2級	ぶつぶつ		名	뾰루지
2級	ぶつぶつ		副	투덜투덜, 중얼중얼
2級	ぶつり	[物理]	名	물리
2級	ふで	[筆]	名	붓
2級	ふと		副	문득, 우연히

2級	ふなびん	[船便]	名	배편, 선편
2級	ぶひん	[部品]	名	부품
2級	ふぶき	[吹雪]	名	눈보라
2級	ぶぶん	[部分]	名	부분
2級	ふへい(だ)	[不平(だ)]	名,な形	불평, 불만스럽다
2級	ふぼ	[父母]	名	부모
2級	ふまん(だ)	[不満(だ)]	名,な形	불만(스럽다)
2級	ふみきり	[踏切り]	名	건널목
2級	ふもと	[麓]	名	산기슭
2級	ふやす	[増やす]	動	(수량을) 늘리다
2級	ふやす	[殖やす]	動	(재산을) 불리다, 번식시키다
2級	フライパン	[frypan]	名	프라이팬
2級	ブラウス	[blouse]	名	블라우스
2級	ぶらさげる	[ぶら下げる]	動	늘어뜨리다, 들다
2級	ブラシ	[brush]	名	브러시, 솔, 빗
2級	プラス(する)	[plus(する)]	名,動,な形	플러스, 더하다
2級	プラスチック	[plastics]	名	플라스틱
2級	プラットホーム	[platform]	名	열차 승강장
2級	プラン	[plan]	名	플랜, 계획
2級	ふり(だ)	[不利(だ)]	名,な形	불리(하다)
2級	~ぶり	[~振り]	接尾	~만에, 모습, 상태
2級	フリー(だ)	[free(だ)]	名,な形	자유, 무료, 자유롭다
2級	ふりがな	[振り仮名]	名	한자를 仮名로 표기한 것
2級	ふりむく	[振り向く]	動	돌아보다, 뒤돌아보다
2級	プリント(する)	[print(する)]	名,動	프린트(하다), 인쇄(하다)

2級

단어 제대로 끝내기

2級	ふる	[振る]	動	흔들다, 뿌리다
2級	ふる~	[古~]	接頭	고~(오래된, 낡은)
2級	ふるえる	[震える]	動	흔들리다, 떨리다
2級	ふるさと	[故郷]	名	고향, 고적
2級	ふるさと	[郷里]	名	고향, 고적
2級	ふるまう	[振舞う]	動	행동하다, 처신하다
2級	ブレーキ	[brake]	名	브레이크
2級	ふれる	[触れる]	動	닿다, (눈, 귀에) 들어오다
2級	プロ	[professional]	名	프로
2級	ブローチ	[brooch]	名	브로치
2級	プログラム	[program]	名	프로그램
2級	ふろしき	[風呂敷]	名	보자기
2級	ふわふわ(する)		副,動	둥실둥실(하다), 푹신푹신(하다)
2級	ぶん	[分]	名	분, 몫, 정도
2級	ぶん	[文]	名	문장, 글
2級	ふんいき	[雰囲気]	名	분위기
2級	ふんか(する)	[噴火(する)]	名,動	분화(하다)
2級	ぶんかい(する)	[分解(する)]	名,動	분해(하다)
2級	ぶんげい	[文芸]	名	문예
2級	ぶんけん	[文献]	名	문헌
2級	ふんすい	[噴水]	名	분수
2級	ぶんすう	[分数]	名	분수
2級	ぶんせき(する)	[分析(する)]	名,動	분석(하다)
2級	ぶんたい	[文体]	名	문체
2級	ぶんぷ(する)	[分布(する)]	名,動	분포(하다)

2級	ぶんぼうぐ	[文房具]	名	문구, 문방구
2級	ぶんみゃく	[文脈]	名	문맥
2級	ぶんめい	[文明]	名	문명
2級	ぶんや	[分野]	名	분야
2級	ぶんりょう	[分量]	名	분량
2級	ぶんるい(する)	[分類(する)]	名,動	분류(하다)

2級	へい	[塀]	名	담, 울타리
2級	へいかい(する)	[閉会(する)]	名,動	폐회(하다)
2級	へいき(だ)	[平気(だ)]	名,な形	태연함, 태연하다, 끄떡없다
2級	へいきん	[平均]	名	평균
2級	へいこう(する)	[平行(する)]	名,動	평행(하다)
2級	へいじつ	[平日]	名	평일
2級	へいたい	[兵隊]	名	군인, 병정, 군대
2級	へいぼん(だ)	[平凡(だ)]	名,な形	평범(하다)
2級	へいや	[平野]	名	평야
2級	へいわ(だ)	[平和(だ)]	名,な形	평화(롭다)
2級	へこむ	[凹む]	動	움푹 들어가다
2級	へそ		名	배꼽
2級	へだてる	[隔てる]	動	사이에 두다, 가로막다
2級	べっそう	[別荘]	名	별장
2級	べつべつ(だ)	[別々(だ)]	名,な形	따로따로임, 각각이다
2級	ベテラン	[veteran]	名	베테랑
2級	へらす	[減らす]	動	줄이다

2級

단어 제대로 끝내기

2級	ヘリコプター	[helicopter]	名	헬리콥터
2級	へる	[減る]	動	줄다, (배가) 고프다
2級	ベルト	[belt]	名	벨트
2級	~へん	[~遍]	接尾	~번(회수)
2級	~へん	[~編]	接尾	~편(작품)
2級	べん	[便]	名	교통 편, 대소변
2級	へんか(する)	[変化(する)]	名,動	변화(하다)
2級	ペンキ	[pek]	名	페인트
2級	へんこう(する)	[変更(する)]	名,動	변경(하다)
2級	へんしゅう(する)	[編集(する)]	名,動	편집(하다)
2級	べんじょ	[便所]	名	변소
2級	ベンチ	[bench]	名	벤치
2級	ペンチ	[pinchers]	名	펜치
2級	べんとう	[弁当]	名	도시락

ほ

2級	~ほ	[~歩]	助数	~보(걸음)
2級	~ぽい		接尾	~한 경향이 많다
2級	ほう	[法]	名	법, 법률
2級	ぼう	[棒]	名	봉, 막대기
2級	ぼう~	[防~]	接頭	방(방지)
2級	ぼうえんきょう	[望遠鏡]	名	망원경
2級	ほうがく	[方角]	名	방향, 방위
2級	ほうき	[箒]	名	빗자루
2級	ほうげん	[方言]	名	방언, 사투리

2級	ぼうけん(する)	[冒険(する)]	名,動	모험(하다)
2級	ほうこう	[方向]	名	방향
2級	ほうこく(する)	[報告(する)]	名,動	보고(하다)
2級	ぼうさん	[坊さん]	名	스님
2級	ぼうし(する)	[防止(する)]	名,動	방지(하다)
2級	ほうしん	[方針]	名	방침
2級	ほうせき	[宝石]	名	보석
2級	ほうそう(する)	[包装(する)]	名,動	포장(하다)
2級	ほうそく	[法則]	名	법칙
2級	ほうたい	[包帯]	名	붕대
2級	ぼうだい(だ)	[膨大(だ)]	名,な形	방대(하다)
2級	ほうちょう	[包丁]	名	식칼, 부엌칼
2級	ほうていしき	[方程式]	名	방정식
2級	ぼうはん	[防犯]	名	방범
2級	ほうふ(だ)	[豊富(だ)]	名,な形	풍부(하다)
2級	ほうほう	[方法]	名	방법
2級	ほうぼう	[方々]	名	여기저기, 사방
2級	ほうめん	[方面]	名	방면
2級	ほうもん(する)	[訪問(する)]	名,動	방문(하다)
2級	ぼうや	[坊や]	名	아가, 남자 아이, 철부지
2級	ほうる	[放る]	動	던지다, 중도에 그만두다
2級	ほえる	[吠える]	動	짖다, 으르렁거리다
2級	ほお	[頬]	名	볼, 뺨
2級	ボーイ	[boy]	名	소년, 시중인
2級	ボート	[boat]	名	보트

223

2級	ボーナス	[bonus]	名	보너스, 상여금
2級	ホーム	[home]	名	홈, 가정, 고향
2級	ボール	[ball]	名	볼, 공
2級	ボール	[bowl]	名	볼, 사발
2級	ほか	[他]	助	～밖에, ～외에
2級	ほがらかだ	[朗らかだ]	な形	쾌활하다, 명랑하다
2級	ぼくじょう	[牧場]	名	목장
2級	ぼくちく	[牧畜]	名	목축
2級	ほけん	[保健]	名	보건
2級	ほこり	[埃]	名	먼지
2級	ほこり	[誇り]	名	긍지, 자부심, 자랑
2級	ぼしゅう(する)	[募集(する)]	名,動	모집(하다)
2級	ほしょう(する)	[保証(する)]	名,動	보증(하다)
2級	ほす	[干す]	動	말리다, 널다, 다 마시다
2級	ポスター	[poster]	名	포스터
2級	ほぞん(する)	[保存(する)]	名,動	보존(하다)
2級	ほっきょく	[北極]	名	북극
2級	ぼっちゃん	[坊っちゃん]	名	도련님, 철부지
2級	ほどう	[歩道]	名	인도
2級	ほどく	[解く]	動	(매듭을) 풀다
2級	ほとけ	[仏]	名	부처
2級	ほね	[骨]	名	뼈, 뼈대
2級	ほのお	[炎]	名	불길, 불꽃
2級	ほほ	[頬]	名	볼, 뺨
2級	ほぼ	[略]	副	대략, 약

2級	ほほえむ	[微笑む]	動	미소짓다
2級	ほり	[堀(壕)]	名	도랑, 수로
2級	ほる	[彫る]	動	새기다, 조각하다
2級	ほる	[掘る]	動	파다, 파내다, 캐다
2級	ぼろ	[襤褸]	名	누더기, 넝마
2級	ほん~	[本~]	接頭	본~(주됨)
2級	ぼん	[盆]	名	쟁반
2級	ぼん	[盆]	名	우란분재
2級	ぼんち	[盆地]	名	분지
2級	ほんにん	[本人]	名	본인
2級	ほんの~	[本の~]	連体	겨우, 그저, 불과
2級	ほんぶ	[本部]	名	본부
2級	ほんもの	[本物]	名	진짜, 천연
2級	ぼんやり(する)		副,動	어렴풋이, 희미하다, 멍하다
2級	ほんらい	[本来]	名,副	본래, 원래

2級

단어 제대로 끝내기

ま

2級	ま	[間]	名	사이, 기회
2級	まあ		感	어머, 정말, 저런(여성어)
2級	マーケット	[market]	名	마켓, 시장
2級	まあまあ		副な形	그저 그런대로, 그럭저럭이다
2級	まあまあ		感	어머나, 정말, 저런, 자자(여성어)
2級	まい~	[毎~]	接頭	매~(매번)
2級	マイク	[mike]	名	마이크
2級	まいご	[迷子]	名	미아
2級	まいすう	[枚数]	名	매수
2級	まいど	[毎度]	名	매번, 늘
2級	マイナス	[minus]	名	마이너스
2級	まかせる	[任せる]	動	맡기다
2級	まく	[幕]	名	막, 무대
2級	まく	[巻く]	動	감다, 말다
2級	まく	[蒔く]	動	(씨를) 뿌리다, 파종하다
2級	まく	[撒く]	動	뿌리다, 살포하다
2級	まくら	[枕]	名	베개

2級	まけ	[負け]	名	짐, 패배
2級	まげる	[曲げる]	動	구부리다, 굽히다
2級	まご	[孫]	名	손자
2級	まごまご(する)		副,動	우물쭈물(하다), 갈팡질팡(하다)
2級	まさか		副	설마
2級	まさつ(する)	[摩擦(する)]	名,動	마찰(하다)
2級	まさに	[正に]	副	틀림없이, 바로
2級	まざる	[混ざる]	動	섞이다, 혼합되다
2級	まざる	[交ざる]	動	섞이다, 교제하다
2級	まじる	[混じる]	動	섞이다, 혼합되다
2級	まじる	[交じる]	動	섞이다, 혼합되다, 교제하다
2級	ます	[増す]	動	늘다, 불어나다, 늘리다
2級	マスク	[mask]	名	마스크
2級	まずしい	[貧しい]	形	가난하다, 빈약하다
2級	マスター(する)	[master(する)]	名,動	마스터(하다), 숙달(하다)
2級	ますます	[益々]	副	점점 더, 더욱더
2級	まぜる	[混ぜる]	動	뒤섞다, 혼합하다
2級	まぜる	[交ぜる]	動	섞다, 혼합하다
2級	またぐ	[跨ぐ]	動	(가랑이를 벌려) 넘다
2級	まちあいしつ	[待合室]	名	대합실
2級	まちあわせる	[待ち合わせる]	動	만나기로 하다
2級	まちがい	[間違い]	名	잘못, 실수
2級	まちがう	[間違う]	動	틀리다, 잘못되다
2級	まちかど	[街角]	名	길모퉁이, 거리, 가두
2級	まつ	[松]	名	소나무

2級

단어 재배열 끝내기

2級	まっかだ	[真っ赤だ]	な形	새빨갛다
2級	まっくらだ	[真っ暗だ]	な形	캄캄하다
2級	まっくろだ	[真っ黒だ]	な形	새카맣다
2級	まっさおだ	[真っ青だ]	な形	새파랗다
2級	まっさき	[真っ先]	名	맨 앞, 선두, 맨 먼저
2級	まっしろい	[真白い]	形	새하얗다
2級	まっしろだ	[真っ白だ]	な形	새하얗다
2級	まったく	[全く]	副	완전히, 전혀, 참으로
2級	まつる	[祭る]	動	제사 지내다
2級	まどぐち	[窓口]	名	창구
2級	まとまる	[纏る]	動	하나가 되다, 정리되다
2級	まとめる	[纏める]	動	간추리다, 정리하다, 매듭짓다
2級	まなぶ	[学ぶ]	動	배우다, 익히다
2級	まね(する)	[真似(する)]	名,動	흉내(내다), 모방(하다)
2級	まねく	[招く]	動	손짓하여 부르다, 초대하다, 초래하다
2級	まねる	[真似る]	動	흉내내다, 모방하다
2級	まぶしい	[眩しい]	形	눈부시다
2級	まぶた	[瞼]	名	눈꺼풀
2級	マフラー	[muffler]	名	머플러
2級	ママ	[mama]	名	엄마, 마마
2級	まめ	[豆]	名	콩
2級	まもなく	[間も無く]	副	머지않아, 곧
2級	まもる	[守る]	動	지키다, 보호하다
2級	まよう	[迷う]	動	헤매다, 망설이다
2級	マラソン	[marathon]	名	마라톤

2級	まる	[丸]	名,接頭	동그라미, 둥근 것, 통째
2級	まる	[円]	名	동그라미, 둥근 것
2級	まるで		副	마치, 꼭
2級	まれだ	[稀だ]	な形	드물다, 희귀하다, 진귀하다
2級	まわす	[回す]	動	돌리다
2級	まわり	[回り]	名	주위, 주변, 둘레
2級	まわり	[周り]	名	주위, 둘레, 부근
2級	まわりみち(する)	[回り道(する)]	名,動	우회로, 우회(하다)
2級	まん(が)いち	[万(が)一]	名,副	만일의 경우, 만약
2級	まんいん	[満員]	名	만원
2級	マンション	[mansion]	名	아파트
2級	まんぞく(だ)(する)	[満足(だ)(する)]	名,な形,動	만족(스럽다)(하다)
2級	まんてん	[満点]	名	만점

2級	み	[身]	名	몸, 신체
2級	み	[実]	名	열매, 내용
2級	み~	[未~]	接頭	미~(아직)
2級	~み		接尾	~한 기운(정도, 상태)이 있음
2級	みあげる	[見上げる]	動	올려다보다, 우러러보다
2級	みおくり	[見送り]	名	배웅, 전송
2級	みおくる	[見送る]	動	배웅하다, 전송하다
2級	みおろす	[見下ろす]	動	내려다보다, 얕보다
2級	みかけ	[見掛け]	名	외관, 겉보기
2級	みかた	[見方]	名	견해, 보는 방법

2級	みかた(する)	[味方(する)]	名,動	아군, 자기편, 편들다
2級	みかづき	[三日月]	名	초승달
2級	みごと(だ)	[見事(だ)]	名,な形	훌륭함, 훌륭하다, 멋지다
2級	みさき	[岬]	名	곶, 갑
2級	みじめ(だ)	[惨め(だ)]	名,な形	비참함, 비참하다, 참혹하다
2級	ミシン	[sewing machine]	名	재봉틀
2級	ミス(する)	[miss(する)]	名,動	미스, 과오, 실수(하다)
2級	みずから	[自ら]	副	스스로, 몸소, 손수
2級	みずぎ	[水着]	名	수영복
2級	みせや	[店屋]	名	상점, 가게
2級	~みたい		接尾	~와 같음, ~모양임
2級	みだし	[見出し]	名	표제, 표제어
2級	みちじゅん	[道順]	名	길 순서, 코스
2級	みちる	[満ちる]	動	가득 차다, 충만하다
2級	みつ	[蜜]	名	꿀
2級	みっともない	[見っともない]	形	꼴사납다, 꼴불견이다
2級	みつめる	[見詰める]	動	응시하다, 쳐다보다, 주시하다
2級	みとめる	[認める]	動	인정하다
2級	みなおす	[見直す]	動	다시 보다, 달리 보다, 재고하다
2級	みなれる	[見慣れる]	動	낯익다
2級	みにくい	[醜い]	形	추하다, 보기 흉하다
2級	みのる	[実る]	動	여물다, 열매 맺다
2級	みぶん	[身分]	名	신분, 신원
2級	みほん	[見本]	名	견본, 본보기
2級	みまう	[見舞う]	動	문병하다

2級	みまん	[未満]	名	미만
2級	みやげ	[土産]	名	선물
2級	みやこ	[都]	名	서울, 수도
2級	みょう(だ)	[妙(だ)]	名,な形	묘함, 묘하다, 이상하다
2級	みょう~	[明~]	接頭	내일~, 다음~
2級	みょうごにち	[明後日]	名	모레
2級	みょうじ	[名字]	名	성
2級	みらい	[未来]	名	미래, 장래
2級	ミリ[メートル]	[millimeter]	名	밀리미터
2級	みりょく	[魅力]	名	매력
2級	みる	[診る]	動	진찰하다
2級	ミルク	[milk]	名	우유
2級	みんかん	[民間]	名	민간
2級	みんしゅ~	[民主~]	接頭	민주~
2級	みんよう	[民謡]	名	민요

2級	む	[無]	名	무, 없음
2級	むかい	[向い]	名	맞은편
2級	むかえ	[迎え]	名	맞이함, 마중
2級	むき	[向き]	名	방향, 경향
2級	むく	[向く]	動	향하다, 내키다, 적합하다
2級	むく	[剥く]	動	벗기다, (껍질을) 까다
2級	~むけ	[~向け]	接尾	~대상, ~향함
2級	むける	[向ける]	動	향하다, (방향을) 돌리다

2級	むげん(だ)	[無限(だ)]	名,形	무한(하다)
2級	むし(する)	[無視(する)]	名,動	무시(하다)
2級	むじ	[無地]	名	무지, 무늬 없음
2級	むしあつい	[蒸し暑い]	形	무덥다, 푹푹 찌다
2級	むしば	[虫歯]	名	충치
2級	むじゅん(する)	[矛盾(する)]	名,動	모순(되다)
2級	むしろ	[寧ろ]	副	차라리, 오히려
2級	むす	[蒸す]	動	찌다
2級	むすう	[無数]	名	무수
2級	むすぶ	[結ぶ]	動	맺다, 묶다, 매다, 잇다
2級	むだ(だ)	[無駄(だ)]	名,な形	낭비, 헛됨, 쓸데없다, 헛되다
2級	むちゅう(だ)	[夢中(だ)]	名,な形	열중(하다), 몰두(하다)
2級	むね	[胸]	名	가슴
2級	むらさき	[紫]	名	보라, 보라색
2級	むりょう	[無料]	名	무료
2級	むれ	[群れ]	名	떼, 무리, 집단

2級	め	[芽]	名	싹
2級	めい	[姪]	名	여자 조카, 조카딸
2級	めい~	[名~]	接頭	명~(유명)
2級	~めい	[~名]	接尾	~명(이름, 사람)
2級	めいかく(だ)	[明確(だ)]	名,な形	명확(하다)
2級	めいさく	[名作]	名	명작
2級	めいし	[名刺]	名	명함

2級	めいし	[名詞]	名	명사
2級	めいしょ	[名所]	名	명소
2級	めいじる	[命じる]	動	명하다, 임명하다
2級	めいしん	[迷信]	名	미신
2級	めいじん	[名人]	名	명인
2級	めいずる	[命ずる]	動	명하다, 임명하다
2級	めいぶつ	[名物]	名	명물, 특산품
2級	めいめい	[銘々]	名,副	제각기, 각자
2級	めいれい(する)	[命令(する)]	名,動	명령(하다)
2級	めいわく(だ)	[迷惑(だ)]	名,な形	폐, 귀찮음, 귀찮다, 성가시다
2級	めうえ	[目上]	名	손위, 손윗사람
2級	メーター	[meter]	名	미터
2級	メール	[mail]	名	메일, 우편
2級	めぐまれる	[恵まれる]	動	혜택을 받다, 풍부하다
2級	めぐる	[巡る]	動	돌다, 순환하다, 에워싸다
2級	めざす	[目指す]	動	지향하다, 목표로 하다
2級	めざまし	[目覚まし]	名	잠을 깨움
2級	めし	[飯]	名	밥
2級	めした	[目下]	名	손아래, 손아랫사람
2級	めじるし	[目印]	名	표시
2級	めだつ	[目立つ]	動	눈에 띄다, 돋보이다, 두드러지다
2級	めちゃくちゃ(だ)	[滅茶苦茶(だ)]	名,な形	엉망진창(이다), 터무니없다
2級	めっきり		副	현저히, 완연히, 뚜렷이
2級	めったに	[滅多に]	副	좀처럼, 거의, 쉽사리
2級	めでたい	[目出度い]	形	경사스럽다

2級	メニュー	[menu]	名	메뉴, 식단표
2級	めまい	[目眩]	名	현기증
2級	メモ(する)	[memo(する)]	名,動	메모(하다)
2級	めやす	[目安]	名	목표, 기준, 어림대중
2級	めん	[綿]	名	면, 무명
2級	めん	[面]	名	면, 표면, 얼굴, 탈
2級	めんきょ	[免許]	名	면허
2級	めんぜい(する)	[免税(する)]	名,動	면세(하다)
2級	めんせき	[面積]	名	면적
2級	めんせつ(する)	[面接(する)]	名,動	면접(하다)
2級	めんどう(だ)	[面倒(だ)]	名,な形	귀찮음, 보살핌, 귀찮다, 성가시다
2級	めんどうくさい	[面倒臭い]	形	귀찮다, 번거롭다
2級	メンバー	[member]	名	멤버, 구성원

2級	もうかる	[儲かる]	動	벌리다, 벌이가 되다
2級	もうける	[儲ける]	動	(돈을) 벌다
2級	もうしこむ	[申し込む]	動	신청하다, 제의하다
2級	もうしわけ	[申し訳]	名	변명, 해명
2級	もうしわけない	[申し訳ない]	形	변명할 여지가 없다
2級	もうふ	[毛布]	名	담요, 모포
2級	もえる	[燃える]	動	불타다, 타다
2級	モーター	[motor]	名	모터
2級	もく	[木]	名	목(요일)
2級	もくざい	[木材]	名	목재

2級	もくじ	[目次]	名	목차
2級	もくてき	[目的]	名	목적
2級	もくひょう	[目標]	名	목표
2級	もくよう	[木曜]	名	목요일
2級	もぐる	[潜る]	動	잠수하다, 잠입하다
2級	もじ	[文字]	名	글자, 문자
2級	もしかしたら	[若しかしたら]	副	어쩌면
2級	もしかすると	[若しかすると]	副	어쩌면
2級	もしも	[若しも]	副	만일, 만약
2級	もたれる	[凭れる]	動	기대다, 소화가 안 되다
2級	モダン(だ)	[modern(だ)]	名,な形	모던(하다), 현대적(이다)
2級	もち	[餅]	名	떡
2級	~もち	[~持ち]	接尾	소유함
2級	もちあげる	[持ち上げる]	動	들어올리다, 들다
2級	もちいる	[用いる]	動	사용하다, 쓰다
2級	もったいない	[勿体無い]	形	아깝다, 과분하다
2級	もっとも	[最も]	副	가장, 제일
2級	もっともだ	[尤もだ]	な形	지당하다
2級	モデル	[model]	名	모델
2級	もと	[元]	名	근원, 근간, 원인
2級	もと	[基[素]]	名	기초, 근본, 토대
2級	もどす	[戻す]	動	되돌리다, 돌려보내다, 반환하다
2級	もとづく	[基づく]	動	의거하다, 근거하다
2級	もとめる	[求める]	動	구하다, 바라다
2級	もともと	[元々]	副	원래, 본래, 본래부터

2級

단어 제대로 끝내기

2級	もの	[者]	刑名	자, 사람
2級	ものおき	[物置]	名	곳간, 헛간
2級	ものおと	[物音]	名	소리
2級	ものがたり	[物語]	名	이야기
2級	ものがたる	[物語る]	動	이야기하다
2級	ものごと	[物事]	名	일, 사물
2級	ものさし	[物差し]	名	자, 척도
2級	ものすごい	[物凄い]	形	무섭다, 굉장하다
2級	モノレール	[monorail]	名	모노레일
2級	もみじ	[紅葉]	名	단풍
2級	もむ	[揉む]	動	비비다, 주무르다
2級	もやす	[燃やす]	動	불태우다, 태우다
2級	もよう	[模様]	名	무늬, 도안, 모양
2級	もよおし	[催し]	名	주최, 모임
2級	もる	[盛る]	動	수북히 담다, 쌓아올리다
2級	~もん	[~問]	接尾	~문(문제)
2級	もんく	[文句]	名	문구, 글귀, 불평
2級	もんどう(する)	[問答(する)]	名動	문답(하다)

2級	～や	[～夜]	接尾	～야(밤)
2級	やがて	[軈て]	副	머지않아, 이윽고
2級	やかましい	[喧しい]	形	시끄럽다, 번거롭다, 까다롭다
2級	やかん	[薬缶]	名	주전자
2級	やかん	[夜間]	名	야간
2級	やく	[訳]	名	번역
2級	やく	[役]	名	역할, 직무
2級	やく	[約]	副	대략, 약
2級	やくしゃ	[役者]	名	배우
2級	やくしょ	[役所]	名	관청, 관공서
2級	やくす	[訳す]	動	번역하다
2級	やくする	[訳する]	動	번역하다
2級	やくにん	[役人]	名	관리, 공무원
2級	やくひん	[薬品]	名	약품
2級	やくめ	[役目]	名	역할, 직무
2級	やくわり	[役割]	名	역할, 소임
2級	やけど(する)	[火傷(する)]	名,動	화상(입다), 데다

2級

단어 제대로 끝내기

2級	やこう	[夜行]	名	야행
2級	やじるし	[矢印]	名	화살표
2級	やちん	[家賃]	名	집세
2級	やっかい(だ)	[厄介(だ)]	名,な形	폐, 귀찮음, 성가심, 성가시다
2級	やっきょく	[薬局]	名	약국
2級	やっつける		動	해치우다
2級	やど	[宿]	名	숙소, 여관
2級	やとう	[雇う]	動	고용하다
2級	やぬし	[家主]	名	집주인, 가장
2級	やね	[屋根]	名	지붕
2級	やぶく	[破く]	動	찢다
2級	やぶる	[破る]	動	깨다, 부수다, 찢다, 어기다
2級	やぶれる	[破れる]	動	찢어지다, 깨지다
2級	やぶれる	[敗れる]	動	지다, 패하다
2級	やむをえない	[やむを得ない]	連語	어쩔 수 없다, 부득이하다
2級	やめる	[辞める]	動	그만두다, 사직하다
2級	やや		副	조금, 약간, 다소

2級	ゆいいつ	[唯一]	名	유일
2級	ゆうえんち	[遊園地]	名	유원지
2級	ゆうかん	[夕刊]	名	석간
2級	ゆうき	[勇気]	名	용기
2級	ゆうこう	[友好]	名	우호
2級	ゆうこう(だ)	[有効(だ)]	名,な形	유효(하다)

2級	ゆうしゅう(だ)	[優秀(だ)]	名,な形	우수(하다)
2級	ゆうしょう(する)	[優賞(する)]	名,動	우승(하다)
2級	ゆうじょう	[友情]	名	우정
2級	ゆうじん	[友人]	名	친구
2級	ゆうそう(する)	[郵送(する)]	名,動	우송(하다)
2級	ゆうだち	[夕立]	名	소나기
2級	ゆうのう(だ)	[有能(だ)]	名,な形	유능(하다)
2級	ゆうひ	[夕日]	名	석양
2級	ゆうびん	[郵便]	名	우편, 우편물
2級	ゆうべ	[夕べ]	名	저녁, 저녁 때
2級	ユーモア	[humor]	名	유머
2級	ゆうゆう	[悠々]	副	한가히, 유유히, 느긋히
2級	ゆうり(だ)	[有利(だ)]	名,な形	유리(하다)
2級	ゆうりょう	[有料]	名	유료
2級	ゆか	[床]	名	마루
2級	ゆかい(だ)	[愉快(だ)]	名,な形	유쾌(하다)
2級	ゆかた	[浴衣]	名	유카타(여름 무명 홑옷)
2級	ゆくえ	[行方]	名	행방, 장래
2級	ゆげ	[湯気]	名	김, 수증기
2級	ゆけつ(する)	[輸血(する)]	名,動	수혈(하다)
2級	ゆずる	[譲る]	動	양도하다, 양보하다
2級	ゆそう(する)	[輸送(する)]	名,動	수송(하다)
2級	ゆたかだ	[豊かだ]	な形	풍부하다, 풍족하다
2級	ゆだん(する)	[油断(する)]	名,動	방심(하다), 부주의(하다)
2級	ゆでる	[茹でる]	動	삶다, 데치다

2級

단어 재대로 끝내기

2級	ゆのみ	[湯飲み]	名	찻잔
2級	ゆるい	[緩い]	形	느슨하다, 헐겁다, 완만하다
2級	ゆるす	[許す]	動	용서하다, 허가하다, 허락하다

2級	よ	[夜]	名	밤
2級	よあけ	[夜明け]	名	새벽
2級	よいしょ		感	영차, 이영차
2級	よう	[酔う]	動	취하다, 멀미하다
2級	ようい(だ)	[容易(だ)]	名,な形	용이, 손쉽다, 간단하다
2級	ようがん	[溶岩]	名	용암
2級	ようき	[容器]	名	용기
2級	ようき(だ)	[陽気(だ)]	名,な形	쾌활함, 밝고 명랑하다
2級	ようきゅう(する)	[要求(する)]	名,動	요구(하다)
2級	ようご	[用語]	名	용어
2級	ようし	[要旨]	名	요지
2級	ようし	[用紙]	名	용지
2級	ようじ	[幼児]	名	유아
2級	ようじん(する)	[用心(する)]	名,動	조심(하다), 주의(하다)
2級	ようす	[様子]	名	모양, 상태, 상황
2級	ようするに	[要するに]	副	요컨대
2級	ようせき	[容積]	名	용적
2級	ようそ	[要素]	名	요소
2級	ようち(だ)	[幼稚(だ)]	名,な形	유치(하다), 미숙하다
2級	ようちえん	[幼稚園]	名	유치원

2級	ようてん	[要点]	名	요점
2級	ようと	[用途]	名	용도
2級	ようび	[曜日]	名	요일
2級	ようひんてん	[洋品店]	名	양품점
2級	ようぶん	[養分]	名	양분
2級	ようもう	[羊毛]	名	양모
2級	ようやく	[漸く]	副	겨우, 간신히, 차차
2級	ようりょう	[要領]	名	요령
2級	ヨーロッパ	[Europe]	名	유럽
2級	よき(する)	[予期(する)]	名,動	예상(하다)
2級	よく~	[翌~]	接頭	다음~, 이튿~
2級	よくばり(だ)	[欲張り(だ)]	名,な形	욕심쟁이, 욕심이 많다
2級	よけい	[余計]	副	더한층, 한층 더
2級	よけい(だ)	[余計(だ)]	名,な形	여분, 쓸데없다, 부질없다
2級	よこぎる	[横切る]	動	가로지르다, 횡단하다
2級	よこす	[遣す]	動	보내오다, 넘겨주다
2級	よごす	[汚す]	動	더럽히다
2級	よさん	[予算]	名	예산
2級	よす	[止す]	動	그만두다, 중지하다
2級	よせる	[寄せる]	動	밀려오다, 가까이 대다
2級	よそ	[余所]	名	딴 곳, 남, 남의 집
2級	よそく(する)	[予測(する)]	名,動	예측(하다)
2級	よつかど	[四つ角]	名	네거리
2級	ヨット	[yacht]	名	요트
2級	よっぱらい	[酔っ払い]	名	술주정꾼, 주정뱅이

2級	よなか	[夜中]	名	밤중, 한밤중
2級	よのなか	[世の中]	名	세상
2級	よび	[予備]	名	예비
2級	よびかける	[呼び掛ける]	動	부르다, 호소하다
2級	よびだす	[呼び出す]	動	불러내다, 호출하다
2級	よぶん	[余分]	名	여분
2級	よほう(する)	[予報(する)]	名,動	예보(하다)
2級	よぼう(する)	[予防(する)]	名,動	예방(하다)
2級	よみ	[読み]	名	읽기, 읽는 법
2級	よめ	[嫁]	名	며느리, 신부
2級	よゆう	[余裕]	名	여유
2級	より		副	보다
2級	より		助	～보다, ～밖에
2級	よる	[因る]	動	기인하다, 의하다
2級	よろこび	[喜(慶)び]	名	기쁨, 경사
2級	よん	[四]	名	4, 넷

242

ら

2級	~ら	[~等]	接尾 ~들(복수)
2級	らい~	[来~]	接頭 내~(다음)
2級	ライター	[lighter]	名 라이터
2級	らいにち(する)	[来日(する)]	名,動 방일(하다)
2級	らく(だ)	[楽(だ)]	名,な形 편안함, 편안하다, 쉽다
2級	らくだい(する)	[落第(する)]	名,動 낙제(하다), 유급(하다)
2級	ラケット	[racket]	名 라켓
2級	ラッシュアワー	[rush hour]	名 러시아워
2級	らん	[欄]	名 코너, (출판물) 란
2級	ランチ	[lunch]	名 런치, 점심
2級	ランニング	[running]	名 러닝, 달리기, 경주
2級	らんぼう(だ)	[乱暴(だ)]	名,な形 난폭(하다)

り

2級	りえき	[利益]	名 이익
2級	りか	[理科]	名 이과
2級	りかい(する)	[理解(する)]	名,動 이해(하다)

2級	りがい	[利害]	名	이해
2級	りく	[陸]	名	뭍, 육지
2級	りこう(だ)	[利口(だ)]	名,な形	영리함, 영리하다, 똑똑하다
2級	りこん(する)	[離婚(する)]	名,動	이혼(하다)
2級	リズム	[rhythm]	名	리듬
2級	りそう	[理想]	名	이상
2級	りつ	[率]	名	비율
2級	リットル	[liter]	名	리터
2級	リボン	[ribbon]	名	리본
2級	りゃくす	[略す]	動	생략하다
2級	りゃくする	[略する]	動	생략하다
2級	~りゅう	[~流]	接尾	~류(종류, 방식)
2級	りゅういき	[流域]	名	유역
2級	りゅうがく(する)	[留学(する)]	名,動	유학(하다)
2級	りゅうこう(する)	[流行(する)]	名,動	유행(하다)
2級	りょう	[量]	名	양
2級	りょう	[寮]	名	기숙사
2級	りょう~	[両~]	接頭	양~(둘)
2級	~りょう	[~料]	接尾	~료(요금)
2級	~りょう	[~領]	接尾	~령(영토)
2級	りょうがえ(する)	[両替(する)]	名,動	환전(하다)
2級	りょうがわ	[両側]	名	양쪽
2級	りょうきん	[料金]	名	요금
2級	りょうし	[漁師]	名	어부
2級	りょうじ	[領事]	名	영사

2級	りょうしゅう(する)	[領収(する)]	名,動	영수(하다)
2級	~りょく	[~力]	接尾	~력(능력)
2級	りんじ	[臨時]	名	임시

る

2級	るすばん	[守番]	名	빈 집을 지킴, 부재중

れ

2級	れい	[例]	名	예, 보기, 전례
2級	れいがい	[例外]	名	예외
2級	れいぎ	[礼儀]	名	예의
2級	れいせい(だ)	[冷静(だ)]	名,な形	냉정(하다), 침착하다
2級	れいてん	[零点]	名	영점
2級	れいとう(する)	[冷凍(する)]	名,動	냉동(하다)
2級	レインコート	[rain coat]	名	레인코트
2級	レクリエーション	[recreation]	名	레크리에이션
2級	レジャー	[leisure]	名	레저
2級	れつ	[列]	名	열, 줄
2級	れっしゃ	[列車]	名	열차
2級	れっとう	[列島]	名	열도
2級	レベル	[level]	名	레벨, 수준
2級	れんが	[煉瓦]	名	벽돌
2級	れんごう(する)	[連合(する)]	名,動	연합(하다)
2級	レンズ	[lens]	名	렌즈
2級	れんそう(する)	[連想(する)]	名,動	연상(하다)

| 2級 | れんぞく(する) | [連続(する)] | 名,動 | 연속(하다) |

2級	ろうじん	[老人]	名	노인
2級	ろうそく	[蝋燭]	名	양초
2級	ろうどう(する)	[労働(する)]	名,動	노동(하다)
2級	ローマじ	[ローマ字]	名	로마자
2級	ろくおん(する)	[録音(する)]	名,動	녹음(하다)
2級	ロケット	[locket]	名	로켓
2級	ロッカー	[locker]	名	로커, 사물함
2級	ロビー	[lobby]	名	로비
2級	～ろん	[～論]	接尾	～론(이론)
2級	ろんじる	[論じる]	動	논하다
2級	ろんずる	[論ずる]	動	논하다
2級	ろんそう(する)	[論争(する)]	名,動	논쟁(하다)
2級	ろんぶん	[論文]	名	논문

2級	わ	[輪]	名	고리, 원형
2級	わ~	[和~]	接頭	일본식
2級	~わ	[~羽]	接尾	~마리(새)
2級	ワイン	[wine]	名	와인
2級	わえい	[和英]	名	일영, 일본어와 영어
2級	わが~	[我が~]	連体	나의, 우리의
2級	わがまま(だ)	[我が壘(だ)]	名,な形	제멋대로 굶, 제멋대로다, 버릇없다
2級	わかれ	[別れ]	名	이별, 작별, 헤어짐
2級	わかれる	[分れる]	動	헤어지다, 이별하다
2級	わかわかしい	[若若しい]	形	젊고 싱싱하다
2級	わき	[脇]	名	겨드랑이, 옆, 곁
2級	わく	[湧く]	動	샘솟다
2級	わける	[分ける]	動	나누다, 가르다
2級	わざと	[態と]	副	일부러, 고의로
2級	わずか(だ)	[僅か(だ)]	副,な形	겨우, 불과, 근소하다
2級	わた	[綿]	名	솜, 목화
2級	わだい	[話題]	名	화제

2級

단어 체로끝내기

247

2級	わびる	[託びる]	動	사과하다, 사죄하다
2級	わふく	[和服]	名	일본 옷
2級	わらい	[笑い]	名	웃음
2級	わりざん	[割算]	名	나눗셈
2級	わりと	[割りと]	副	비교적, 제법
2級	わりに	[割りに]	副	비교적, 생각보다
2級	わりびき(する)	[割引(する)]	名,動	할인(하다)
2級	わる	[割る]	動	나누다, 깨뜨리다, 끼어들다
2級	わるくち	[悪口]	名	욕, 욕설
2級	われわれ	[我々]	代	우리들
2級	わん	[湾]	名	만, 항만
2級	わん	[椀(碗)]	名	공기
2級	ワンピース	[one-piece]	名	원피스

급수별
단어 제대로 끝내기

1 級

1級	あ～	[亜~]	接頭	버금가는 것, 다음가는 것
1級	あいそう	[愛想]	名	붙임성, 정나미, あいそ
1級	あいだがら	[間柄]	名	사람 사이의 사이, 관계
1級	あいつぐ	[相次ぐ]	動	잇따르다
1級	あいま	[合間]	名	사이, 틈, 짬
1級	あえて	[敢えて]	副	감히, 굳이, 결코
1級	あおぐ	[仰ぐ]	動	올려다보다, 우러러보다, 받들다
1級	あか	[垢]	名	때, 더러움
1級	あかし	[証]	名	증거, 증명
1級	あかじ	[赤字]	名	적자, 결손
1級	あかす	[明かす]	動	밝히다, 털어놓다, 지새우다
1級	あからむ	[赤らむ]	動	붉어지다, 불그스름해지다
1級	あがり	[上がり]	名	오름, 진보, 매상, 그침
1級	あきらめ	[諦め]	名	포기, 체념
1級	あく	[悪]	名	악
1級	アクセル	[accelerator]	名	액셀레이터, 가속장치
1級	あくどい		形	진하다, 짙다, 악랄하다

1級	あご	[顎]	名	턱
1級	あこがれ	[憧れ]	名	동경, 그리움
1級	あさ	[麻]	名	삼, 삼베
1級	あざ	[痣]	名	피부반점, 멍
1級	あさましい	[浅ましい]	形	비열하다, 비참하다, 딱하다
1級	あざむく	[欺く]	動	속이다, 기만하다, 방불케 하다
1級	あざやかだ	[鮮やかだ]	な形	선명하다, 산뜻하다
1級	あざわらう	[嘲笑う]	動	비웃다, 조소하다
1級	あしからず	[悪しからず]	連語	부디 양해해 주십시오
1級	あじわい	[味わい]	名	맛, 정취, 운치
1級	あせる	[焦る]	動	안달하다, 초조해하다, 조급하게 굴다
1級	あせる	[褪せる]	動	(색이) 바래다, 퇴색하다
1級	あたい	[値]	名	값, 가치, 값어치
1級	あたいする	[値する]	動	가치가 있다
1級	あたり	[当たり]	名	맞음, 당첨, 체함
1級	あっか(する)	[悪化(する)]	名,動	악화(하다)
1級	あつかい	[扱い]	名	취급, 처리, 대우
1級	あっけない	[呆気ない]	形	어이없다, 싱겁다, 맥없다
1級	あっさり(する)		副,動	산뜻하게, 선선히, 깨끗이, 산뜻하다
1級	あっせん(する)	[斡旋(する)]	名,動	알선(하다), 주선(하다)
1級	あっとう(する)	[圧倒(する)]	名,動	압도(하다)
1級	あっぱく(する)	[圧迫(する)]	名,動	압박(하다), 억압(하다)
1級	アップ(する)	[up(する)]	名,動	업, 오름, 상승(하다)
1級	あつらえる	[誂る]	動	맞추다, 주문하다
1級	あつりょく	[圧力]	名	압력

251

1級	あて	[当て]	名	목표, 목적, 기대, 방도
1級	~あて	[~宛]	接尾	~앞, ~당
1級	あてじ	[当て字]	名	취음자(뜻, 음이 비슷한 한자 사용)
1級	あてる	[宛てる]	動	(편지를) ~앞으로 보내다
1級	あとつぎ	[跡継ぎ]	名	대를 이음, 후사, 후계자
1級	あとまわし	[後回し]	名	뒤로 미룸, 뒷전
1級	あぶらえ	[油絵]	名	유화
1級	アプローチ(する)	[approach(する)]	名,動	접근(하다)
1級	あべこべ(だ)		名な形	반대(이다), 뒤바뀌다
1級	あまえる	[甘える]	動	응석부리다, (호의를) 따르다
1級	あまぐ	[雨具]	名	우비(우산, 비옷)
1級	あまくち	[甘口]	名	단맛이 돎, 단 것을 좋아하는 사람
1級	アマチュア	[amateur]	名	아마추어, 비전문가
1級	あみ	[網]	名	그물, 망
1級	あやつる	[操る]	動	다루다, 조종하다, 구사하다
1級	あやぶむ	[危ぶむ]	動	의심하다, 걱정하다
1級	あやふやだ		な形	모호하다, 애매모호하다
1級	あやまち	[過ち]	名	잘못, 실수, 과오
1級	あやまる	[誤る]	動	잘못하다, 실수하다, 그르치다
1級	あゆみ	[歩み]	名	걸음, 보조, 발자취, 진행
1級	あゆむ	[歩む]	動	걷다, 전진하다
1級	あらかじめ	[予め]	副	미리, 사전에
1級	あらす	[荒らす]	動	망치다, 황폐하게 하다
1級	あらそい	[争い]	名	다툼, 분쟁
1級	あらたまる	[改まる]	動	새로워지다, 바뀌다, 격식 차리다

1級	あらっぽい	[荒っぽい]	形	거칠다, 난폭하다
1級	アラブ	[Arab]	名	아랍
1級	あられ	[霰]	名	싸락눈, 싸라기눈
1級	ありさま	[有り様]	名	모양, 형편, 상태
1級	ありのまま(だ)	[有りの壙(だ)]	名,な形	있는 그대로, 사실 그대로다
1級	ありふれる	[有触れる]	動	흔하다, 흔해 빠지다, 신기하지 않다
1級	アルカリ	[alkali]	名	알칼리
1級	アルミ	[aluminium]	名	알루미늄(アルミニウム의 줄임말)
1級	あわす	[合わす]	動	맞추다, 합치다
1級	~あわせ	[~合わせ]	接尾	합침, 맞댐
1級	アンケート	[enquéte]	名	앙케트, 설문조사
1級	アンコール	[encore]	名	앙코르, 재청
1級	あんさつ(する)	[暗殺(する)]	名,動	암살(하다)
1級	あんざん(する)	[暗算(する)]	名,動	암산(하다)
1級	あんじ(する)	[暗示(する)]	名,動	암시(하다)
1級	あんじる	[案じる]	動	걱정하다, 염려하다
1級	あんせい(だ)	[安静(だ)]	名,な形	안정(적이다)
1級	あんのじょう	[案の定]	副	짐작대로, 아니나 다를까

1級	い	[異]	名	다름, 이상, 특별
1級	い	[意]	名	뜻, 마음, 생각
1級	いいかげん	[好い加減]	連語	적당한, 알맞은
1級	いいかげんだ	[好い加減だ]	な形	어중간하다, 엉터리다
1級	いいわけ	[言い訳]	名	변명, 핑계, 구실

1級

단어 제대로 끝내기

1級	いいん	[医院]	名	의원
1級	いえで(する)	[家出(する)]	名,動	가출(하다)
1級	いかす	[生かす]	動	살리다, 발휘하다
1級	いかに	[如何に]	副	어떻게, 아무리, 얼마나
1級	いかにも	[如何にも]	副	정말이지, 마치
1級	いかり	[怒り]	名	노여움, 화, 분노
1級	いき(だ)	[粋(だ)]	名,な形	멋짐, 세련(되다), 매력 있다
1級	いぎ	[異議]	名	이의, 다른 의견
1級	いきがい	[生き甲斐]	名	사는 보람
1級	いきごむ	[意気込む]	動	벼르다, 분발하다, 힘내다
1級	いきちがい	[行き違い]	名	(길이) 어긋남, 충돌
1級	いくせい(する)	[育成(する)]	名,動	육성(하다)
1級	いくた	[幾多]	副	수많이, 수많은
1級	いける	[生ける]	動	(꽃을) 꽂다, 심다, 살리다
1級	いけん	[異見]	名	이견, 이의
1級	いこう(する)	[移行(する)]	名,動	이행(하다)
1級	いこう	[意向]	名	의향
1級	いざ		感	막상, 만일, 자, 그럼
1級	いじ	[意地]	名	고집, 심술
1級	いじゅう(する)	[移住(する)]	名,動	이주(하다)
1級	いしょう	[衣装]	名	의상
1級	いじる	[弄る]	動	만지작거리다, 손질하다
1級	いせい	[異性]	名	이성
1級	いせき	[遺跡]	名	유적
1級	いぜん	[依然]	副	여전히, 의연히

1級	いぞん(する)	[依存(する)]	名,動	의존(하다)
1級	いたく(する)	[委託(する)]	名,動	위탁(하다)
1級	いただき	[頂]	名	정상, 꼭대기
1級	いたって	[至って]	副	지극히, 매우
1級	いためる	[傷める]	動	상하게 하다, 망가뜨리다
1級	いためる	[炒める]	動	(기름에) 볶다, 지지다
1級	いたわる	[労わる]	動	돌보다, 위로하다, 치하하다
1級	いち	[市]	名	시장, 시가
1級	いちがいに	[一概に]	副	일률적으로, 일괄적으로
1級	いちじるしい	[著しい]	形	현저하다, 뚜렷하다
1級	いちどう	[一同]	名	일동
1級	いちぶぶん	[一部分]	名	일부분
1級	いちめん	[一面]	名	일면, 한 면, 전체, 온통
1級	いちもく(する)	[一目(する)]	名,動	한번 봄, 일견(하다), 언뜻 보다
1級	いちようだ	[一様だ]	な形	한결같다, 똑같다
1級	いちりつ(だ)	[一律(だ)]	名,な形	한결 같음, 일률(적이다)
1級	いちれん	[一連]	名	일련
1級	いっかつ(する)	[一括(する)]	名,動	일괄(하다)
1級	いっき(に)	[一気(に)]	名,副	단숨, 단번(에), 한숨에
1級	いっきょに	[一挙に]	副	일거에, 단숨에
1級	いっけん(する)	[一見(する)]	名,副,動	한 번 봄, 일견, 언뜻 보다
1級	いっさい	[一切]	名,副	일체, 전부, 일절, 전혀
1級	いっしん	[一心]	名	일심, 일념, 전념함
1級	いっそ		副	차라리, 오히려
1級	いったい	[一帯]	名	일대, 일원

1級

단어 체크로 끝내기

1級	いっぺん(する)	[一変(する)]	名,動	일변(하다), 아주 뒤바뀌다
1級	いと(する)	[意図(する)]	名,動	의도(하다), 생각(하다)
1級	いどう(する)	[異動(する)]	名,動	(인사) 이동(하다)
1級	いとなむ	[営む]	動	영위하다, 경영하다
1級	いどむ	[挑む]	動	(싸움을) 걸다, 도전하다
1級	いなびかり	[稲光]	名	번개
1級	いのり	[祈り]	名	기도, 기원
1級	いびき	[鼾]	名	코고는 소리, 코를 곪
1級	いまさら	[今更]	副	새삼스럽게, 이제 와서
1級	いまだ	[未だ]	副	아직, 아직도, 이때까지
1級	いみん(する)	[移民(する)]	名,動	이민(하다)
1級	いやいや	[嫌々]	副	마지못해, 어쩔 수 없이
1級	いやいや		感	아니아니, 아니 결코
1級	いやしい	[卑しい]	形	천하다, 저속하다, 치사하다
1級	いやに		副	이상하게, 대단히, 몹시
1級	いやらしい	[嫌らしい]	形	징그럽다, 불쾌하다
1級	いよく	[意欲]	名	의욕
1級	いりょう	[衣料]	名	의복 재료, 옷감
1級	いりょく	[威力]	名	위력
1級	いるい	[衣類]	名	의류, 옷
1級	いろん	[異論]	名	이론
1級	いんかん	[印鑑]	名	인감, 도장
1級	いんきだ	[陰気だ]	な形	음침하다, 침울하다
1級	いんきょ(する)	[隠居(する)]	名,動	은거(하다)
1級	インターチェンジ	[interchange]	名	인터체인지

1級	インターナショナル	[international]	名	인터내셔널, 국제, 국제적
1級	インターフォン	[interphone]	名	인터폰
1級	インテリ	[intelligentsia]	名	인텔리, 지식인
1級	インフォメーション	[information]	名	인포메이션, 정보, 안내
1級	インフレ	[inflation]	名	인플레이션(インフレーション 줄임말)

1級	ウイルス	[virus]	名	바이러스
1級	うかる	[受かる]	動	합격하다
1級	うけいれ	[受け入れ]	名	받아들임, 인수, 수납
1級	うけいれる	[受け入れる]	動	받아들이다, 수용하다
1級	うけつぐ	[受け継ぐ]	動	이어받다, 계승하다
1級	うけつける	[受け付ける]	動	접수하다, 들어주다
1級	うけとめる	[受け止める]	動	받아내다, 대처하다
1級	うけみ	[受け身]	名	수동, 피동, 수동태
1級	うけもち	[受け持ち]	名	담당, 담임, 담당자
1級	うごき	[動き]	名	움직임, 동정, 변화
1級	うず	[渦]	名	소용돌이, 와중
1級	うずめる	[埋める]	動	묻다, 파묻다, 메우다
1級	うそつき	[嘘つき]	名	거짓말쟁이
1級	うたたね	[転寝]	名	얕은 잠, 선잠
1級	うちあける	[打ち明ける]	動	털어놓다, 고백하다
1級	うちきる	[打ち切る]	動	자르다, 중단하다, 중지하다
1級	うちけし	[打ち消し]	名	부정
1級	うちこむ	[打ち込む]	動	박아 넣다, 내리치다

1級 / 새로 추가된 단어

1級	うちわ	[団扇]	名	(둥근) 부채
1級	うちわけ	[内訳]	名	내역, 명세
1級	うつし	[写し]	名	베낌, 사본, 복사
1級	うったえ	[訴え]	名	호소, 소송
1級	うっとうしい	[欝陶しい]	形	울적하다, 음울하다
1級	うつむく	[俯く]	動	고개를 숙이다
1級	うつろ(だ)	[空ろ(だ)]	名,な形	텅 빔, 얼빠지다, 공허하다
1級	うつわ	[器]	名	그릇, 용기
1級	うでまえ	[腕前]	名	솜씨, 기량
1級	うてん	[雨天]	名	비 오는 날씨, 우천
1級	うながす	[促す]	動	재촉하다, 독촉하다, 촉구하다
1級	うぬぼれ	[己惚れ]	名	자부, 자부심
1級	うまる	[埋まる]	動	묻히다, 메워지다
1級	うまれつき	[生まれ付き]	名	천성, 타고남
1級	うむ	[産む]	動	낳다, 출산하다
1級	うめこむ	[埋め込む]	動	채워 넣다, 파묻다
1級	うめぼし	[梅干し]	名	매실장아찌
1級	うらがえし	[裏返し]	名	뒤집음, 뒤집기
1級	うりだし	[売り出し]	名	발매, 특매
1級	うりだす	[売り出す]	動	발매하다, 팔기 시작하다
1級	うるおう	[潤う]	動	윤택해지다, 촉촉해지다
1級	うわき(する)(だ)	[浮気(する)(だ)]	名,動な形	바람기, 바람(피우다), 변덕스럽다
1級	うわまわる	[上回る]	動	웃돌다, 상회하다
1級	うわる	[植わる]	動	심어지다
1級	うんえい(する)	[運営(する)]	名,動	운영(하다)

258

1級	うんざり(だ)		副な形	지긋지긋하게, 진저리나다
1級	うんそう(する)	[運送(する)]	名,動	운송(하다)
1級	うんちん	[運賃]	名	운임, 차비
1級	うんぬん(する)	[云々(する)]	名,動	운운(하다), 왈가왈부(하다)
1級	うんぱん(する)	[運搬(する)]	名,動	운반(하다)
1級	うんめい	[運命]	名	운명
1級	うんゆ	[運輸]	名	운수
1級	うんよう(する)	[運用(する)]	名,動	운용(하다)

1級	え	[柄]	名	자루, 손잡이
1級	エアメール	[airmail]	名	항공우편
1級	~えい	[営]	接尾	~영(병영)
1級	えいじ	[英字]	名	영자, 영어 글자
1級	えいしゃ(する)	[映写(する)]	名,動	영사(하다)
1級	えいせい	[衛星]	名	위성
1級	えいぞう	[映像]	名	영상, 화상
1級	えいゆう	[英雄]	名	영웅
1級	えき	[液]	名	액, 즙, 액체
1級	えつらん(する)	[閲覧(する)]	名,動	열람(하다)
1級	えもの	[獲物]	名	사냥감, 포획물
1級	えり	[襟]	名	옷깃, 목덜미
1級	エレガントだ	[elegantだ]	な形	우아하다, 고상하다
1級	えん	[縁]	名	인연, 연분
1級	えんかつ(だ)	[円滑(だ)]	名,な形	원활(하다)

259

1급	えんがわ	[縁側]	名	툇마루
1급	えんがん	[沿岸]	名	연안
1급	えんきょく(だ)	[婉曲(だ)]	名,な形	완곡(하다)
1급	エンジニア	[engineer]	名	엔지니어, 기술자
1급	えんしゅつ(する)	[演出(する)]	名,動	연출(하다)
1급	えんじる	[演じる]	動	연기하다, 연출하다
1급	えんずる	[演ずる]	動	연기하다, 연출하다
1급	えんせん	[沿線]	名	연선, 연변
1급	えんだん	[縁談]	名	혼담
1급	えんぽう	[遠方]	名	먼 곳, 원방
1급	えんまん(だ)	[円満(だ)]	名,な形	원만(하다)

お

1급	お	[尾]	名	꼬리
1급	おいこむ	[追い込む]	動	몰아넣다, 몰아치다
1급	おいだす	[追い出す]	動	몰아내다, 내쫓다
1급	おいる	[老いる]	動	늙다, 노쇠하다
1급	おう	[負う]	動	짊어지다, 업다, (책임을) 지다
1급	おうきゅう	[応急]	名	응급
1급	おうごん	[黄金]	名	황금
1급	おうしん(する)	[往診(する)]	名,動	왕진(하다)
1급	おうぼ(する)	[応募(する)]	名,動	응모(하다)
1급	おおい		感	어이
1급	おおかた	[大方]	名,副	대부분, 대개, 대체로
1급	おおがら	[大柄]	名	큰 몸집, 큰 모양

1級	オーケー	[O.K.]	感	오케이, 좋아, 알았어
1級	おおげさだ	[大袈裟だ]	な形	과장하다, 요란스럽다, 야단스럽다
1級	おおすじ	[大筋]	名	대강의 줄거리, 요점
1級	おおぞら	[大空]	名	넓은 하늘, 창공
1級	オートマチック(だ)	[automatic(だ)]	名,な形	오토매틱, 자동(식이다)
1級	オーバー(する)(だ)	[over(する)(だ)]	名,動,な形	오버(하다), 초과(하다), 과장되다
1級	おおはば(だ)	[大幅(だ)]	名,な形	큰 폭, 대폭적이다
1級	オープン(する)	[open(する)]	名,動	오픈(하다), 개점(하다)
1級	おおまかだ	[大まかだ]	な形	대략적이다, 대범하다
1級	おおみず	[大水]	名	홍수
1級	おおやけ	[公]	名	공무, 공공, 정부
1級	おかす	[侵す]	動	침범하다, 침해하다
1級	おくびょう(だ)	[臆病(だ)]	名,な形	겁이 많음, 겁쟁이다
1級	おくらす	[遅らす]	動	늦추다
1級	おくれ	[遅れ]	名	늦음, 뒤짐
1級	おごそかだ	[厳かだ]	な形	엄숙하다
1級	おこたる	[怠る]	動	게을리 하다, 소홀히 하다
1級	おこない	[行い]	名	행위, 행실, 행동
1級	おごる	[奢る]	動	한턱내다
1級	おさまる	[収まる]	動	(범위에) 들어가다
1級	おさまる	[納まる]	動	수납되다
1級	おさまる	[治まる]	動	잘 다스려지다, 가라앉다
1級	おさん	[お産]	名	출산
1級	おしえ	[教え]	名	가르침, 교육, 교훈
1級	おしきる	[押し切る]	動	눌러 자르다, 강행하다, 무릅쓰다

1級

어휘를 통째로 외워라

1級	おしこむ	[押し込む]	動	밀고 들어가다, 억지로 밀어넣다
1級	おしむ	[惜しむ]	動	아쉬워하다, 아끼다
1級	おしよせる	[押し寄せる]	動	몰려들다, 밀어닥치다
1級	おす	[雄]	名	수컷
1級	おせじ	[お世辞]	名	겉치레 말, 발림말, 찬사
1級	おそう	[襲う]	動	덮치다, 습격하다
1級	おそくとも	[遅くとも]	副	늦어도
1級	おそれいる	[恐れ入る]	動	송구스러워하다, 죄송스러워하다
1級	おだてる	[煽てる]	動	부추기다, 치켜세우다
1級	おちこむ	[落ち込む]	動	빠지다, 떨어지다, 침울해하다
1級	おちつき	[落ち着き]	名	침착성, 차분함, 안정감
1級	おちば	[落ち葉]	名	낙엽
1級	おつ	[乙]	名	을(순위)
1級	おつかい	[お使い]	名	사용, 심부름, 심부름꾼
1級	おっかない		形	무섭다, 두렵다
1級	おつだ	[乙だ]	な形	멋지다, 특이하다
1級	おてあげ	[お手上げ]		포기, 속수무책
1級	おどおど(する)		副動	주저주저(하다), 흠칫흠칫(하다)
1級	おどす	[脅す]	動	협박하다, 위협하다
1級	おとずれる	[訪れる]	動	방문하다, 찾아오다
1級	おとも(する)	[お供(する)]	名,動	수행인, 수행(하다)
1級	おとろえる	[衰える]	動	쇠퇴하다, 쇠약해지다
1級	おどろき	[驚き]	名	놀람, 놀라운 일
1級	おないどし	[同い年]	名	동갑, 같은 나이, おなじとし
1級	おのずから	[自ずから]	副	저절로, 자연히, 스스로

262

1級	おびえる	[怯える]	動	무서워하다, 겁먹어 떨다
1級	おびただしい	[夥しい]	形	수량이 엄청나다
1級	おびやかす	[脅かす]	動	위협하다
1級	おびる	[帯びる]	動	띠다, 머금다, (몸에) 차다
1級	おふくろ	[御袋]	名	어머니(속어)
1級	おぼえ	[覚え]	名	기억, 이해
1級	おまけ(する)	[御負け(する)]	名,動	덤, 에누리(하다)
1級	おみや	[御宮]	名	신사의 높임말
1級	おむつ		名	기저귀
1級	おもいつき	[思い付き]	名	착상, 문득 떠오른 생각
1級	おもむき	[趣]	名	정취, 멋, 취지
1級	おもむく	[赴く]	動	(목적지로) 향하다, 향하여 가다
1級	おもんじる	[重んじる]	動	중요시하다, 존중하다
1級	おもんずる	[重んずる]	動	중요시하다, 존중하다
1級	おやじ	[親父]	名	아버지(속어), 영감, 어르신
1級	および	[及び]	接	및, 또
1級	およぶ	[及ぶ]	動	미치다, 이르다
1級	おり	[折]	名	접음, 기회, 시기
1級	おり	[檻]	名	감방, 우리
1級	オリエンテーション	[orientation]	名	오리엔테이션
1級	おりかえす	[折り返す]	動	접어 넣다, 되풀이하다
1級	おりもの	[織物]	名	직물
1級	おる	[織る]	動	(옷감을) 짜다, 엮다
1級	おれ	[俺]	名	나(남성어)
1級	おろか(だ)	[愚か(だ)]	名,形	어리석음, 어리석다, 미련하다

263

1級	おろそかだ	[疎かだ]	な形	소홀하다, 등한하다
1級	おんぶ(する)	[負んぶ(する)]	名,動	어부바(하다), 업다
1級	オンライン	[on-line]	名	온라인
1級	おんわ(だ)	[穏和(だ)]	名,な形	온화(하다), 원만(하다)

か

1級	が~	[画~]	接頭	화~(그림)
1級	~が	[~画]	接尾	~화(그림)
1級	カーペット	[carpet]	名	카펫, 양탄자
1級	~がい	[街]	接尾	~가(거리)
1級	かいあく(する)	[改悪(する)]	名,動	개악(하다), 나쁘게 바꾸다
1級	かいうん	[海運]	名	해운
1級	がいか	[外貨]	名	외화
1級	かいかく(する)	[改革(する)]	名,動	개혁(하다)
1級	かいがら	[貝殻]	名	조개껍질
1級	がいかん	[外観]	名	겉모습, 외관
1級	かいきゅう	[階級]	名	계급
1級	かいきょう	[海峡]	名	해협
1級	かいけん(する)	[会見(する)]	名,動	회견(하다)
1級	かいご(する)	[介護(する)]	名,動	간호(하다)
1級	かいさい(する)	[開催(する)]	名,動	개최(하다)
1級	かいしゅう(する)	[回収(する)]	名,動	회수(하다)
1級	かいしゅう(する)	[改修(する)]	名,動	개수(하다), 보수(하다)

1級

단어 재배로 끝내기

265

1級	かいじゅう	[怪獣]	名	괴수, 괴물
1級	かいじょ(する)	[解除(する)]	名,動	해제(하다)
1級	がいしょう	[外相]	名	외무부장관
1級	がいする	[害する]	動	해하다, 해치다, 방해하다
1級	がいせつ(する)	[概説(する)]	名,動	개설(하다), 개론(하다)
1級	かいそう	[階層]	名	계층
1級	かいそう(する)	[回送(する)]	名,動	회송(하다)
1級	かいたく(する)	[開拓(する)]	名,動	개척(하다), 개간(하다)
1級	かいだん(する)	[会談(する)]	名,動	회담(하다)
1級	かいてい(する)	[改定(する)]	名,動	개정(하다), 다시 고치다
1級	かいてい(する)	[改訂(する)]	名,動	개정(하다), 바로 잡다
1級	ガイド(する)	[guide(する)]	名,動	가이드(하다), 안내(하다)
1級	かいどう	[街道]	名	가도, 큰길
1級	がいとう	[街頭]	名	가두, 길거리
1級	がいとう(する)	[該当(する)]	名,動	해당(되다)
1級	ガイドブック	[guidebook]	名	가이드북, 안내서
1級	かいにゅう(する)	[介入(する)]	名,動	개입(하다)
1級	がいねん	[概念]	名	개념
1級	かいはつ(する)	[開発(する)]	名,動	개발(하다)
1級	かいばつ	[海抜]	名	해발
1級	かいほう(する)	[介抱(する)]	名,動	간호(하다), 병구완하다
1級	かいぼう(する)	[解剖(する)]	名,動	해부(하다)
1級	がいよう	[概要]	名	개요
1級	がいらい	[外来]	名	외래
1級	かいらん(する)	[回覧(する)]	名,動	회람(하다)

1級	がいりゃく	[概略]	名	개략, 개요
1級	かいりゅう	[海流]	名	해류
1級	かいりょう(する)	[改良(する)]	名,動	개량(하다)
1級	かいろ	[回路]	名	회로
1級	かいろ	[海路]	名	해로, 항해로
1級	かえりみる	[省みる]	動	반성하다
1級	かえりみる	[顧みる]	動	돌이켜보다
1級	かおつき	[顔付き]	名	얼굴 생김새, 표정
1級	かがい	[課外]	名	과외
1級	かかげる	[掲げる]	動	게양하다, 게재하다
1級	かかと	[踵]	名	발꿈치, 발뒤꿈치, 뒤축
1級	かきとる	[書き取る]	動	받아쓰다, 베끼다
1級	かきまわす	[掻き回す]	動	휘젓다
1級	かく	[核]	名	핵, 사물의 핵심
1級	かく	[角]	名	각, 각도
1級	かく	[格]	名	격(가치, 지위), 단계
1級	かく	[欠く]	動	부족하다, 없다, 빠뜨리다
1級	かく		動	(창피를) 당하다
1級	~かく	[画]	接尾	~획(한자의 수)
1級	がくげい	[学芸]	名	학예
1級	かくさ	[格差]	名	격차
1級	かくさん(する)	[拡散(する)]	名,動	확산(되다)
1級	がくし	[学士]	名	학사
1級	かくしゅ	[各種]	名	각종
1級	かくしゅう	[隔週]	名	격주

267

1級	かくしん(する)	[革新(する)]	名,動	혁신(하다)
1級	かくしん(する)	[確信(する)]	名,動	확신(하다)
1級	がくせつ	[学説]	名	학설
1級	かくてい(する)	[確定(する)]	名,動	확정(하다, 되다)
1級	カクテル	[cocktail]	名	칵테일
1級	かくとく(する)	[獲得(する)]	名,動	획득(하다)
1級	がくふ	[楽譜]	名	악보
1級	かくべつ	[格別]	名,副	각별히, 별로
1級	かくべつ(だ)	[格別(だ)]	名,な形	각별, 각별하다, 특별하다
1級	かくほ(する)	[確保(する)]	名,動	확보(하다)
1級	かくめい	[革命]	名	혁명
1級	かくりつ(する)	[確立(する)]	名,動	확립(하다)
1級	がくれき	[学歴]	名	학력
1級	かけ	[賭け]	名	내기, 도박
1級	かけ	[掛]	名	외상
1級	～かけ	[～掛け]	接尾	～하다 만, 하는 중
1級	がけ	[崖]	名	벼랑, 낭떠러지, 절벽
1級	かけあし	[駆け足]	名	달음박질, 구보
1級	かけい	[家計]	名	가계, 생계
1級	かけっこ	[駆けっこ]	名	달리기, 경주
1級	かける	[駆ける]	動	달리다, 뛰다
1級	かける	[賭ける]	動	내기하다, 걸다
1級	かこう(する)	[加工(する)]	名,動	가공(하다)
1級	かごう(する)	[化合(する)]	名,動	화합(하다)
1級	かさばる	[嵩張る]	動	(부피가) 커지다

1級	かさむ	[嵩む]	動	(부피가) 커지다, 많아지다
1級	かじょうがき	[箇条書き]	名	조목별로 씀
1級	かしら	[頭]	名	우두머리, 머리
1級	かすかだ	[微かだ]	な形	희미하다, 어렴풋하다
1級	かすむ	[霞む]	動	안개가 끼다, 희미하게 보이다
1級	かする	[擦る]	動	스치다
1級	かせい	[火星]	名	화성
1級	かせき	[化石]	名	화석
1級	かせん	[河川]	名	하천
1級	かせん	[化繊]	名	화학섬유
1級	かそ	[過疎]	名	과소
1級	かた~	[片~]	接頭	외~, 치우침, 불완전
1級	かだい	[課題]	名	과제
1級	かたおもい	[片想い]	名	짝사랑
1級	かたこと	[片言]	名	서투른 말씨, 한 마디 말
1級	かたづけ	[片付け]	名	정리, 정돈, 뒤처리
1級	かたむける	[傾ける]	動	기울이다, 집중하다
1級	かためる	[固める]	動	굳히다, 뭉치다
1級	かたわら	[傍ら]	名	곁, 옆, 가
1級	かたわら	[傍ら]	副	~함과 동시에, ~하는 한편
1級	かだん	[花壇]	名	화단
1級	かちく	[家畜]	名	가축
1級	かつ	[且つ]	副	한편으로는, 동시에
1級	かつ	[且つ]	接	또한, 그 위에
1級	かっき	[画期]	名	획기

1級	がっくり(する)		副,動	갑자기, 푹, 맥 없어지다
1級	がっしょう(する)	[合唱(する)]	名,動	합창(하다)
1級	がっしり(する)		副,動	튼튼히, 다부지게, 다부지다
1級	がっち(する)	[合致(する)]	名,動	합치(하다), 일치(하다)
1級	がっちり		副	딱, 꼭(들어맞는 모양), 아무지게
1級	かつて	[嘗て]	副	일찍이, 전에, 예전에
1級	かって	[勝手]	名	사정, 형편, 편의
1級	カット(する)	[cut(する)]	名,動	컷, 커트(하다), 삭제(하다)
1級	かっぱつ(だ)	[活発(だ)]	名,な形	활발(하다)
1級	がっぺい(する)	[合併(する)]	名,動	합병(하다)
1級	カテゴリー	[Kategorie]	名	카테고리, 범주
1級	かなう	[叶う]	動	꼭 맞다, 이루어지다
1級	かなえる	[叶える]	動	이루어주다, (소망을) 들어주다
1級	かなづち	[金槌]	名	망치, 쇠망치
1級	かなわない		連語	당해내지 못하다, 이길 수 없다
1級	かにゅう(する)	[加入(する)]	名,動	가입(하다)
1級	かねて	[予て]	副	미리, 전부터, 진작부터
1級	かばう	[庇う]	動	감싸다, 두둔하다, 비호하다
1級	かぶしき	[株式]	名	주식
1級	かぶれる	[気触れる]	動	(피부가) 헐다, (나쁜) 영향을 받다
1級	かふん	[花粉]	名	꽃가루
1級	かへい	[貨幣]	名	화폐
1級	かまえ	[構え]	名	꾸밈새, 구조, 준비, 태세
1級	かまえる	[構える]	動	꾸미다, 만들다, 자세를 취하다
1級	かみ(する)	[加味(する)]	名,動	가미(하다), 첨가(하다)

1級	かみきる	[噛み切る]	動	물어 끊다
1級	かみつ	[過密]	名	과밀
1級	カムバック(する)	[come back(する)]	名,動	컴백(하다), 복귀(하다)
1級	カメラマン	[cameraman]	名	카메라맨, 사진기사
1級	かゆ	[粥]	名	죽
1級	からだつき	[体付き]	名	몸매, 체격
1級	からむ	[絡む]	動	휘감기다, 얽히다
1級	かり	[借り]	名	빚, 빌림
1級	かり	[狩り]	名	사냥, 수렵
1級	かり	[仮]	名	임시
1級	かりに	[仮に]	副	가령, 만일, 임시로
1級	カルテ	[Karte]	名	진료기록부, 진료카드
1級	ガレージ	[garage]	名	차고
1級	かれる	[涸れる]	動	(물기가) 마르다
1級	かろう	[過労]	名	과로
1級	かろうじて	[辛うじて]	副	겨우, 간신히
1級	かわす	[交わす]	動	교환하다, 교차하다
1級	かわるがわる	[代わる代わる]	副	번갈아 가며, 교대로
1級	かん	[官]	名	관청, 관공서
1級	かん	[管]	名	대롱, 관
1級	~かん	[~観]	接尾	~관(관점)
1級	がん	[癌]	名	암
1級	かんい(だ)	[簡易(だ)]	名,な形	간이, 간단하다, 손쉽다
1級	がんか	[眼科]	名	안과
1級	かんがい	[潅漑]	名	관개

271

1급	がんきゅう	[眼球]	名	안구
1급	がんぐ	[玩具]	名	완구
1급	かんけつ(だ)	[簡潔(だ)]	名,な形	간결(하다)
1급	かんげん(する)	[還元(する)]	名,動	환원(하다)
1급	かんご	[漢語]	名	한어, 한자 단어
1급	かんご(する)	[看護(する)]	名,動	간호(하다)
1급	がんこ(だ)	[頑固(だ)]	名,な形	완고(하다), 고집이 세다
1급	かんこう	[慣行]	名	관행
1급	かんこう(する)	[刊行(する)]	名,動	간행(하다), 발행(하다)
1급	かんこく(する)	[勧告(する)]	名,動	권고(하다)
1급	かんさん(する)	[換算(する)]	名,動	환산(하다)
1급	かんし(する)	[監視(する)]	名,動	감시(하다)
1급	かんしゅう	[観衆]	名	관중
1급	かんしゅう	[慣習]	名	관습
1급	がんしょ	[願書]	名	원서
1급	かんしょう(する)	[干渉(する)]	名,動	간섭(하다), 참견(하다)
1급	がんじょう(だ)	[頑丈(だ)]	名,な形	단단함, 튼튼하다, 옹골차다
1급	かんしょく	[感触]	名	감촉
1급	かんじんだ	[肝(腎)心だ]	な形	중요하다, 긴요하다, 요긴하다
1급	かんせい	[歓声]	名	환성
1급	かんぜい	[関税]	名	관세
1급	がんせき	[岩石]	名	암석
1급	かんせん	[幹線]	名	간선
1급	かんせん(する)	[感染(する)]	名,動	감염(되다), 전염(되다)
1급	かんそ(だ)	[簡素(だ)]	名,な形	간소(하다)

1級	かんてん	[観点]	名	관점
1級	かんど	[感度]	名	감도, 느끼는 정도
1級	カンニング(する)	[cunning(する)]	名,動	커닝(하다)
1級	がんねん	[元年]	名	원년
1級	かんぶ	[幹部]	名	간부
1級	かんぺき(だ)	[完璧(だ)]	名,な形	완벽(하다)
1級	かんべん(する)	[勘弁(する)]	名,動	용서(하다)
1級	かんむりょう(だ)	[感無量(だ)]	名,な形	감개무량(하다)
1級	かんゆう(する)	[勧誘(する)]	名,動	권유(하다)
1級	かんよ(する)	[関与(する)]	名,動	관여(하다)
1級	かんよう	[慣用]	名,動	관용
1級	かんよう(だ)	[寛容(だ)]	名,な形	관용(하다), 너그럽다
1級	がんらい	[元来]	副	원래, 본래
1級	かんらん(する)	[観覧(する)]	名,動	관람(하다)
1級	かんりょう	[官僚]	名	관료
1級	かんれい	[慣例]	名	관례
1級	かんれき	[還暦]	名	환갑
1級	かんろく	[貫禄]	名	관록
1級	かんわ(する)	[緩和(する)]	名,動	완화(하다)

き

1級	ぎあん	[議案]	名	의안
1級	きがい	[危害]	名	위해
1級	きかく	[規格]	名	규격
1級	きかく(する)	[企画(する)]	名,動	기획(하다)

1級	きかざる	[着飾る]	動	몸치장 하다, 차려 입다
1級	きがね(する)	[気兼ね(する)]	名,動	눈치 봄, 신경을 쓰다
1級	きがるだ	[気軽だ]	な形	부담이 없다, 소탈하다
1級	きかん	[季刊]	名	계간
1級	きかん	[器官]	名	(신체의) 기관
1級	きき	[危機]	名	위기
1級	ききとり	[聞き取り]	名	청취, 듣기
1級	ききめ	[効き目]	名	효과, 효능, 효험
1級	ききょう(する)	[帰京(する)]	名,動	귀경(하다)
1級	ぎきょく	[戯曲]	名	희곡
1級	ききん	[基金]	名	기금
1級	きげき	[喜劇]	名	희극
1級	ぎけつ(する)	[議決(する)]	名,動	의결(하다)
1級	きけん(する)	[棄権(する)]	名,動	기권(하다)
1級	きげん	[起源]	名	기원
1級	きこう	[機構]	名	기구
1級	きこん	[既婚]	名	기혼
1級	きさい(する)	[記載(する)]	名,動	기재(하다)
1級	きざし	[兆し]	名	조짐, 징조
1級	きざだ	[気障だ]	な形	거슬리다, 아니꼽다, 언짢다
1級	きしつ	[気質]	名	기질
1級	きじつ	[期日]	名	기일
1級	ぎじどう	[議事堂]	名	의사당
1級	きしむ	[軋む]	動	삐걱거리다
1級	きじゅつ(する)	[記述(する)]	名,動	기술(하다)

1級	きしょう	[気象]	名	기상
1級	きずく	[築く]	動	쌓다, 구축하다
1級	きずつく	[傷付く]	動	상처 입다, 다치다, 손상되다
1級	きずつける	[傷付ける]	動	상처 주다, 파손시키다
1級	きせい(する)	[規制(する)]	名,動	규제(하다)
1級	ぎせい	[犠牲]	名	희생
1級	きせん	[汽船]	名	기선
1級	きそう	[競う]	動	겨루다, 경쟁하다
1級	きぞう(する)	[寄贈(する)]	名,動	기증(하다)
1級	ぎぞう(する)	[偽造(する)]	名,動	위조(하다)
1級	きぞく	[貴族]	名	귀족
1級	ぎだい	[議題]	名	의제
1級	きたえる	[鍛える]	動	단련하다, (쇠를) 불리다
1級	きたる	[来る]	連体	오는, 다가오는
1級	きちっと		副	정확히, 깔끔이, 정연하게
1級	きちょうめん(だ)	[几帳面(だ)]	名,な形	꼼꼼함, 꼼꼼하다, 착실하다
1級	きっかり		副	꼭, 딱, 두드러지게
1級	きっちり		副	꼭, 딱, 빈틈 없이
1級	きっぱり		副	단호히, 딱 잘라
1級	きてい(する)	[規定(する)]	名,動	규정(하다)
1級	きてん	[起点]	名	기점
1級	きどう	[軌道]	名	궤도
1級	ぎのう	[技能]	名	기능
1級	きはん	[規範]	名	규범
1級	きひん	[気品]	名	기품

1級	きふう	[気風]	名	기풍
1級	きふく	[起伏]	名動	기복
1級	きぼ	[規模]	名	규모
1級	きまぐれ(だ)	[気紛れ(だ)]	名·な形	변덕쟁이, 변덕(스럽)다, 기분내키다
1級	きまじめ(だ)	[生真面目(だ)]	名·な形	고지식함, 고지식하다
1級	きまつ	[期末]	名	기말
1級	きまりわるい	[決まり悪い]	形	쑥스럽다, 멋쩍다
1級	きめい(する)	[記名(する)]	名動	기명(하다), 서명(하다)
1級	きやく	[規約]	名	규약
1級	きゃくしょく(する)	[脚色(する)]	名動	각색(하다)
1級	ぎゃくてん(する)	[逆転(する)]	名動	역전(하다)
1級	きゃくほん	[脚本]	名	각본
1級	きゃしゃだ	[華奢だ]	な形	가냘프다, 연약하고 날씬하다
1級	きゃっかん	[客観]	名	객관
1級	キャッチ(する)	[catch(する)]	名動	캐치(하다), 포착하다, 잡다
1級	キャリア	[career]	名	커리어, 경력
1級	きゅうえん(する)	[救援(する)]	名動	구원(하다)
1級	きゅうがく(する)	[休学(する)]	名動	휴학(하다)
1級	きゅうきょく	[究極]	名	궁극
1級	きゅうくつ(だ)	[窮屈(だ)]	名·な形	답답함, 답답하다, 갑갑하다
1級	きゅうこん	[球根]	名	구근, (감자류) 알뿌리
1級	きゅうさい(する)	[救済(する)]	名動	구제(하다)
1級	きゅうじ	[給仕]	名	급사, 사환
1級	きゅうしょく	[給食]	名	급식
1級	きゅうせん(する)	[休戦(する)]	名動	휴전(하다)

1級	きゅうち	[旧知]	名	구면
1級	きゅうでん	[宮殿]	名	궁전
1級	きゅうぼう(する)	[窮乏(する)]	名,動	궁핍(하다)
1級	きゅうりょう	[丘陵]	名	구릉
1級	きよ(する)	[寄与(する)]	名,動	기여
1級	きょう	[強]	名	강, 강함
1級	~きょう	[橋]	接尾	~교(다리)
1級	きょうい	[驚異]	名	경이
1級	きょうか	[教科]	名	교과
1級	きょうかい	[協会]	名	협회
1級	きょうがく	[共学]	名	공학
1級	きょうかん(する)	[共感(する)]	名,動	공감(하다)
1級	きょうぎ(する)	[協議(する)]	名,動	협의(하다)
1級	きょうぐう	[境遇]	名	처지, 형편
1級	きょうくん	[教訓]	名	교훈
1級	きょうこう(する)	[強行(する)]	名,動	강행(하다)
1級	きょうこう(だ)	[強硬(だ)]	名,な形	강경(하다)
1級	きょうざい	[教材]	名	교재
1級	きょうさく	[凶作]	名	흉작
1級	ぎょうしゃ	[業者]	名	업자
1級	きょうじゅ(する)	[享受(する)]	名,動	향수(하다), 누리다
1級	きょうしゅう	[郷愁]	名	향수
1級	きょうしゅう(する)	[教習(する)]	名,動	교습(하다)
1級	きょうしょく	[教職]	名	교직
1級	きょうじる	[興じる]	動	흥겨워하다

1級	きょうずる	[興ずる]	動	흥겨워하다
1級	きょうせい(する)	[強制(する)]	名,動	강제(하다), 강요(하다)
1級	ぎょうせい	[行政]	名	행정
1級	ぎょうせき	[業績]	名	업적
1級	きょうぞん(する)	[共存(する)]	名,動	공존(하다)
1級	きょうち	[境地]	名	경지
1級	きょうちょう(する)	[協調(する)]	名,動	협조(하다)
1級	きょうてい(する)	[協定(する)]	名,動	협정(하다)
1級	きょうど	[郷土]	名	향토
1級	きょうはく(する)	[脅迫(する)]	名,動	협박(하다)
1級	ぎょうむ	[業務]	名	업무
1級	きょうめい(する)	[共鳴(する)]	名,動	공명(하다), 공감(하다)
1級	きょうり	[郷里]	名	고향, 향리
1級	きょうれつだ	[強烈だ]	な形	강렬하다
1級	きょうわ	[共和]	名	공화
1級	きょくげん(する)	[局限(する)]	名,動	국한(하다)
1級	きょくたん(だ)	[極端(だ)]	名,な形	극단(적이다)
1級	きょじゅう(する)	[居住(する)]	名,動	거주(하다)
1級	きょぜつ(する)	[拒絶(する)]	名,動	거절(하다)
1級	ぎょせん	[漁船]	名	어선
1級	ぎょそん	[漁村]	名	어촌
1級	きょひ(する)	[拒否(する)]	名,動	거부(하다)
1級	きょよう(する)	[許容(する)]	名,動	허용(하다)
1級	きよらかだ	[清らかだ]	な形	맑다, 청아하다
1級	きらびやかだ	[煌らびやかだ]	な形	휘황찬란하다

1級	きり	[切り]	名	자름, 한도, 일단락
1級	~きり		接尾	~뿐, ~만, ~밖에, 그 후
1級	ぎり	[義理]	名	의리
1級	きりかえる	[切り替える]	動	새로 바꾸다, 변환하다
1級	きりゅう	[気流]	名	기류
1級	きれめ	[切れ目]	名	잘린 곳, 일단락, 막간
1級	ぎわく	[疑惑]	名	의혹
1級	きわめて	[極めて]	副	지극히, 극히
1級	きん	[菌]	名	균
1級	きんがん	[近眼]	名	근시, 근시안
1級	きんきゅう(だ)	[緊急(だ)]	名,な形	긴급(하다)
1級	きんこう	[近郊]	名	근교
1級	きんこう(する)	[均衡(する)]	名,動	균형(을 이루다)
1級	きんし	[近視]	名	근시
1級	きんじる	[禁じる]	動	금지하다, 금하다
1級	きんずる	[禁ずる]	動	금지하다, 금하다
1級	きんべん(だ)	[勤勉(だ)]	名,な形	근면(하다), 부지런하다
1級	ぎんみ(する)	[吟味(する)]	名,動	음미(하다), 심문(하다)
1級	きんむ(する)	[勤務(する)]	名,動	근무(하다)
1級	きんもつ	[禁物]	名	금물
1級	きんろう	[勤労]	名	근로

く

1級	く	[苦]	名	고생, 괴로움, 근심
1級	クイズ	[quiz]	名	퀴즈

1級

단어 재배열 끝내기

1級	くいちがう	[食い違う]	動	어긋나다, 엇갈리다
1級	くうかん	[空間]	名	공간
1級	くうふく	[空腹]	名	공복
1級	くかく(する)	[区画(する)]	名,動	구획(하다)
1級	くかん	[区間]	名	구간
1級	くき	[茎]	名	줄기
1級	くぎり	[区切り]	名	단락, 구분, 매듭
1級	くぐる	[潜る]	動	빠져나가다, 잠수하다
1級	くじ	[籤]	名	제비, 추첨
1級	くじびき(する)	[籤引き(する)]	名,動	제비뽑기(하다)
1級	くすぐったい	[擽ったい]	形	간지럽다, 낯간지럽다
1級	ぐち	[愚痴]	名	푸념
1級	くちずさむ	[口吟む]	動	읊조리다, 흥얼거리다
1級	くちばし	[嘴]	名	부리, 주둥이
1級	くちる	[朽ちる]	動	(나무가) 썩다, 쇠퇴하다
1級	くつがえす	[覆す]	動	뒤집다, 뒤집어엎다
1級	くっきり		副	또렷이, 선명하게
1級	くっせつ(する)	[屈折(する)]	名,動	굴절(되다)
1級	ぐっと		副	확, 벌컥, 훨씬
1級	くびかざり	[首飾り]	名	목걸이
1級	くびわ	[首輪]	名	목걸이
1級	くみあわせる	[組み合わせる]	動	짜 맞추다, 편성하다
1級	くみこむ	[組み込む]	動	짜 넣다
1級	くら	[蔵]	名	곳간
1級	グレー	[gray]	名	회색

1級	クレーン	[crane]	名	크레인, 기중기
1級	くろうと	[玄人]	名	전문가, 프로
1級	くろじ	[黒字]	名	흑자
1級	ぐん	[群]	名	군, 무리
1級	ぐんかん	[軍艦]	名	군함
1級	ぐんじ	[軍事]	名	군대의 일
1級	くんしゅ	[君主]	名	군주
1級	ぐんしゅう	[群衆]	名	군중
1級	ぐんび	[軍備]	名	군비
1級	ぐんぷく	[軍服]	名	군복

1級	けい	[刑]	名	형벌
1級	~けい	[~系]	接尾	~계(계통)
1級	げい	[芸]	名	재주, 예능
1級	けいい	[経緯]	名	경위
1級	けいか(する)	[経過(する)]	名,動	경과(하다)
1級	けいかい(する)	[警戒(する)]	名,動	경계(하다)
1級	けいかいだ	[軽快だ]	な形	경쾌하다
1級	けいき	[計器]	名	계기
1級	けいぐ	[敬具]		편지의 마지막 인사말
1級	けいげん(する)	[軽減(する)]	名,動	경감(하다)
1級	けいさい(する)	[掲載(する)]	名,動	게재(하다)
1級	けいしゃ(する)	[傾斜(する)]	名,動	경사(지다), 기울다
1級	けいせい	[形勢]	名	형세

1級

단어 제대로 끝내기

281

1級	けいせい(する)	[形成(する)]	名,動	형성(하다)
1級	けいそつだ	[軽率だ]	な形	경솔하다
1級	けいたい	[形態]	名	형태
1級	けいたい(する)	[携帯(する)]	名,動	휴대전화, 휴대(하다)
1級	けいばつ	[刑罰]	名	형벌
1級	けいひ	[経費]	名	경비
1級	けいぶ	[警部]	名	경감
1級	けいべつ(する)	[軽蔑(する)]	名,動	경멸(하다)
1級	けいれき	[経歴]	名	경력
1級	けいろ	[経路]	名	경로
1級	ケース	[case]	名	케이스, 경우
1級	けがらわしい	[汚らわしい]	形	더럽다, 추접스럽다
1級	げきだん	[劇団]	名	극단
1級	げきれい(する)	[激励(する)]	名,動	격려(하다)
1級	ゲスト	[guest]	名	게스트, 손님
1級	けだもの	[獣]	名	짐승
1級	けつ	[決]	名	결정, 결론
1級	けつい(する)	[決意(する)]	名,動	결의(하다), 결심(하다)
1級	けっかく	[結核]	名	결핵
1級	けっかん	[血管]	名	혈관
1級	けつぎ(する)	[決議(する)]	名,動	결의(하다)
1級	けっこう(する)	[決行(する)]	名,動	결행(하다), 감행(하다)
1級	けつごう(する)	[結合(する)]	名,動	결합(하다)
1級	けっさん(する)	[決算(する)]	名,動	결산(하다)
1級	げっしゃ	[月謝]	名	수업료

282

1級	けつじょ(する)	[欠如(する)]	名,動	결여(되다)
1級	けっしょう	[決勝]	名	결승
1級	けっしょう	[結晶]	名	결정
1級	けっせい(する)	[結成(する)]	名,動	결성(하다)
1級	けっそく(する)	[結束(する)]	名,動	결속(하다)
1級	げっそり		副	홀쭉(얼굴 살이 빠진 모양)
1級	けつだん(する)	[決断(する)]	名,動	결단(하다)
1級	げっぷ	[月賦]	名	월부
1級	けつぼう(する)	[欠乏(する)]	名,動	결핍(하다)
1級	けとばす	[蹴飛ばす]	動	걷어차다, 내차다
1級	けなす	[貶す]	動	헐뜯다, 비방하다
1級	けむたい	[煙たい]	形	냅다, 맵다, 매캐하다
1級	けむる	[煙る]	動	연기 나다, 뿌옇다
1級	けもの	[獣]	名	짐승
1級	けらい	[家来]	名	가신, 하인, 부하
1級	げり(する)	[下痢(する)]	名,動	설사(하다)
1級	けん	[件]	名	사항, 사건
1級	~けん	[~圏]	接尾	~권(범위)
1級	けんい	[権威]	名	권위
1級	けんぎょう(する)	[兼業(する)]	名,動	겸업(하다)
1級	げんけい	[原形]	名	원형
1級	げんけい	[原型]	名	원형, 본틀
1級	けんげん	[権限]	名	권한
1級	げんこう	[現行]	名	현행
1級	けんざい(だ)	[健在(だ)]	名,な形	건재(하다)

283

1級	げんさく	[原作]	名	원작
1級	けんじ	[検事]	名	검사
1級	げんし	[原子]	名	원자
1級	げんしゅ	[元首]	名	원수, 우두머리
1級	げんしょ	[原書]	名	원서, 원본
1級	けんしょう(する)	[懸賞(する)]	名,動	현상(하다)
1級	げんしょう(する)	[減少(する)]	名,動	감소(하다)
1級	けんぜんだ	[健全だ]	な形	건전하다
1級	げんそ	[元素]	名	원소
1級	げんぞう(する)	[現像(する)]	名,動	필름 현상(하다)
1級	げんそく	[原則]	名	원칙
1級	けんち	[見地]	名	견지
1級	げんち	[現地]	名	현지
1級	げんてい(する)	[限定(する)]	名,動	한정(하다)
1級	げんてん	[原典]	名	원전
1級	げんてん	[原点]	名	원점
1級	げんてん(する)	[減点(する)]	名,動	감점(하다)
1級	げんばく	[原爆]	名	원폭
1級	げんぶん	[原文]	名	원문
1級	げんみつだ	[厳密だ]	な形	엄밀하다
1級	けんめい(だ)	[賢明(だ)]	名,な形	현명(하다)
1級	けんやく(する)	[倹約(する)]	名,動	절약(하다), 검약(하다)
1級	げんゆ	[原油]	名	원유
1級	けんよう(する)	[兼用(する)]	名,動	겸용(하다)
1級	けんりょく	[権力]	名	권력

| 1級 | げんろん | [言論] | 名 | 언론 |

1級	こ~	[故~]	接頭	고~(죽은)
1級	ごい	[語彙]	名	어휘
1級	こいする	[恋する]	動	사랑하다
1級	こう	[甲]	名	갑(순위), (손발의) 등
1級	~こう	[~光]	接尾	~광(빛)
1級	こうい	[好意]	名	호의
1級	こうい	[行為]	名	행위
1級	ごうい(する)	[合意(する)]	名,動	합의(하다)
1級	こうえき(する)	[交易(する)]	名,動	교역(하다)
1級	こうえん(する)	[公演(する)]	名,動	공연(하다)
1級	こうかい(する)	[公開(する)]	名,動	공개(하다)
1級	こうかい(する)	[後悔(する)]	名,動	후회(하다)
1級	こうかい(する)	[航海(する)]	名,動	항해(하다)
1級	こうがく	[工学]	名	공학
1級	こうぎ(する)	[抗議(する)]	名,動	항의(하다)
1級	ごうぎ(する)	[合議(する)]	名,動	합의(하다)
1級	こうきょ	[皇居]	名	일본 왕거
1級	こうきょう	[好況]	名	호황
1級	こうぎょう	[興業]	名	흥업
1級	こうぎょう	[鉱業]	名	광업
1級	こうげん	[高原]	名	고원
1級	こうご	[交互]	名	번갈아 함

285

1級	こうこうと	[煌々と]	副	번쩍번쩍, 휘황하게
1級	こうこがく	[考古学]	名	고고학
1級	こうさく(する)	[工作(する)]	名,動	공작(하다)
1級	こうさく(する)	[耕作(する)]	名,動	경작(하다)
1級	こうざん	[鉱山]	名	광산
1級	こうしゅう(する)	[講習(する)]	名,動	강습(하다)
1級	こうじゅつ(する)	[口述(する)]	名,動	구술(하다)
1級	こうじょ(する)	[控除(する)]	名,動	공제(하다)
1級	こうしょう(する)	[交渉(する)]	名,動	교섭(하다)
1級	こうじょう(する)	[向上(する)]	名,動	향상(하다)
1級	こうしょうだ	[高尚だ]	な形	고상하다
1級	こうしん(する)	[行進(する)]	名,動	행진(하다)
1級	こうしんりょう	[香辛料]	名	향신료
1級	こうすい	[降水]	名	강수
1級	こうずい	[洪水]	名	홍수
1級	ごうせい(する)	[合成(する)]	名,動	합성(하다)
1級	こうぜん	[公然]		공공연함, 버젓이
1級	こうそう(する)	[抗争(する)]	名,動	항쟁(하다)
1級	こうそう(する)	[構想(する)]	名,動	구상(하다)
1級	こうそく(する)	[拘束(する)]	名,動	구속(하다)
1級	こうたい(する)	[後退(する)]	名,動	후퇴(하다)
1級	こうたく	[光沢]	名	광택
1級	こうだん	[公団]	名	공단
1級	こうちょう(だ)	[好調(だ)]	名,な形	호조, 쾌조, 순조롭다
1級	こうとう	[口頭]	名	구두

1級	こうどく(する)	[購読(する)]	名,動	구독(하다)
1級	こうどく(する)	[講読(する)]	名,動	강독(하다)
1級	こうにゅう(する)	[購入(する)]	名,動	구입(하다)
1級	こうにん	[公認]	名	공인
1級	こうねつひ	[光熱費]	名	전기세, 광열비
1級	こうはい(する)	[荒廃(する)]	名,動	황폐(하다)
1級	こうばい(する)	[購買(する)]	名,動	구매(하다)
1級	こうはん	[後半]	名	후반
1級	こうひょう	[好評]	名	호평
1級	こうふ(する)	[交付(する)]	名,動	교부(하다)
1級	こうふん(する)	[興奮(する)]	名,動	흥분(하다)
1級	こうぼ(する)	[公募(する)]	名,動	공모(하다)
1級	こうみょうだ	[巧妙だ]	な形	교묘하다
1級	こうよう	[公用]	名	공용
1級	こうり	[小売り]	名	소매
1級	こうりつ	[公立]	名	공립
1級	こうりつ	[効率]	名	효율
1級	ごえい(する)	[護衛(する)]	名,動	호위(하다)
1級	コーナー	[corner]	名	코너, 자리, 구석
1級	こがら(だ)	[小柄(だ)]	名,形	(몸집, 모양이) 작음, 작다
1級	こぎって	[小切手]	名	수표
1級	ごく	[語句]	名	어구
1級	こくさん	[国産]	名	국산
1級	こくてい	[国定]	名	국정
1級	こくど	[国土]	名	국토

287

1級	こくはく(する)	[告白(する)]	名,動	고백(하다)
1級	こくぼう	[国防]	名	국방
1級	こくゆう	[国有]	名	국유
1級	ごくらく	[極楽]	名	극락
1級	こくれん	[国連]	名	국제연합, UN
1級	こげちゃ	[焦げ茶]	名	짙은 갈색
1級	ごげん	[語源]	名	어원
1級	ここ	[個々]	名	개개, 각각
1級	ここち	[心地]	名	기분, 마음
1級	こころえ	[心得]	名	마음가짐, 알아야 할 수칙, 소양
1級	こころがけ	[心掛け]	名	마음가짐, 마음 준비
1級	こころがける	[心掛ける]	動	유의하다, 명심하다
1級	こころざし	[志]	名	뜻, 마음, 후의
1級	こころざす	[志す]	動	뜻을 두다
1級	こころづよい	[心強い]	形	든든하다
1級	こころぼそい	[心細い]	形	불안하다, 허전하다
1級	こころみ	[試み]	名	시도
1級	こころみる	[試みる]	動	시도하다, 시험해보다
1級	こころよい	[快い]	形	상쾌하다, 기분 좋다
1級	ごさ	[誤差]	名	오차
1級	こじ	[孤児]	名	고아
1級	こじれる	[拗れる]	動	(병이) 악화되다, 복잡해지다
1級	こじん	[故人]	名	고인
1級	こす	[濾す]	動	(물을) 거르다, 여과하다
1級	こずえ	[梢]	名	나뭇가지 끝

1級	こせい	[個性]	名	개성
1級	こせき	[戸籍]	名	호적
1級	こぜに	[小銭]	名	잔돈
1級	こだい	[古代]	名	고대
1級	こたつ	[火燵]	名	각로(일본 난방기구)
1級	こだわる	[拘る]	動	구애되다
1級	こちょう(する)	[誇張(する)]	名,動	과장(하다)
1級	こつ		名	요령
1級	こっけい(だ)	[滑稽(だ)]	名,な形	익살스러움, 익살맞다, 우스꽝스럽다
1級	こっこう	[国交]	名	국교
1級	こっとうひん	[骨董品]	名	골동품
1級	こてい(する)	[固定(する)]	名,動	고정(하다)
1級	ことがら	[事柄]	名	사항, 사태, 일
1級	こどく(だ)	[孤独(だ)]	名,な形	고독(하다)
1級	ことごとく	[悉く]	副	모조리, 몽땅
1級	ことづて	[言付て]	名	전언, 전갈
1級	ことに	[殊に]	副	특히, 각별히
1級	ことによると	[事に依ると]	連語	어쩌면, 경우에 따라서는
1級	こなごなだ	[粉々だ]	な形	산산조각이 나다
1級	このましい	[好ましい]	形	바람직하다, 호감이 가다
1級	ごばん	[碁盤]	名	바둑판
1級	こべつ	[個別]	名	개별
1級	コマーシャル	[commercial]	名	광고방송
1級	ごまかす	[誤魔化す]	動	속이다, 얼버무리다
1級	こまやかだ	[細やかだ]	な形	짙다, 두텁다, 자상하다

1級

단어 재배로 끝내기

1級	コメント	[comment]	名	코멘트
1級	こもる	[篭もる]	動	(연기가) 자욱하다, 두문불출하다
1級	こゆう(だ)	[固有(だ)]	名,な形	고유(하다)
1級	こよう(する)	[雇用(する)]	名,動	고용(하다)
1級	こよみ	[暦]	名	달력
1級	こらす	[凝らす]	動	집중하다, 응시하다
1級	こりつ(する)	[孤立(する)]	名,動	고립(되다)
1級	こりる	[懲りる]	動	넌더리나다, 질리다
1級	こる	[凝る]	動	엉기다, 열중하다, 결리다
1級	こんき	[根気]	名	끈기
1級	こんきょ	[根拠]	名	근거
1級	こんけつ	[混血]	名	혼혈
1級	コンタクト(レンズ)	[contact(lens)]	名	콘택트렌즈
1級	こんちゅう	[昆虫]	名	곤충
1級	こんてい	[根底]	名	근저, 밑바탕
1級	コンテスト	[contest]	名	콘테스트, 경연
1級	こんどう(する)	[混同(する)]	名,動	혼동(하다)
1級	コントラスト	[contrast]	名	대조, 대비
1級	コントロール(する)	[control(する)]	名,動	컨트롤(하다), 통제(하다)
1級	コンパス	[compass]	名	컴퍼스
1級	こんぽん	[根本]	名	근본

1級	さ		感	자, 그럼, 어
1級	ざい	[財]	名	재산, 재물
1級	さいかい(する)	[再会(する)]	名,動	재회(하다)
1級	さいがい	[災害]	名	재해
1級	さいきん	[細菌]	名	세균
1級	さいく(する)	[細工(する)]	名,動	세공(하다)
1級	さいくつ(する)	[採掘(する)]	名,動	채굴(하다)
1級	サイクル	[cycle]	名	사이클, 주기, 자전거
1級	さいけつ(する)	[採決(する)]	名,動	채결(하다)
1級	さいけん(する)	[再建(する)]	名,動	재건(하다)
1級	さいげん(する)	[再現(する)]	名,動	재현(하다)
1級	ざいげん	[財源]	名	재원
1級	ざいこ	[在庫]	名	재고
1級	さいさん	[採算]	名	채산
1級	さいしゅう(する)	[採集(する)]	名,動	채집(하다)
1級	サイズ	[size]	名	사이즈, 치수
1級	さいせい(する)	[再生(する)]	名,動	재생(하다), 갱생(하다)

291

1級	ざいせい	[財政]	名	재정
1級	さいぜん	[最善]	名	최선
1級	さいたく(する)	[採択(する)]	名,動	채택(하다)
1級	さいばい(する)	[栽培(する)]	名,動	재배(하다)
1級	さいはつ(する)	[再発(する)]	名,動	재발(하다)
1級	さいぼう	[細胞]	名	세포
1級	さいよう(する)	[採用(する)]	名,動	채용(하다), 채택(하다)
1級	さえぎる	[遮る]	動	가로막다, 가리다
1級	さえずる	[囀る]	動	지저귀다, 재잘거리다
1級	さえる	[冴える]	動	맑아지다, 싸늘해지다
1級	さお	[竿]	名	장대
1級	さかえる	[栄える]	動	번영하다, 번성하다
1級	さがく	[差額]	名	차액
1級	さかずき	[杯]	名	잔, 술잔
1級	さかだち(する)	[逆立ち(する)]	名,動	거꾸로(이다), 물구나무서기(하다)
1級	さぎ	[詐欺]	名	사기
1級	さく	[作]	名	만든 것, 작품
1級	さく	[柵]	名	울타리, 목책
1級	さく	[策]	名	계략, 책략
1級	さくげん(する)	[削減(する)]	名,動	삭감(하다)
1級	さくご	[錯誤]	名	착오
1級	さくせん	[作戦]	名	작전
1級	さけび	[叫び]	名	외침, 부르짖음
1級	ささげる	[捧げる]	動	바치다, 드리다
1級	さしかかる	[差し掛かる]	動	접어들다, 당도하다

1級	さしず(する)	[指図(する)]	名,動	지시(하다), 지휘(하다)
1級	さしだす	[差し出す]	動	내밀다, 제출하다
1級	さしつかえる	[差し支える]	動	지장을 주다
1級	さしひき(する)	[差し引き(する)]	名,動	차감(하다), 공제(하다)
1級	さずける	[授ける]	動	하사하다, 수여하다, 전수하다
1級	さする	[摩る]	動	가볍게 문지르다
1級	さぞ		副	필시, 아마, 틀림없이, さぞかし
1級	さだまる	[定まる]	動	정해지다, 안정되다
1級	さだめる	[定める]	動	정하다, 안정시키다
1級	ざだんかい	[座談会]	名	좌담회
1級	ざつ(だ)	[雑(だ)]	名,な形	조잡(하다), 거칠다, 엉성하다
1級	ざっか	[雑貨]	名	잡화
1級	さっかく(する)	[錯覚(する)]	名,動	착각(하다)
1級	さっきゅう(だ)	[早急(だ)]	名,な形	조급(하다), 몹시 급하다
1級	さつじん	[殺人]	名	살인
1級	さっする	[察する]	動	헤아리다, 살피다
1級	ざつだん(する)	[雑談(する)]	名,動	잡담(하다)
1級	さっと		副	날렵하게, 잽싸게, 휙
1級	さっぱりする		動	산뜻하다, 담백하다
1級	さとる	[悟る]	動	깨닫다
1級	さなか	[最中]	名	한창인 때
1級	さばく	[裁く]	動	심판하다, 시비를 가리다
1級	ざひょう	[座標]	名	좌표
1級	さほど	[然程]	副	과히, 그리, 그다지
1級	サボる	[sabotage]	動	게으름 피우다, (수업을) 빼먹다

293

1級	さま	[様]	名	모양, 모습, 상태
1級	さまよう	[彷徨う]	動	헤매다, 떠돌다, 주저하다
1級	さむけ	[寒気]	名	한기, 오한
1級	さむらい	[侍]	名	사무라이, 무사
1級	さも	[然も]	副	아주, 정말, 그렇기도, 그럴 수도
1級	さよう(する)	[作用(する)]	名,動	작용(하다)
1級	さらう	[攫う]	動	낚아채다, 납치하다, 휩쓸다
1級	さわる	[障る]	動	방해가 되다, 해롭다
1級	さん	[酸]	名	산, 신맛
1級	さんか(する)	[酸化(する)]	名,動	산화(하다)
1級	さんがく	[山岳]	名	산악
1級	さんぎいん	[参議院]	名	참의원
1級	さんきゅう	[産休]	名	출산휴가
1級	サンキュー	[thank you]	感	땡큐, 고마워요
1級	ざんきん	[残金]	名	잔금
1級	さんご	[産後]	名	산후
1級	ざんこくだ	[残酷だ]	な形	잔혹하다, 참혹하다
1級	さんしゅつ(する)	[算出(する)]	名,動	산출(하다)
1級	さんしょう(する)	[参照(する)]	名,動	참조(하다)
1級	さんじょう(する)	[参上(する)]	名,動	찾아 뵘, 찾아 뵙다
1級	ざんだか	[残高]	名	잔고
1級	サンタクロース	[Santa Claus]	名	산타클로스
1級	さんちょう	[山頂]	名	산 정상, 산꼭대기
1級	さんばし	[桟橋]	名	부두, 선창
1級	さんび(する)	[賛美(する)]	名,動	찬미(하다), 찬양(하다)

1級	さんぷく	[山腹]	名	산허리, 산중턱
1級	さんふじんか	[産婦人科]	名	산부인과
1級	さんぶつ	[産物]	名	산물
1級	さんみゃく	[山脈]	名	산맥

1級	し	[死]	名	죽음
1級	し	[師]	名	스승
1級	~し	[~士]	接尾	~사(전문가)
1級	~じ	[~次]	接尾	~차(단계)
1級	~じ	[~児]	接尾	~아(아이)
1級	しあがり	[仕上がり]	名	완성, 마무리
1級	しあげ(する)	[仕上げ(する)]	名,動	마무리(하다), 완성(하다)
1級	しあげる	[仕上げる]	動	완성시키다, 마무리하다
1級	しいく(する)	[飼育(する)]	名,動	사육(하다)
1級	しいて	[強いて]	副	억지로, 굳이, 구태여
1級	シート	[seat]	名	시트, 좌석
1級	ジーパン	[jeans+pants]	名	청바지
1級	しいる	[強いる]	動	강요하다
1級	しいれる	[仕入れる]	動	사들이다, 매입하다
1級	しお	[潮]	名	조수, 바닷물
1級	しか	[歯科]	名	치과
1級	じが	[自我]	名	자아
1級	しがい	[市街]	名	시가
1級	しかく	[視覚]	名	시각

1級	しかく	[資格]	名	자격
1級	じかく(する)	[自覚(する)]	名,動	자각(하다)
1級	しかけ	[仕掛け]	名	하기 시작함, 하는 중, 장치
1級	しかける	[仕掛ける]	動	하기 시작하다, 도전하다, 장치하다
1級	しかしながら	[然しながら]	接	그렇지만, 그러나
1級	しき(する)	[指揮(する)]	名	지휘(하다)
1級	じき	[磁器]	名	자기, 사기그릇
1級	じき	[磁気]	名	자기
1級	しきさい	[色彩]	名	색채
1級	しきじょう	[式場]	名	식장
1級	しきたり	[仕来り]	名	관례, 관습
1級	じぎょう	[事業]	名	사업
1級	しきる	[仕切る]	動	칸막이하다, 구분하다, 결산하다
1級	しきん	[資金]	名	자금
1級	じく	[軸]	名	축, 중심, 족자
1級	しくじる		動	그르치다, 망치다, 실수하다
1級	しくみ	[仕組]	名	구조, 방법
1級	しけい	[死刑]	名	사형
1級	しける	[湿気る]	動	습기가 차다
1級	じこ	[自己]	名	자기, 자신
1級	しこう(する)	[志向(する)]	名,動	지향(하다)
1級	しこう(する)	[思考(する)]	名,動	사고(하다)
1級	しこう(する)	[施行(する)]	名,動	시행(하다), 실시(하다)
1級	しこう(する)	[試行(する)]	名,動	시행(하다)
1級	しこう	[嗜好]	名	기호

1級	じこう	[事項]	名	사항
1級	じごく	[地獄]	名	지옥
1級	じこくひょう	[時刻表]	名	시간표
1級	じさ	[時差]	名	시차
1級	じざい(だ)	[自在(だ)]	名,な形	자재, 마음대로(다)
1級	しさつ(する)	[視察(する)]	名,動	시찰(하다)
1級	しさん	[資産]	名	자산
1級	しじ(する)	[支持(する)]	名,動	지지(하다)
1級	じじつ	[事実]	名	사실
1級	じしゅ	[自主]	名	자주
1級	じしゅ(する)	[自首(する)]	名,動	자수(하다)
1級	ししゅう(する)	[刺繍(する)]	名,動	자수(하다), 수놓다
1級	しじょう	[市場]	名	시장
1級	じしょく(する)	[辞職(する)]	名,動	사직(하다)
1級	しずく	[滴(雫)]	名	물방울
1級	システム	[system]	名	시스템
1級	しずめる	[沈める]	動	가라앉히다
1級	しずめる	[鎮める]	動	가라앉히다, 진정시키다
1級	しせつ(する)	[施設(する)]	名	시설(하다)
1級	じぜん	[事前]	名	사전
1級	しそく	[子息]	名	자식
1級	じぞく(する)	[持続(する)]	名,動	지속(하다)
1級	じそんしん	[自尊心]	名	자존심
1級	じたい	[字体]	名	글자체, 글씨체
1級	じたい(する)	[辞退(する)]	名,動	사퇴(하다)

1級	したう	[慕う]	動	사모하다, 그리워하다, 연모하다
1級	したごころ	[下心]	名	본심, 속셈, 음모
1級	したじ	[下地]	名	기초, 밑바탕, 소질
1級	したしむ	[親しむ]	動	친하게 지내다
1級	したしらべ(する)	[下調べ(する)]	名,動	예비조사(하다)
1級	したてる	[仕立てる]	動	(옷을) 짓다, 준비하다, 양성하다
1級	したどり	[下取り]	名	신품 사기 위해 중고품 파는 일
1級	したび	[下火]	名	기운이나 기세가 꺾임, 한물 감
1級	じつ	[実]	名	사실, 진실, 실질
1級	じっか	[実家]	名	본가, 친가, 친정
1級	しっかく(する)	[失格(する)]	名,動	실격(하다)
1級	しつぎ(する)	[質疑(する)]	名,動	질의(하다)
1級	しっきゃく(する)	[失脚(する)]	名,動	실각(하다)
1級	じつぎょうか	[実業家]	名	실업가
1級	シックだ	[chicだ]	な形	시크하다, 멋지다
1級	じっくり		副	곰곰이, 차분히
1級	しつけ	[躾]	名	예의범절, 예절교육
1級	しつける	[躾ける]	動	예의범절을 가르치다
1級	じっしつ	[実質]	名	실질
1級	じつじょう	[実情]	名	실정
1級	じっせん(する)	[実践(する)]	名,動	실천(하다)
1級	しっそ(だ)	[質素(だ)]	名,な形	검소(하다)
1級	じったい	[実態]	名	실태
1級	しっちょう	[失調]	名	실조
1級	しっと(する)	[嫉妬(する)]	名,動	질투(하다)

1級	じっぴ	[実費]	名	실비
1級	してき(する)	[指摘(する)]	名,動	지적(하다)
1級	してん	[視点]	名	시점
1級	じてん(する)	[自転(する)]	名,動	자전(하다)
1級	じどうし	[自動詞]	名	자동사
1級	しとやかだ	[淑やかだ]	な形	정숙하다, 단아하다
1級	しなびる	[萎びる]	動	시들다, 오그라들다
1級	しなやかだ		な形	나긋나긋하다, 유연하다
1級	シナリオ	[scenario]	名	시나리오, 대본
1級	しにょう	[屎尿]	名	대소변, 배설물
1級	じぬし	[地主]	名	지주, 땅주인
1級	しのぐ	[凌ぐ]	動	참고 견디다, 헤쳐나가다
1級	しば	[芝]	名	잔디
1級	しはつ	[始発]	名	첫출발, 첫차
1級	じびか	[耳鼻科]	名	이비인후과
1級	しぶい	[渋い]	形	떫다, 수수하다, 차분하다
1級	しぶつ	[私物]	名	사유물
1級	しぶとい	[渋とい]	形	고집이 세다, 끈질기다, 완고하다
1級	しほう	[司法]	名	사법
1級	しぼう	[脂肪]	名	지방
1級	しぼう(する)	[志望(する)]	名,動	지망(하다)
1級	しまつ(する)	[始末(する)]	名,動	자초지종, 전말, 처리(하다)
1級	しみる	[染みる]	動	스며들다, 배다, 물들다
1級	しみる	[滲みる]	動	배다, 사무치다
1級	しめい	[使命]	名	사명

1級

단어 제대로 끝내기

299

1級	じもと	[地元]	名	지방, 고장, 자기 고장
1級	しや	[視野]	名	시야
1級	じゃく	[弱]	名	약, 약함
1級	しゃこう	[社交]	名	사교
1級	しゃざい(する)	[謝罪(する)]	名,動	사죄(하다)
1級	ジャズ	[jazz]	名	재즈
1級	ゃぜつ(する)	[謝絶(する)]	名,動	사절(하다)
1級	しゃたく	[社宅]	名	사택
1級	じゃっかん	[若干]	名,副	약간, 다소, 얼마간
1級	しゃみせん	[三味線]	名	샤미센(일본 현악기)
1級	しゃめん	[斜面]	名	경사면
1級	じゃり	[砂利]	名	자갈
1級	しゃれる	[洒落る]	動	세련되다, 멋을 내다
1級	ジャンパー	[jumper]	名	점퍼
1級	ジャンプ(する)	[jump(する)]	名,動	점프(하다), 도약(하다)
1級	ジャンボ	[jumbo]	名	점보, 거대함
1級	ジャンル	[genre]	名	장르, 분야
1級	しゅ	[主]	名	주인, 주체
1級	しゅ	[種]	名	종류, 종자
1級	しゆう	[私有]	名	사유
1級	しゅう	[衆]	名	대중, 많은 사람
1級	~しゅう	[~宗]	接尾	~종(종파)
1級	じゅう	[住]	名	주거, 주택
1級	しゅうえき	[収益]	名	수익
1級	しゅうがく(する)	[修学(する)]	名,動	수학(하다)

1級	しゅうき	[周期]	名	주기
1級	しゅうぎいん	[衆議院]	名	중의원
1級	しゅうぎょう(する)	[就業(する)]	名,動	취업(하다)
1級	じゅうぎょういん	[従業員]	名	종업원
1級	しゅうけい(する)	[集計(する)]	名,動	집계(하다)
1級	しゅうげき(する)	[襲撃(する)]	名,動	습격(하다)
1級	しゅうし	[修士]	名	석사
1級	しゅうし	[収支]	名	수지
1級	しゅうし(する)	[終始(する)]	名,副,動	처음과 끝, 시종, 일관하다
1級	じゅうじ(する)	[従事(する)]	名,動	종사(하다)
1級	しゅうじつ	[終日]	名	종일
1級	じゅうじつ(する)	[充実(する)]	名,動	충실(하다)
1級	しゅうじゃく(する)	[執着(する)]	名,動	집착(하다)
1級	しゅうしゅう(する)	[収集(する)]	名,動	수집(하다)
1級	しゅうしょく(する)	[修飾(する)]	名,動	수식(하다)
1級	じゅうじろ	[十字路]	名	십자로, 네거리
1級	しゅうちゃく(する)	[執着(する)]	名	집착(하다)
1級	じゅうなんだ	[柔軟だ]	な形	유연하다
1級	じゅうふく(する)	[重複(する)]	名,動	중복(되다)
1級	しゅうよう(する)	[収容(する)]	名,動	수용(하다)
1級	じゅうらい	[従来]	名	종래, 종전
1級	しゅうりょう(する)	[修了(する)]	名,動	수료(하다)
1級	しゅえい	[守衛]	名	수위
1級	しゅえん(する)	[主演(する)]	名,動	주연(하다)
1級	しゅかん	[主観]	名	주관

1級	しゅぎょう(する)	[修行(する)]	名,動	수행(하다)
1級	じゅく	[塾]	名	학원
1級	しゅくが(する)	[祝賀(する)]	名,動	축하(하다)
1級	しゅくめい	[宿命]	名	숙명
1級	しゅげい	[手芸]	名	수예, 수공예
1級	しゅけん	[主権]	名	주권
1級	しゅさい(する)	[主催(する)]	名,動	주최(하다)
1級	しゅざい(する)	[取材(する)]	名,動	취재(하다)
1級	しゅし	[趣旨]	名	취지
1級	しゅじゅ(だ)	[種々(だ)]	名,な形	여러 가지, 가지각색이다
1級	しゅしょく	[主食]	名	주식
1級	しゅじんこう	[主人公]	名	주인공
1級	しゅたい	[主体]	名	주체
1級	しゅだい	[主題]	名	주제
1級	しゅつえん(する)	[出演(する)]	名,動	출연(하다)
1級	しゅっけつ(する)	[出血(する)]	名,動	출혈(하다)
1級	しゅつげん(する)	[出現(する)]	名,動	출현(하다), 나타나다
1級	しゅっさん(する)	[出産(する)]	名,動	출산(하다), 분만(하다)
1級	しゅっしゃ(する)	[出社(する)]	名,動	출근(하다)
1級	しゅっしょう(する)	[出生(する)]	名,動	출생(하다)
1級	しゅっせ(する)	[出世(する)]	名,動	출세(하다)
1級	しゅっせい(する)	[出生(する)]	名,動	출생(하다)
1級	しゅつだい(する)	[出題(する)]	名,動	출제(하다)
1級	しゅつどう(する)	[出動(する)]	名,動	출동(하다)
1級	しゅっぴ(する)	[出費(する)]	名,動	지출비, 지출(하다)

1級	しゅっぴん(する)	[出品(する)]	名,動	출품(하다)
1級	しゅどう(する)	[主導(する)]	名,動	주도(하다)
1級	しゅにん	[主任]	名	주임
1級	しゅのう	[首脳]	名	수뇌
1級	しゅび(する)	[守備(する)]	名,動	수비(하다)
1級	しゅほう	[手法]	名	수법, 기교
1級	じゅもく	[樹木]	名	수목
1級	じゅりつ(する)	[樹立(する)]	名,動	수립(하다)
1級	じゅんきゅう	[準急]	名	준급행 열차
1級	じゅんじる	[準じる]	動	준하다, 취급하다
1級	じゅんずる	[準ずる]	動	준하다, 취급하다
1級	~しょ	[~書]	接尾	~서(서적)
1級	しよう	[仕様]	名	수단, 방법, 방도, 할 도리
1級	しよう	[私用]	名	사적인 일, 개인 용무
1級	~しょう	[~症]	接尾	~증(증상)
1級	~しょう	[~証]	接尾	~증(증서)
1級	じょう	[情]	名	정, 감정, 인정
1級	~じょう	[嬢]	接尾	~양(미혼 여성)
1級	~じょう	[~条]	接尾	~조(조목)
1級	じょうい	[上位]	名	상위
1級	じょうえん(する)	[上演(する)]	名,動	상연(하다), 공연(하다)
1級	じょうか	[城下]	名	성 아래, 성 주변 도시
1級	しょうがい	[生涯]		일생, 생애, 평생
1級	しょうきょ(する)	[消去(する)]	名,動	소거(하다), 삭제(하다), 제거(하다)
1級	じょうくう	[上空]	名	상공

1級	しょうげき	[衝撃]	名	충격
1級	しょうげん(する)	[証言(する)]	名,動	증언(하다)
1級	しょうこ	[証拠]	名	증거
1級	しょうごう(する)	[照合(する)]	名,動	대조(하다), 대조확인(하다)
1級	しょうさい(だ)	[詳細(だ)]	名,な形	상세한 내용, 상세(하다)
1級	じょうし	[上司]	名	상사
1級	じょうしょ	[情緒]	名	정서
1級	じょうしょう(する)	[上昇(する)]	名,動	상승(하다)
1級	しょうしん(する)	[昇進(する)]	名,動	승진(하다)
1級	しょうする	[称する]	動	칭하다, 일컫다, 칭송하다
1級	じょうせい	[情勢]	名	정세
1級	しょうそく	[消息]	名	소식
1級	しょうたい	[正体]	名	정체
1級	しょうだく(する)	[承諾(する)]	名,動	승낙(하다)
1級	じょうちょ	[情緒]	名	정서
1級	しょうちょう(する)	[象徴(する)]	名,動	상징(하다)
1級	しょうにか	[小児科]	名	소아과
1級	しようにん	[使用人]	名	고용인, 사용인
1級	しょうにん	[証人]	名	증인
1級	じょうねつ	[情熱]	名	정열
1級	じょうほ(する)	[譲歩(する)]	名,動	양보(하다)
1級	しょうめい(する)	[照明(する)]	名,動	조명(하다)
1級	じょうやく	[条約]	名	조약
1級	しょうり(する)	[勝利(する)]	名,動	승리(하다)
1級	じょうりく(する)	[上陸(する)]	名,動	상륙(하다)

1級	じょうりゅう	[蒸溜]	名	증류
1級	しょうれい(する)	[奨励(する)]	名,動	장려(하다)
1級	ショー	[show]	名	쇼
1級	じょがい(する)	[除外(する)]	名,動	제외(하다), 예외(되다)
1級	しょくいん	[職員]	名	직원
1級	しょくみんち	[植民地]	名	식민지
1級	しょくむ	[職務]	名	직무, 일
1級	しょくん	[諸君]	名	제군
1級	じょげん(する)	[助言(する)]	名,動	조언(하다)
1級	じょこう	[徐行]	名	서행
1級	しょざい	[所在]	名	소재
1級	しょじ(する)	[所持(する)]	名,動	소지(하다), 지참(하다)
1級	じょし	[助詞]	名	조사
1級	じょし	[女史]	名	여사
1級	しょぞく(する)	[所属(する)]	名,動	소속(하다)
1級	しょち(する)	[処置(する)]	名,動	처치(하다), 조치(하다)
1級	ショック	[shock]	名	쇼크, 충격
1級	しょっちゅう		副	줄곧, 늘, 항상
1級	しょてい	[所定]	名	소정
1級	じょどうし	[助動詞]	名	조동사
1級	しょとく	[所得]	名	소득
1級	しょばつ(する)	[処罰(する)]	名,動	처벌(하다)
1級	しょはん	[初版]	名	초판
1級	しょひょう	[書評]	名	서평
1級	しょぶん(する)	[処分(する)]	名,動	처분(하다), 처벌(하다)

1級	しょみん	[庶民]	名	서민
1級	しょむ	[庶務]	名	서무
1級	しょゆう(する)	[所有(する)]	名,動	소유(하다)
1級	しらべ	[調べ]	名	조사, 알아 봄
1級	じりつ(する)	[自立(する)]	名,動	자립(하다)
1級	しるす	[記す]	動	기록하다
1級	しれい	[指令]	名,	지령, 지시
1級	~しん	[~心]	接尾	~심(마음)
1級	じん	[陣]	名	배치, 진영, 열, 싸움
1級	しんか(する)	[進化(する)]	名,動	진화(되다)
1級	じんかく	[人格]	名	인격
1級	しんぎ(する)	[審議(する)]	名,動	심의(하다)
1級	しんこう	[振興]	名	진흥
1級	しんこう	[進行]	名	진행
1級	しんこう	[新興]	名	신흥
1級	しんこく(する)	[申告(する)]	名,動	신고(하다)
1級	しんこん	[新婚]	名	신혼
1級	しんさ(する)	[審査(する)]	名,動	심사(하다)
1級	じんざい	[人材]	名	인재
1級	しんし	[紳士]	名	신사
1級	しんじつ(だ)	[真実(だ)]	名,な形	진실(하다)
1級	しんじゃ	[信者]	名	신자, 신도
1級	しんじゅ	[真珠]	名	진주
1級	しんじゅう(する)	[心中(する)]	名,動	동반 자살(하다)
1級	しんしゅつ(する)	[進出(する)]	名,動	진출(하다)

1級	しんじょう	[心情]	名	심정, 마음
1級	しんじん	[新人]	名	신인
1級	しんせい(だ)	[神聖(だ)]	名,な形	신성(하다)
1級	しんぜん	[親善]	名	친선
1級	しんそう	[真相]	名	진상
1級	じんそく(だ)	[迅速(だ)]	名,な形	신속(하다)
1級	じんたい	[人体]	名	인체
1級	しんちく(する)	[新築(する)]	名,動	신축(하다)
1級	しんてい(する)	[進呈(する)]	名,動	증정(하다)
1級	しんてん(する)	[進展(する)]	名,動	진전(하다)
1級	しんでん	[神殿]	名	신전
1級	しんど	[進度]	名	진도
1級	しんどう(する)	[振動(する)]	名,動	진동(하다)
1級	しんにゅうせい	[新入生]	名	신입생
1級	しんにん(する)	[信任(する)]	名,動	신임(하다)
1級	しんねん	[信念]	名	신념
1級	しんぴ(だ)	[神秘(だ)]	名,な形	신비(롭다)
1級	しんぼう(する)	[辛抱(する)]	名,動	참을성, 참음(하다), 인내하다
1級	じんみん	[人民]	名	인민
1級	しんり	[真理]	名	진리
1級	しんりゃく(する)	[侵略(する)]	名,動	침략(하다)
1級	しんりょう(する)	[診療(する)]	名,動	진료(하다)
1級	しんろ	[進路]	名	진로

す

307

1級	すい	[粋]	名	정수
1級	すいげん	[水源]	名	수원
1級	すいしん(する)	[推進(する)]	名,動	추진(하다)
1級	すいせん	[水洗]	名	수세
1級	すいそう(する)	[吹奏(する)]	名,動	취주(하다), 악기 연주(하다)
1級	すいそく(する)	[推測(する)]	名,動	추측(하다)
1級	すいでん	[水田]	名	논, 수답
1級	すいり(する)	[推理(する)]	名,動	추리(하다)
1級	すうし	[数詞]	名	수사
1級	すうはい(する)	[崇拝(する)]	名,動	숭배(하다)
1級	すえつける	[据え付ける]	動	설치하다, 고정시키다
1級	すえる	[据える]	動	설치하다, 자리잡다
1級	すがすがしい	[清々しい]	形	상쾌하다, 산뜻하다
1級	すくい	[救い]	名	구조, 구제, 구원
1級	すくう	[掬う]	動	(액체를) 떠내다, 건져 올리다
1級	すこやかだ	[健やかだ]	な形	튼튼하다, 건강하다
1級	すすぐ	[濯ぐ]	動	헹구다, 씻다
1級	すすみ	[進み]	名	진행, 진도
1級	すすめ	[勧め]	名,動	권유, 권장
1級	すそ	[裾]	名	옷자락, 옷단, 산기슭
1級	スタジオ	[studio]	名	스튜디오
1級	すたれる	[廃れる]	動	소용없게 되다, 한물 가다
1級	スチーム	[steam]	名	스팀, 증기
1級	スト	[strike]	名	동맹파업, ストライキ 줄임말
1級	ストライキ	[strike]	名	동맹파업

1級	ストレス	[stress]	名	스트레스
1級	ストロー	[straw]	名	스트로, 빨대
1級	ストロボ	[strobo]	名	섬광 장치
1級	すばしこい		形	재빠르다, 민첩하다
1級	すばやい	[素早い]	形	재빠르다, 날쌔다
1級	ずばり		副	거침없이, 싹둑
1級	ずぶぬれ	[ずぶ濡れ]	名	흠뻑 젖음
1級	スプリング	[spring]	名	스프링, 용수철
1級	スペース	[space]	名	스페이스, 공간
1級	スポーツカー	[sports car]	名	스포츠카
1級	すます	[済ます]	動	끝내다, 마치다, 해결하다
1級	すます	[澄(清)ます]	動	맑게 하다, 진정시키다
1級	すみやかだ	[速やかだ]	な形	신속하다, 조속하다
1級	スラックス	[slacks]	名	슬랙스, (여성용) 바지
1級	ずらっと		副	죽, 늘어선 모양
1級	する	[擦る]	動	문지르다, 비비다, 갈다
1級	ずるずる(だ)		副,な形	질질, 주르르, 지연되다
1級	ずれ	[滑れ]	名	차이, 격차
1級	すれちがい	[擦れ違い]	名	스쳐 지나감, 엇갈림
1級	すれる	[擦れる]	動	스치다, 스쳐서 닿다
1級	すんなり		副	날씬하게, 매끈하게, 수월히

せ

| 1級 | ~せい | [~制] | 接尾 | ~제(제도) |
| 1級 | せいいく(する) | [生育(する)] | 名,動 | (식물) 생육(하다), 생장(하다) |

1級	せいいく(する)	[成育(する)]	名,動	(동물) 생육(하다), 성장(하다)
1級	せいか	[成果]	名	성과
1級	せいかい	[正解]	名	정답
1級	せいき	[正規]	名	정규
1級	せいぎ	[正義]	名	정의
1級	せいけい	[生計]	名	생계
1級	せいけん	[政権]	名	정권
1級	せいこう(だ)	[精巧(だ)]	名,な形	정교(하다)
1級	せいざ	[星座]	名	성좌, 별자리
1級	せいさい(する)	[制裁(する)]	名,動	제재(하다), 처벌(하다)
1級	せいさく	[政策]	名	정책
1級	せいさん(する)	[精算(する)]	名,動	정산(하다)
1級	せいし	[生死]	名	생사
1級	せいし(する)	[静止(する)]	名,動	정지(하다)
1級	せいじつ(だ)	[誠実(だ)]	名,な形	성실(하다)
1級	せいじゅく(する)	[成熟(する)]	名,動	성숙(하다)
1級	せいしゅん	[青春]	名	청춘
1級	せいじゅん(だ)	[清純(だ)]	名,な形	청순(하다)
1級	せいしょ	[聖書]	名	성경, 성서
1級	せいじょう(だ)	[正常(だ)]	名,な形	정상(적이다)
1級	せいする	[制する]	動	제지하다, 제압하다, 제정하다
1級	せいぜん	[整然]		정연
1級	せいそう(する)	[盛装(する)]	名,動	성장(하다), 꾸며입다
1級	せいだい(だ)	[盛大(だ)]	名,な形	성대(하다)
1級	せいだく	[清濁]	名	맑고 흐림

310

1級	せいてい(する)	[制定(する)]	名,動	제정(하다)
1級	せいてきだ	[静的だ]	な形	정적이다
1級	せいてつ(する)	[製鉄(する)]	名,動	제철(하다)
1級	せいてん	[晴天]	名	맑은 하늘, 청천
1級	せいとう(だ)	[正当(だ)]	名,な形	정당(하다)
1級	せいねん	[成年]	名	성년
1級	せいふく	[制服]	名	제복
1級	せいふく(する)	[征服(する)]	名,動	정복(하다)
1級	せいほう	[製法]	名,動	제조법
1級	せいみつ(だ)	[精密(だ)]	名,な形	정밀(하다)
1級	ぜいむしょ	[税務署]	名	세무서
1級	せいめい	[姓名]	名	성명
1級	せいめい	[声明]	名	성명
1級	せいやく(する)	[制約(する)]	名,動	제약(하다)
1級	せいり	[生理]	名	생리
1級	せいりょく	[勢力]	名	세력
1級	せいれつ(する)	[整列(する)]	名,動	정렬(하다)
1級	セール	[sale]	名	세일
1級	せかす	[急かす]	動	재촉하다
1級	せがれ	[倅]	名	아들놈(자기 아들의 낮춤말)
1級	せきむ	[責務]	名	책무
1級	セクション	[section]	名	섹션, 부문
1級	せじ	[世辞]	名	아부, 아첨, 겉발림
1級	ぜせい(する)	[是正(する)]	名,動	시정(하다)
1級	せたい	[世帯]	名	세대, 가구

311

1級	せだい	[世代]	名	세대
1級	せつ	[節]	名	때, 시기
1級	せっかい(する)	[切開(する)]	名,動	절개(하다)
1級	セックス	[sex]	名	섹스, 성
1級	せつじつだ	[切実だ]	な形	절실하다
1級	せっしょく(する)	[接触(する)]	名,動	접촉(하다)
1級	せつぞくし	[接続詞]	名	접속사
1級	せっち(する)	[設置(する)]	名,動	설치(하다)
1級	せっちゅう(する)	[折衷(する)]	名,動	절충(하다)
1級	せってい(する)	[設定(する)]	名,動	설정(하다)
1級	せっとく(する)	[説得(する)]	名,動	설득(하다)
1級	せつない	[切ない]	名	안타깝다, 애달프다
1級	ぜっぱん	[絶版]	名	절판
1級	ぜつぼう(する)	[絶望(する)]	名,動	절망(하다)
1級	せつりつ(する)	[設立(する)]	名,動	설립(하다)
1級	せめ	[攻め]	名	공격, 공세
1級	ゼリー	[jelly]	名	젤리
1級	セレモニー	[ceremony]	名	의식, 축전
1級	せろん	[世論]	名	여론
1級	せん	[先]	名	앞, 예전
1級	ぜん	[膳]	名	밥상
1級	ぜん	[禅]	名	선, 참선
1級	せんい	[繊維]	名	섬유
1級	ぜんかい(する)	[全快(する)]	名,動	완쾌(하다), 전쾌(하다)
1級	せんきょう(する)	[宣教(する)]	名,動	선교(하다)

1級	せんげん(する)	[宣言(する)]	名,動	선언(하다)
1級	せんこう(する)	[先行(する)]	名,動	선행(하다)
1級	せんこう(する)	[選考(する)]	名,動	전형(하다)
1級	せんさい	[戦災]	名	전쟁 재난
1級	せんしゅう(する)	[専修(する)]	名,動	전수(하다), 전공(하다)
1級	せんじゅつ	[戦術]	名	전술
1級	センス	[sense]	名	센스, 감각
1級	せんすい(する)	[潜水(する)]	名,動	잠수(하다)
1級	ぜんせい	[全盛]	名	전성
1級	せんだい	[先代]	名	선대
1級	せんだって	[先達て]	副	일전에, 얼마 전에
1級	せんちゃく	[先着]	名	선착
1級	ぜんてい	[前提]	名	전제
1級	せんてんてきだ	[先天的だ]	な形	선천적이다
1級	ぜんと	[前途]	名	전도, 장래
1級	せんとう(する)	[戦闘(する)]	名,動	전투(하다)
1級	せんにゅう(する)	[潜入(する)]	名,動	잠입(하다)
1級	せんぱく	[船舶]	名	선박
1級	ぜんはん	[前半]	名	전반
1級	ぜんめつ(する)	[全滅(する)]	名,動	전멸(하다)
1級	せんよう(する)	[専用(する)]	名,動	전용(하다)
1級	せんりょう(する)	[占領(する)]	名,動	점령(하다)
1級	ぜんりょう(だ)	[善良(だ)]	名,な形	선량(하다), 어질다
1級	せんりょく	[戦力]	名	전력
1級	ぜんれい	[前例]	名	전례, 선례

1級	そう	[相]	名	모습, 생김새, 인상
1級	そう	[僧]	名	중, 승려
1級	そうおう(だ)	[相応(だ)]	名,な形	상응(하다), 걸맞다
1級	そうかい	[総会]	名	총회
1級	そうかん(する)	[創刊(する)]	名,動	창간(하다)
1級	ぞうき	[雑木]	名	잡목
1級	そうきゅう(だ)	[早急(だ)]	名,な形	조급(하다), 몹시 급하다
1級	ぞうきょう(する)	[増強(する)]	名,動	증강(하다)
1級	そうきん(する)	[送金(する)]	名,動	송금(하다)
1級	そうこう(する)	[走行(する)]	名,動	주행(하다)
1級	そうごう(する)	[総合(する)]	名,動	종합(하다)
1級	そうさ(する)	[捜査(する)]	名,動	수사(하다)
1級	そうさく(する)	[捜索(する)]	名,動	수색(하다)
1級	そうしつ(する)	[喪失(する)]	名,動	상실(하다)
1級	そうじゅう(する)	[操縦(する)]	名,動	조종(하다)
1級	ぞうしょう	[蔵相]	名	재무부장관
1級	そうしょく(する)	[装飾(する)]	名,動	장식(하다)
1級	ぞうしん(する)	[増進(する)]	名,動	증진(하다)
1級	そうぞう(する)	[創造(する)]	名,動	창조(하다)
1級	そうたい	[相対]	名	상대
1級	そうだい(だ)	[壮大(だ)]	名,な形	장대(하다), 웅대하다
1級	そうどう	[騒動]	名	소동
1級	そうなん(する)	[遭難(する)]	名,動	조난(하다)

1級	そうば	[相場]	名	시세
1級	そうび(する)	[装備(する)]	名,動	장비(하다), 갖추다
1級	そうりつ(する)	[創立(する)]	名,動	창립(하다)
1級	そえる	[添える]	動	첨부하다, 곁들이다
1級	ソース	[sauce]	名	소스, 양념
1級	そくざに	[即座に]	副	당장에, 즉석에서
1級	そくしん(する)	[促進(する)]	名,動	촉진(하다)
1級	そくする	[即する]	動	꼭 맞다, 입각하다
1級	そくばく(する)	[束縛(する)]	名,動	속박(하다), 구속(하다)
1級	そくめん	[側面]	名	측면
1級	そこなう	[損なう]	動	파손하다, 손상하다, 그르치다
1級	そこら	[其処ら]	代	그 근방, 그 정도
1級	そざい	[素材]	名	소재
1級	そし(する)	[阻止(する)]	名,動	저지(하다)
1級	そしょう(する)	[訴訟(する)]	名,動	소송(하다)
1級	そだち	[育ち]	名	성장, 육성, 가정교육
1級	そち(する)	[措置(する)]	名,動	조치(하다), 조처(하다)
1級	ソックス	[socks]	名	양말
1級	そっけない	[素っ気無い]	形	퉁명스럽다, 매몰차다
1級	そっぽ	[外方]	名	다른 쪽, 딴 곳
1級	そなえつける	[備え付ける]	動	설치하다, 비치하다
1級	そなわる	[備わる]	動	갖추어지다
1級	そなわる	[具わる]	動	구비되다
1級	そびえる	[聳える]	動	우뚝 솟다, 치솟다
1級	そぼく(だ)	[素朴(だ)]	名,な形	소박함, 소박하다, 꾸밈 없다

1級 단어 제대로 끝내기

315

1級	そまる	[染まる]	動	물들다
1級	そむく	[背く]	動	어기다, 등지다, 배반하다
1級	そめる	[染める]	動	물들이다, 염색하다
1級	そらす	[反らす]	動	(뒤로) 젖히다, 휘게 하다
1級	そり	[橇]	名	썰매
1級	そる	[反る]	動	휘다, (뒤로) 젖혀지다
1級	それゆえ	[其れ故]	接	그러므로, 그러니까
1級	ソロ	[solo]	名	솔로
1級	そろい	[揃い]	名	모두 갖추어짐, 세트
1級	ぞんざいだ		な形	함부로 하다, 거칠다, 난폭하다
1級	そんしつ(する)	[損失(する)]	名,動	손실(하다)
1級	そんぞく(する)	[存続(する)]	名,動	존속(하다)

316

1級	ダース	[dozen]	名	다스, 12개 묶음
1級	たい	[隊]	名	대열, 부대
1級	~たい	[帯]	接尾	~대(지역)
1級	たいおう(する)	[対応(する)]	名,動	대응(하다), 대처(하다)
1級	たいか	[大家]	名	대가, 거장
1級	たいか(する)	[退化(する)]	名,動	퇴화(하다), 퇴보(되다)
1級	たいがい	[大概]	名,副	대강, 대략, 대체로
1級	たいかく	[体格]	名	체격, 몸매
1級	たいがく(する)	[退学(する)]	名,動	퇴학(하다)
1級	たいきん	[大金]	名	거금, 큰돈
1級	たいぐう(する)	[待遇(する)]	名,動	대우(하다), 접대(하다)
1級	たいけつ(する)	[対決(する)]	名,動	대결(하다)
1級	たいけん(する)	[体験(する)]	名,動	체험(하다)
1級	たいこう(する)	[対抗(する)]	名,動	대항(하다)
1級	たいじ(する)	[退治(する)]	名,動	퇴치(하다)
1級	たいしゅう	[大衆]	名	대중
1級	たいしょ(する)	[対処(する)]	名,動	대처(하다)

단어를 찾아서

1級	たいしょく(する)	[退職(する)]	名,動	퇴직(하다)
1級	だいする	[題する]	動	제목을 달다
1級	たいせい	[態勢]	名	태세, 준비
1級	たいだん(する)	[対談(する)]	名,動	대담(하다)
1級	だいたん(だ)	[大胆(だ)]	名,な形	대담(하다), 겁이 없다
1級	たいとう(だ)	[対等(だ)]	名,な形	대등(하다)
1級	タイトル	[title]	名	타이틀, 표제
1級	だいなし(だ)	[台無し(だ)]	名,な形	형편 없이 됨, 못쓰게 되다
1級	たいのう(する)	[滞納(する)]	名,動	체납(하다)
1級	たいひ(する)	[対比(する)]	名,動	대비(하다)
1級	タイピスト	[typist]	名	타이피스트
1級	だいべん	[大便]	名	대변
1級	だいべん(する)	[代弁(する)]	名,動	대변(하다), 변상(하다)
1級	たいぼう(する)	[大望(する)]	名,動	대망, 몹시 기다리다
1級	だいほん	[台本]	名	대본
1級	タイマー	[timer]	名	타이머
1級	たいまん(だ)	[怠慢(だ)]	名,な形	태만(하다)
1級	タイミング	[timing]	名	타이밍
1級	タイム	[time]	名	타임, 시간
1級	タイムリーだ	[timelyだ]	な形	시의 적절하다
1級	たいめん(する)	[対面(する)]	名,動	대면(하다)
1級	だいよう(する)	[代用(する)]	名,動	대용(하다)
1級	たいりょく	[体力]	名	체력
1級	タイル	[tile]	名	타일
1級	たいわ(する)	[対話(する)]	名,動	대화(하다)

1級	ダウン(する)	[down(する)]	名,動	다운(되다), 내려가다, 떨어지다
1級	たえる	[耐える]	動	견디다, 참고 견디다
1級	たえる	[堪える]	動	감당하다, 참아내다
1級	たえる	[絶える]	動	끊어지다, 중단되다
1級	たえる	[断える]	動	끊어지다, 끊기다
1級	だかい(する)	[打開(する)]	名,動	타개(하다)
1級	たかまる	[高まる]	動	높아지다
1級	たきび	[焚き火]	名	모닥불
1級	だきょう(する)	[妥協(する)]	名,動	타협(하다)
1級	たくましい	[逞しい]	形	늠름하다, 씩씩하다, 다부지다
1級	たくみ(だ)	[巧み(だ)]	名,な形	정교함, 능숙하다, 솜씨가 좋다
1級	たけ	[丈]	名	기장, 길이, 키
1級	だげき	[打撃]	名	타격
1級	だけつ(する)	[妥結(する)]	名,動	타결(하다)
1級	ださく	[駄作]	名	졸작
1級	たしざん	[足し算]	名	덧셈
1級	たすうけつ	[多数決]	名	다수결
1級	たすけ	[助け]	名	도움, 구조
1級	たずさわる	[携わる]	動	관계하다, 종사하다
1級	ただよう	[漂う]	動	떠돌다, 표류하다, 감돌다
1級	たちさる	[立ち去る]	動	떠나가다, 물러나다
1級	たちよる	[立ち寄る]	動	들르다, 다가서다
1級	たつ	[断つ]	動	끊다, 자르다, 중단하다
1級	だっこ(する)	[抱っこ(する)]	名,動	안음, 안김, 안다
1級	たっしゃ(だ)	[達者(だ)]	名,な形	능숙함, 뛰어나다, 빈틈 없다, 건강하다

319

1級	だっしゅつ(する)	[脱出(する)]	名,動	탈출(하다)
1級	だっする	[脱する]	動	벗어나다
1級	たっせい(する)	[達成(する)]	名,動	달성(하다)
1級	だったい(する)	[脱退(する)]	名,動	탈퇴(하다)
1級	だったら		接	그렇다면
1級	たて	[盾]	名	방패
1級	たてかえる	[立て替える]	動	입체하다, 대신 지급하다
1級	たてまえ	[建て前]	名	기본 방침, 주의, 원칙
1級	たてまつる	[奉る]	名	받들다, 모시다, 바치다
1級	だと		接	그렇다면
1級	たどうし	[他動詞]	名	타동사
1級	たとえ	[例え]	名	예, 비유
1級	たどりつく	[辿り着く]	動	(간신히) 도착하다
1級	たどる	[辿る]	動	(목적지를 향해) 가다, 더듬어가다
1級	たばねる	[束ねる]	動	(다발로) 묶다, 통솔하다
1級	だぶだぶ(だ)		副,な形	헐렁헐렁, 출렁출렁(하다)
1級	ダブル	[double]	名	더블
1級	たほう	[他方]	名,副	다른 한쪽, 다른 쪽, 한 편
1級	たぼう(だ)	[多忙(だ)]	名,な形	다망, 매우 바쁘다
1級	たまう	[給う]	動	주시다, 하사하다
1級	たましい	[魂]	名	혼, 영혼, 넋
1級	たまり	[溜り]	名	괸, 웅덩이, 대기실
1級	たまわる	[賜る]	動	내려주시다(もらう, 受ける 겸양어)
1級	たもつ	[保つ]	動	유지하다, 지키다
1級	たやすい	[容易い]	形	손쉽다, 용이하다

1級	たよう(だ)	[多様(だ)]	名,な形	다양(하다)
1級	だるい		形	나른하다, 노곤하다
1級	たるみ	[弛み]	名	느슨함, 늘어짐, 해이함
1級	たるむ	[弛む]	動	느슨해지다, 해이해지다
1級	たれる	[垂れる]	動	드리워지다, 늘어지다, 처지다
1級	タレント	[talent]	名	탤런트
1級	タワー	[tower]	名	타워, 탑
1級	たん~	[単~]	接頭	단~(홑)
1級	たんいつ(だ)	[単一(だ)]	名,な形	단일, 단독으로 하다
1級	たんか	[短歌]	名	단카(일본 정형시)
1級	たんか	[担架]	名	들것
1級	たんき(だ)	[短気(だ)]	名,な形	성급(하다), 성미가 급하다
1級	だんけつ(する)	[団結(する)]	名,動	단결(하다)
1級	たんけん(する)	[探検(する)]	名,動	탐험(하다)
1級	だんげん(する)	[断言(する)]	名,動	단언(하다)
1級	たんしゅく(する)	[短縮(する)]	名,動	단축(하다)
1級	だんぜん	[断然]	副	단연코, 단호히, 훨씬
1級	たんそ	[炭素]	名	탄소
1級	たんだい	[短大]	名	전문대학
1級	たんちょう(だ)	[単調(だ)]	名,な形	단조로움, 단조롭다
1級	たんどく(だ)	[単独(だ)]	名,な形	단독, 단독으로 하다
1級	だんな	[旦那]	名	남편
1級	たんぱ	[短波]	名	단파
1級	たんぱくしつ	[蛋白質]	名	단백질
1級	ダンプ	[dump]	名	덤프

1級

단어 제대로 끝내기

1級	だんめん	[断面]	名	단면
1級	だんりょく	[弾力]	名	탄력

1級	ちあん	[治安]	名	치안
1級	チームワーク	[teamwork]	名	팀워크
1級	チェンジ(する)	[change(する)]	名,動	체인지(하다), 교환(하다)
1級	ちがえる	[違える]	動	다르게 하다, 잘못하다
1級	ちくさん	[畜産]	名	축산
1級	ちくしょう	[畜生]	名	짐승, 개새끼(욕)
1級	ちくせき(する)	[蓄積(する)]	名,動	축적(하다, 되다)
1級	ちけい	[地形]	名	지형
1級	ちせい	[知性]	名	지성
1級	ちち	[乳]	名	젖, 유방
1級	ちぢまる	[縮まる]	動	줄어들다, 오그라들다
1級	ちつじょ	[秩序]	名	질서
1級	ちっそく(する)	[窒息(する)]	名,動	질식(하다)
1級	ちてきだ	[知的だ]	な形	지적이다
1級	チャイム	[chime]	名	종, 초인종
1級	ちゃくしゅ(する)	[着手(する)]	名,動	착수(하다)
1級	ちゃくしょく(する)	[着色(する)]	名,動	착색(하다)
1級	ちゃくせき(する)	[着席(する)]	名,動	착석(하다)
1級	ちゃくもく(する)	[着目(する)]	名,動	착안(하다), 착목(하다)
1級	ちゃくりく(する)	[着陸(する)]	名,動	착륙(하다)
1級	ちゃっこう(する)	[着工(する)]	名,動	착공(하다)

1級	ちゃのま	[茶の間]	名	일본 거실, 다실
1級	ちゃのゆ	[茶の湯]	名	다도
1級	ちやほや(する)		副,動	애지중지(하다)
1級	チャンネル	[channel]	名	채널
1級	ちゅうがえり(する)	[宙返り(する)]	名,動	공중제비, 공중회전(하다)
1級	ちゅうけい(する)	[中継(する)]	名,動	중계(하다)
1級	ちゅうこく(する)	[忠告(する)]	名,動	충고(하다)
1級	ちゅうじつ(だ)	[忠実(だ)]	名,な形	충실(하다)
1級	ちゅうしょう	[中傷]	名	중상
1級	ちゅうすう	[中枢]	名	중추
1級	ちゅうせん(する)	[抽選(する)]	名,動	추첨(하다)
1級	ちゅうだん(する)	[中断(する)]	名,動	중단(하다)
1級	ちゅうどく(する)	[中毒(する)]	名,動	중독(되다)
1級	ちゅうふく	[中腹]	名	산중턱
1級	ちゅうりつ	[中立]	名	중립
1級	ちゅうわ(する)	[中和(する)]	名,動	중화(하다)
1級	~ちょ	[~著]	接尾	~저(저술)
1級	ちょう	[腸]	名	장, 창자
1級	ちょう	[蝶]	名	나비
1級	ちょう~	[超~]	接頭	초~(초과)
1級	ちょういん(する)	[調印(する)]	名,動	조인(하다)
1級	ちょうかく	[聴覚]	名	청각
1級	ちょうかん	[長官]	名	청장, 장관
1級	ちょうこう(する)	[聴講(する)]	名,動	청강(하다)
1級	ちょうしゅう(する)	[徴収(する)]	名,動	징수(하다)

1級	ちょうしんき	[聴診器]	名 청진기
1級	ちょうせん(する)	[挑戦(する)]	名,動 도전(하다)
1級	ちょうてい(する)	[調停(する)]	名,動 조정(하다), 중재(하다)
1級	ちょうふく(する)	[重複(する)]	名,動 중복(되다)
1級	ちょうへん	[長編]	名 장편
1級	ちょうほう(だ)	[重宝(だ)]	名,な形 편리함, 유용하다, 요긴하다
1級	ちょうり(する)	[調理(する)]	名,動 조리(하다), 요리(하다)
1級	ちょうわ(する)	[調和(する)]	名,動 조화(되다)
1級	ちょくちょく		副 이따금, 가끔
1級	ちょくめん(する)	[直面(する)]	名,動 직면(하다)
1級	ちょしょ	[著書]	名 저서
1級	ちょちく(する)	[貯蓄(する)]	名,動 저축(하다)
1級	ちょっかん(する)	[直感(する)]	名,動 직감(하다)
1級	ちょめい(だ)	[著名(だ)]	名,な形 저명(하다)
1級	ちらっと		副 흘끗, 언뜻, 조금
1級	ちり	[塵]	名 먼지, 티끌
1級	ちりとり	[塵取]	名 쓰레받기
1級	ちりょう(する)	[治療(する)]	名,動 치료(하다)
1級	ちんぎん	[賃金]	名 임금
1級	ちんでん(する)	[沈殿(する)]	名,動 침전(하다)
1級	ちんぼつ(する)	[沈没(する)]	名,動 침몰(하다)
1級	ちんもく(する)	[沈黙(する)]	名,動 침묵(하다)
1級	ちんれつ(する)	[陳列(する)]	名,動 진열(하다)

つ

1級	つい	[対]	名	쌍, 짝
1級	ついきゅう(する)	[追及(する)]	名,動	추적(하다), 추궁(하다)
1級	ついせき(する)	[追跡(する)]	名,動	추적(하다)
1級	ついほう(する)	[追放(する)]	名,動	추방(하다)
1級	ついやす	[費やす]	動	소비하다, 낭비하다
1級	ついらく(する)	[墜落(する)]	名,動	추락(하다)
1級	つうかん(する)	[痛感(する)]	名,動	통감(하다)
1級	つうじょう	[通常]	名,副	보통, 통상
1級	つうせつだ	[痛切だ]	な形	통절하다, 간절하다
1級	つえ	[杖]	名	지팡이
1級	つかいみち	[使い道]	名	용도, 사용법
1級	つかえる	[仕える]	動	섬기다, 시중들다, 모시다
1級	つかさどる	[司る]	動	관장하다, 담당하다
1級	つかのま	[束の間]	名	잠깐 동안, 순간
1級	つきなみ(だ)	[月並(だ)]	名,な形	평범(하다), 진부하다
1級	つぎめ	[継ぎ目]	名	이은 자리, 이음매
1級	つきる	[尽きる]	動	다하다, 끝나다, 바닥이 나다
1級	つぐ	[接ぐ]	動	이어 붙이다, 접목하다
1級	つぐ	[継ぐ]	動	(뒤를) 잇다, 계승하다
1級	つくす	[尽す]	動	다하다, 진력하다
1級	つくづく	[熟々]	副	절실히, 곰곰이, 차근히
1級	つぐない	[償い]	名	보상, 보답
1級	つくり	[作り]	名	만듦, 만든 것, 구조, 체격
1級	つくり	[造り]	名	만든 것, 구조, 체격
1級	つくろう	[繕う]	動	꿰매다, 수선하다, 가다듬다

1級

단어 제대로 끝내기

325

1級	つけくわえる	[付け加える]	動	덧붙이다, 첨가하다
1級	つげる	[告げる]	動	고하다, 알리다
1級	つじつま	[辻褄]	名	조리, 이치, 사리
1級	つつ	[筒]	名	통, 관
1級	つつく	[突く]	動	(가볍게 쿡쿡) 찌르다, 들쑤시다
1級	つつしむ	[謹[慎]む]	動	삼가다, 조심하다 경의를 표하다
1級	つっつく	[突っ付く]	動	(가볍게 쿡쿡) 찌르다, 들쑤시다
1級	つっぱる	[突っ張る]	動	버티다, 지탱하다, 우기다
1級	つとまる	[務まる]	動	감당해내다
1級	つとめさき	[勤め先]	名	근무처, 직장
1級	つとめて	[努めて]	副	애써, 힘써, 가능한 한
1級	つなみ	[津波]	名	해일
1級	つねる	[抓る]	動	꼬집다
1級	つの	[角]	名	뿔
1級	つのる	[募る]	動	더해지다, 모집하다
1級	つば	[唾]	名	침
1級	つぶやく	[呟く]	動	중얼거리다, 투덜대다
1級	つぶら(だ)	[円ら(だ)]	名,な形	동그랗고 귀여움, 귀엽다
1級	つぶる	[瞑る]	動	(눈을) 감다
1級	つぼ	[壷]	名	항아리, 단지, 독, 요령
1級	つぼみ	[蕾]	名	꽃봉오리, 꽃망울
1級	つまむ	[摘む]	動	(손가락으로) 집다, 요약하다
1級	つむ	[摘む]	動	(손끝으로) 따다, 뜯다
1級	つゆ	[露]	名	이슬
1級	つよまる	[強まる]	動	강해지다

1級	つよめる	[強める]	動	강하게 하다
1級	つらなる	[連なる]	動	나란히 줄지어 있다, 이어지다
1級	つらぬく	[貫く]	動	꿰뚫다, 관통하다
1級	つらねる	[連ねる]	動	늘어놓다, 줄짓다, 동반하다
1級	つりがね	[釣鐘]	名	범종, 조종
1級	つりかわ	[吊革]	名	(버스, 전철의) 손잡이

て

1級	てあて(する)	[手当て(する)]	名動	수당, 처치(하다), 치료(하다)
1級	ていぎ(する)	[定義(する)]	名動	정의(하다)
1級	ていきょう(する)	[提供(する)]	名動	제공(하다)
1級	ていけい(する)	[提携(する)]	名動	제휴(하다)
1級	ていさい	[体裁]	名	체면, 외관
1級	ていじ(する)	[提示(する)]	名動	제시(하다)
1級	ていしょく	[定食]	名	정식
1級	ていせい(する)	[訂正(する)]	名動	정정(하다)
1級	ていたい(する)	[停滞(する)]	名動	정체(하다)
1級	ていたく	[邸宅]	名	저택
1級	ティッシュペーパー	[tissue paper]	名	티슈페이퍼, 화장지
1級	ていねん	[定年]	名	정년
1級	ていぼう	[堤防]	名	제방, 둑
1級	ていり	[定理]	名	정리
1級	データ	[data]	名	데이터
1級	ておくれ	[手遅れ]	名	때나 시기를 놓침
1級	でかい		形	크다

1級	てがかり	[手掛かり]	名	단서, 실마리, 손 댈 곳
1級	てがける	[手掛ける]	動	손수 다루다, 돌보다
1級	てかず	[手数]	名	수고, 품
1級	てがるだ	[手軽だ]	な形	간편하다, 손쉽다
1級	てきおう(する)	[適応(する)]	名,動	적응(하다)
1級	てきぎ(だ)	[適宜(だ)]	名,な形	적당(하다), 적절하다
1級	てきせい	[適性]	名	적성
1級	できもの	[出来物]	名	종기, 부스럼
1級	てぎわ	[手際]	名	솜씨, 수완, 기량
1級	でくわす	[出くわす]	動	뜻밖에 만나다, 우연히 만나다
1級	デコレーション	[decoration]	名	장식
1級	てごろ(だ)	[手頃(だ)]	名,な形	알맞다, 걸맞다, 적당하다
1級	デザート	[dessert]	名	디저트, 후식
1級	デザイン(する)	[design(する)]	名,動	디자인(하다)
1級	てじゅん	[手順]	名	순서, 절차
1級	てじょう	[手錠]	名	수갑
1級	てすう	[手数]	名	수고, 품
1級	てぢか(だ)	[手近(だ)]	名,な形	바로 곁, 가깝다, 비근하다
1級	てっきり		副	틀림없이, 꼭
1級	てっこう	[鉄鋼]	名	철강
1級	デッサン	[dessin]	名	데생, 소묘
1級	てっする	[徹する]	動	일관하다, 사무치다, 밤 새우다
1級	てっぺん	[天辺]	名	꼭대기, 정수리
1級	てつぼう	[鉄棒]	名	철봉
1級	でなおし(する)	[出直(する)し]	名,動	손질(하다), 수정(하다)

1級	てのひら	[掌]	名	손바닥
1級	てはい(する)	[手配(する)]	名,動	준비(하다), 수배(하다)
1級	てはず	[手筈]	名	(사전) 준비, 계획, 순서
1級	てびき	[手引き]	名	안내, 인도
1級	てほん	[手本]	名	모범, 본보기
1級	てまわし(する)	[手回し(する)]	名,動	(사전) 준비(하다), 수동(으로 돌리다)
1級	てもと	[手元]	名	바로 곁, 자기 곁, 손놀림
1級	デモンストレーション	[demonstration]	名	데모, 시위
1級	てりかえす	[照り返す]	動	반사하다
1級	テレックス	[telex]	名	가입자 전신
1級	てわけ(する)	[手分け(する)]	名,動	분담(하다)
1級	てん	[天]	名	하늘
1級	でんえん	[田園]	名	전원
1級	てんか	[天下]	名	천하
1級	てんか(する)	[点火(する)]	名,動	점화(하다)
1級	てんかい(する)	[転回(する)]	名,動	회전(하다), 전환(하다)
1級	てんかん(する)	[転換(する)]	名,動	전환(하다)
1級	てんきょ(する)	[転居(する)]	名,動	이사(하다)
1級	てんきん(する)	[転勤(する)]	名,動	전근(하다)
1級	てんけん(する)	[点検(する)]	名,動	점검(하다)
1級	でんげん	[電源]	名	전원
1級	てんこう(する)	[転校(する)]	名,動	전학(하다)
1級	てんごく	[天国]	名	천국
1級	てんさい	[天才]	名	천재
1級	てんさい	[天災]	名	천재

329

1級	てんじ(する)	[展示(する)]	名,動	전시(하다)
1級	てんじる	[転じる]	動	바꾸다, 구르다, 돌다
1級	てんずる	[転ずる]	動	바꾸다, 구르다, 돌다
1級	でんせつ	[伝説]	名	전설
1級	てんせん	[点線]	名	점선
1級	てんたい	[天体]	名	천체
1級	でんたつ(する)	[伝達(する)]	名,動	전달(하다)
1級	てんち	[天地]	名	천지
1級	てんで		副	전혀, 아예
1級	てんにん(する)	[転任(する)]	名,動	전임(하다), 전근(하다)
1級	てんぼう(する)	[展望(する)]	名,動	전망, 조망
1級	でんらい(する)	[伝来(する)]	名,動	전래(되다)
1級	てんらく(する)	[転落(する)]	名,動	전락(하다)

1級	と		接助	~면, ~했더니, ~하자마자
1級	~ど	[~土]	接尾	~토(토양)
1級	といあわせる	[問い合わせる]	動	문의하다, 조회하다
1級	とう	[棟]	名	동, 건물
1級	とう~	[当~]	接頭	당(해당)~
1級	どう	[胴]	名	몸체, 몸통
1級	どうい(する)	[同意(する)]	名,動	동의(하다)
1級	どういん(する)	[動員(する)]	名,動	동원(하다)
1級	どうかん(する)	[同感(する)]	名,動	동감(하다)
1級	とうき	[陶器]	名	도기, 도자기

1級	とうぎ(する)	[討議(する)]	名 動	토의(하다)
1級	どうき	[動機]	名	동기
1級	とうきゅう	[等級]	名	등급
1級	どうきゅう	[同級]	名	동급
1級	どうきょ(する)	[同居(する)]	名 動	같이 삶, 같이 살다
1級	とうこう(する)	[登校(する)]	名 動	등교(하다)
1級	とうごう(する)	[統合(する)]	名 動	통합(하다)
1級	どうこう	[動向]	名	동향
1級	とうさん(する)	[倒産(する)]	名 動	도산(하다)
1級	とうし(する)	[投資(する)]	名 動	투자(하다)
1級	どうし	[同志]	名	동지
1級	どうし	[同士]	名	한패, 같은 무리
1級	どうじょう	[道場]	名	도장
1級	どうじょう(する)	[同情(する)]	名 動	동정(하다)
1級	とうせい(する)	[統制(する)]	名 動	통제(하다)
1級	とうせん(する)	[当選(する)]	名 動	당선(되다)
1級	とうそう(する)	[逃走(する)]	名 動	도주(하다)
1級	とうそつ(する)	[統率(する)]	名 動	통솔(하다)
1級	とうたつ(する)	[到達(する)]	名 動	도달(하다)
1級	とうち(する)	[統治(する)]	名 動	통치(하다)
1級	どうちょう(する)	[同調(する)]	名 動	동조(하다)
1級	とうてい	[到底]	副	도저히, 아무리 해도
1級	どうてきだ	[動的だ]	な形	동적이다
1級	とうとい	[尊い]	形	고귀하다, 존귀하다
1級	とうとい	[貴い]	形	귀중하다, 소중하다

331

1級	どうとう	[同等]	名	동등
1級	どうどう	[堂々]		당당, 거침없이
1級	とうとぶ	[尊ぶ]	動	공경하다, 존중하다
1級	どうにか		副	겨우, 이럭저럭, 어떻게
1級	とうにゅう(する)	[投入(する)]	名,動	투입(하다)
1級	どうにゅう(する)	[導入(する)]	名,動	도입(하다)
1級	とうにん	[当人]	名	본인, 당사자
1級	どうふう(する)	[同封(する)]	名,動	동봉(하다)
1級	とうぼう(する)	[逃亡(する)]	名,動	도망(치다, 가다)
1級	とうみん(する)	[冬眠(する)]	名,動	동면(하다)
1級	どうめい(する)	[同盟(する)]	名,動	동맹(하다)
1級	どうやら		副	그럭저럭, 간신히, 아무래도
1級	どうよう(する)	[動揺(する)]	名,動	동요(하다)
1級	どうりょく	[動力]	名	동력
1級	とうろく(する)	[登録(する)]	名,動	등록(하다)
1級	とうろん(する)	[討論(する)]	名,動	토론(하다)
1級	とおざかる	[遠ざかる]	動	멀어지다, 소원해지다
1級	とおまわり(する)	[遠回り(する)]	名,動	우회(하다), 멀리 돌아서 가다
1級	トーン	[tone]	名	톤, 음색
1級	とかく	[兎角]	副	이럭저럭, 자칫, 아무튼
1級	とがめる	[咎める]	動	책망하다, 나무라다, 가책 받다
1級	ときおり	[時折]	副	가끔, 이따금
1級	とぎれる	[途切れる]	動	끊어지다, 중단되다
1級	とく	[説く]	動	설명하다, 설득하다
1級	とぐ	[研ぐ]	動	갈다, 닦다, (곡식을) 씻다

1級	とくぎ	[特技]	名	특기
1級	どくさい(する)	[独裁(する)]	名,動	독재(하다)
1級	とくさん	[特産]	名	특산
1級	どくじ(だ)	[独自(だ)]	名,な形	독자(적이다)
1級	どくしゃ	[読者]	名	독자
1級	とくしゅう	[特集]	名	특집
1級	どくせん(する)	[独占(する)]	名,動	독점(하다)
1級	どくそう	[独創]	名	독창
1級	とくてん(する)	[得点(する)]	名,動	득점(하다)
1級	とくは(する)	[特派(する)]	名,動	특파(하다)
1級	とくゆう(だ)	[特有(だ)]	名,な形	특유(하다)
1級	とげ	[刺(棘)]	名	가시
1級	とげる	[遂げる]	動	이루다, 달성하다
1級	~どころか	[~所か]	接助	~(하기)는커녕
1級	としごろ	[年頃]	名	나이, 적령
1級	とじまり(する)	[戸締り(する)]	名,動	문단속(하다)
1級	とじょう	[途上]	名	가는 도중, 도상
1級	とじる	[綴じる]	動	철하다, 꿰매다
1級	どだい	[土台]	名	토대
1級	とだえる	[途絶える]	動	끊어지다, 두절되다
1級	とっきょ	[特許]	名	특허
1級	とっけん	[特権]	名	특권
1級	とっさ(に)	[咄嗟(に)]	名,副	순간, 돌연
1級	とつじょ	[突如]	副	별안간, 돌연히
1級	とっぱ(する)	[突破(する)]	名,動	돌파(하다)

1級	どて	[土手]	名	둑, 제방
1級	とどけ	[届け]	名	신고, 신고서
1級	とどこおる	[滞る]	動	막히다, 정체되다
1級	ととのえる	[整える]	動	가지런히 하다, 정돈하다
1級	とどめる	[止める]	動	멈추게 하다, 만류하다
1級	となえる	[唱える]	動	외치다, 주창하다
1級	とのさま	[殿様]	名	영주님, 나리님
1級	どひょう	[土俵]	名	스모 씨름판, 가마니
1級	とびら	[扉]	名	문, 문짝, 책 속표지
1級	どぶ	[溝]	名	도랑, 시궁창, 하수구
1級	とほ	[徒歩]	名	도보
1級	どぼく	[土木]	名	토목
1級	とぼける	[恍[惚]ける]	動	얼빠지다, 시치미 떼다
1級	とぼしい	[乏しい]	形	부족하다, 모자라다, 궁색하다
1級	とまどい	[戸惑い]	名	당황, 갈피를 못 잡음
1級	とみ	[富]	名	부, 재산
1級	とむ	[富む]	動	많다, 풍부하다
1級	とも	[共]	名	동시, 같이
1級	ともかせぎ(する)	[共稼ぎ(する)]	名,動	맞벌이(하다)
1級	ともばたらき(する)	[共働き(する)]	名,動	맞벌이(하다)
1級	ドライ(だ)	[dry(だ)]	名,な形	드라이, 메마르다
1級	ドライクリーニング	[dry cleaning]	名	드라이클리닝
1級	ドライバー	[driver]	名	나사돌리개, 운전사
1級	ドライブイン	[drive-in]	名	자동차를 탄 채 이용하는 시설
1級	トラブル	[trouble]	名	트러블

1級	トランジスター	[transistor]	名	트랜지스터, 라디오
1級	とりあえず	[取り敢えず]	副	우선, 먼저, 부랴부랴
1級	とりあつかい	[取り扱い]	名	취급, 대우
1級	とりあつかう	[取り扱う]	動	다루다, 취급하다
1級	とりい	[鳥居]	名	신사(神社) 입구의 기둥문
1級	とりかえ	[取り替え]	名	교환, 교체, 대체
1級	とりくむ	[取り組む]	動	맞붙다, 대전하다
1級	とりしまり	[取り締まり]	名	단속, 관리, 감독
1級	とりしまる	[取り締まる]	動	단속하다, 관리하다
1級	とりしらべる	[取り調べる]	動	취조하다, 조사하다
1級	とりたてる	[取り立てる]	動	징수하다, 받아내다, 내세우다
1級	とりつぐ	[取り次ぐ]	動	(중간에서) 전하다, 응대하다
1級	とりつける	[取り付ける]	動	설치하다, 장치하다
1級	とりのぞく	[取り除く]	動	없애다, 제거하다
1級	とりひき(する)	[取引(する)]	名,動	거래(하다), 흥정(하다)
1級	とりまく	[取り巻く]	動	둘러싸다, 에워싸다
1級	とりまぜる	[取り混ぜる]	動	뒤섞다, 혼합하다
1級	とりもどす	[取り戻す]	動	되찾다, 회복하다
1級	とりよせる	[取り寄せる]	動	가까이 끌어당기다, 가져오게 하다
1級	ドリル	[drill]	名	드릴, 반복 연습
1級	とりわけ	[取り分け]	副	특히, 유난히
1級	とろける	[蕩ける]	動	녹다, 황홀해지다
1級	どわすれ(する)	[度忘れ(する)]	名,動	건망증, 깜박 잊어버리다
1級	どんかん(だ)	[鈍感(だ)]	名,な形	둔감(하다)
1級	とんだ		連体	뜻밖의, 엉뚱한, 엄청난

335

1級	とんや	[問屋]	名	도매상

1級	ないかく	[内閣]	名	내각
1級	ないし	[乃至]	接	내지, 또는
1級	ないしょ	[内緒]	名	비밀
1級	ないしん	[内心]	名	내심
1級	ないぞう	[内臓]	名	내장
1級	ナイター	[night+er]	名	야간 경기
1級	ないぶ	[内部]	名	내부
1級	ないらん	[内乱]	名	내란
1級	ないりく	[内陸]	名	내륙
1級	なえ	[苗]	名	모종
1級	なおさら	[尚更]	副	더욱더, 게다가
1級	ながし	[流し]	名	개수대, 떠내려보냄
1級	ながなが	[長長]	副	오랫동안, 오래도록, 장황하게
1級	なかほど	[中程]	名	절반쯤, 중간쯤, 한가운데쯤
1級	なぎさ	[渚]	名	물가, 둔치
1級	なげく	[嘆く]	動	한탄하다, 탄식하다, 슬퍼하다
1級	なげだす	[投げ出す]	動	내던지다, 포기하다

337

1級	なこうど	[仲人]	名	중매인, 중매쟁이
1級	なごやかだ	[和やかだ]	な形	온화하다, 화기애애하다
1級	なごり	[名残]	名	흔적, 자취, 석별
1級	なさけ	[情け]	名	정, 인정
1級	なさけない	[情け無い]	形	몰인정하다, 한심하다
1級	なさけぶかい	[情け深い]	形	인정이 많다, 동정심이 많다
1級	なじる	[詰る]	動	힐책하다
1級	なだかい	[名高い]	形	유명하다
1級	なだれ	[雪崩]	名	눈사태
1級	なつく	[懐く]	動	따르다
1級	なづける	[名付ける]	動	이름 부치다, 명명하다
1級	なにげない	[何気ない]	形	심하다, 태연하다
1級	なにとぞ	[何卒]	副	부디, 제발, 아무쪼록
1級	なにより	[何より]	副	무엇보다, 더없이, 가장
1級	なによりだ	[何よりだ]	な形	가장 좋다
1級	ナプキン	[napkin]	名	냅킨
1級	なふだ	[名札]	名	이름표, 명찰, 문패
1級	なまぐさい	[生臭い]	形	비린내나다, 건방지다
1級	なまぬるい	[生温い]	形	미지근하다, 미온적이다
1級	なまみ	[生身]	名	살아있는 몸, 날고기
1級	なまり	[鉛]	名	납
1級	なみ	[並]	名	보통, 중간
1級	なめらかだ	[滑らかだ]	な形	매끄럽다, 순조롭다
1級	なめる	[嘗める]	動	핥다, 맛보다
1級	なやましい	[悩ましい]	形	괴롭다, 고통스럽다

1級	なやます	[悩ます]	動	괴롭히다, 성가시게 하다
1級	なやみ	[悩み]	名	고민, 괴로움
1級	ならす	[慣(馴)らす]	動	길들이다, 순응시키다
1級	ならびに	[並びに]	接	및, 또한
1級	なりたつ	[成り立つ]	動	성립되다, 구성되다
1級	なるたけ	[成る丈]	副	되도록, 될 수 있는 한
1級	なれ	[慣れ]	名	익숙해짐, 숙달, 습관
1級	なれなれしい	[馴れ馴れしい]	形	허물없다, 버릇없다
1級	なん	[難]	名	화, 재난, 어려움
1級	~なんか		助	~등, ~따위
1級	ナンセンス(だ)	[nonsense(だ)]	名,な形	넌센스, 터무니없다
1級	なんだか	[何だか]	副	어쩐지, 왠지, 뭔지
1級	なんだかんだ		連語	이러니저러니, 이러쿵저러쿵
1級	なんと	[何と]	副	어떻게, 얼마나, 놀랍게도
1級	なんなり		副	무엇이든

1級	に	[荷]	名	짐
1級	にかよう	[似通う]	動	서로 매우 닮다
1級	にきび		名	여드름
1級	にぎわう	[賑わう]	動	활기차다, 북적거리다
1級	にくしみ	[憎しみ]	名	미움, 증오
1級	にくしん	[肉親]	名	육친
1級	にくたい	[肉体]	名	육체
1級	にげだす	[逃げ出す]	動	도망치다, 달아나다

1級	にしび	[西日]	名	석양, 저녁 해
1級	にじむ	[滲む]	動	스미다, 번지다, 배어 나오다
1級	にせもの	[偽物]	名	가짜, 가짜 물건
1級	にちや	[日夜]	名,副	밤낮, 주야로
1級	にづくり(する)	[荷造(する)]	名,動	짐을 꾸림(하다), 포장(하다)
1級	になう	[担う]	動	짊어지다, 떠맡다
1級	にぶる	[鈍る]	動	무디어지다, 둔해지다
1級	~にもかかわらず	[~にも拘らず]	連語	~에도 불구하고
1級	ニュアンス	[nuance]	名	뉘앙스
1級	ニュー	[new]	名	뉴, 새것, 새로움
1級	にゅうしゅ(する)	[入手(する)]	名,動	입수(하다)
1級	にゅうしょう(する)	[入賞(する)]	名,動	입상(하다)
1級	にゅうよく(する)	[入浴(する)]	名,動	입욕(하다)
1級	にょう	[尿]	名	소변, 오줌
1級	にんしき(する)	[認識(する)]	名,動	인식(하다)
1級	にんじょう	[人情]	名	인정
1級	にんしん(する)	[妊娠(する)]	名,動	임신(하다)
1級	にんむ	[任務]	名	임무
1級	にんめい(する)	[任命(する)]	名,動	임명(하다)

1級	ぬかす	[抜かす]	動	빠뜨리다, 건너뛰다
1級	ぬけだす	[抜け出す]	動	빠져나가다, 살짝 도망치다
1級	ぬし	[主]	名	주인
1級	ぬすみ	[盗み]	名	도둑질

1級	ぬま	[沼]	名	늪

ね

1級	ね	[音]	名	소리
1級	ねいろ	[音色]	名	음색
1級	ねうち	[値打ち]	名	값어치, 가치
1級	ネガ(だ)	[negative(だ)]	名,な形	부정적, 소극적(이다)(ネガテイブ의 줄임말)
1級	ねかせる	[寝かせる]	動	재우다
1級	ねじまわし	[螺旋回し]	名	나사돌리개, 드라이버
1級	ねじれる	[捩れる]	動	비틀어지다, 뒤틀리다
1級	ねたむ	[妬む]	動	질투하다
1級	ねだる	[強請る]	動	조르다, 떼쓰다, 치근거리다
1級	ねつい	[熱意]	名	열의
1級	ねっとう	[熱湯]	名	열탕
1級	ねつりょう	[熱量]	名	열량
1級	ねばり	[粘り]	名	찰기, 끈기
1級	ねばる	[粘る]	動	달라붙다, 끈덕지게 버티다
1級	ねびき(する)	[値引き(する)]	名,動	할인(하다)
1級	ねまわし	[根回し]	名	잔뿌리를 처냄, 사전 교섭
1級	ねる	[練る]	動	반죽하다, 연마하다
1級	ねん	[念]	名	생각, 마음, 주의
1級	ねんが	[年賀]	名	연하
1級	ねんかん	[年鑑]	名	연감
1級	ねんがん(する)	[念願(する)]	名,動	염원(하다)
1級	ねんごう	[年号]	名	연호

341

1級	ねんしょう(する)	[燃焼(する)]	名,動	연소(되다)
1級	ねんちょう	[年長]	名	연장, 연상
1級	ねんりょう	[燃料]	名	연료
1級	ねんりん	[年輪]	名	연륜, 나이테

1級	ノイローゼ	[Neurose]	名	노이로제
1級	のう	[脳]	名	뇌
1級	のうこう	[農耕]	名	농경
1級	のうじょう	[農場]	名	농장
1級	のうち	[農地]	名	농지
1級	のうにゅう(する)	[納入(する)]	名,動	납입(하다), 납품(하다)
1級	のがす	[逃す]	動	놓치다
1級	のがれる	[逃れる]	動	벗어나다, 피하다
1級	のきなみ	[軒並]	名,副	늘어선 집들, 집집마다, 일제히
1級	のぞましい	[望ましい]	形	바람직하다
1級	のぞむ	[臨む]	動	임하다, 향하다, 면하다
1級	のっとる	[乗っ取る]	動	빼앗다, 납치하다, 탈취하다
1級	のどかだ	[長閑だ]	な形	한가롭다, 한적하다, 화창하다
1級	ののしる	[罵る]	動	욕하다, 매도하다
1級	のべ	[延べ]	名	합계, 총계
1級	のみこむ	[飲み込む]	動	삼키다, 이해하다
1級	のりこむ	[乗り込む]	動	올라타다, 몰려들다

は

1級	は	[刃]	名	날, 칼날
1級	~は	[~派]	接尾	~파(갈래)
1級	バー	[bar]	名	술집
1級	はあく(する)	[把握(する)]	名,動	파악(하다)
1級	はい	[肺]	名	폐
1級	~はい	[~敗]	接尾	~패(패배)
1級	はいき(する)	[廃棄(する)]	名,動	폐기(하다)
1級	はいきゅう(する)	[配給(する)]	名,動	배급(하다)
1級	ばいきん	[黴菌]	名	세균
1級	はいぐうしゃ	[配偶者]	名	배우자
1級	はいけい	[背景]	名	배경
1級	はいけい	[拝啓]		삼가 아룁니다(편지 첫머리 글)
1級	はいご	[背後]	名	배후
1級	はいし(する)	[廃止(する)]	名,動	폐지(하다)
1級	はいしゃく(する)	[拝借(する)]	名,動	빌림(借りること 겸양어), 빌리다
1級	はいじょ(する)	[排除(する)]	名,動	배제(하다), 제거(하다)
1級	ばいしょう(する)	[賠償(する)]	名,動	배상(하다)

1級

단어 급수별

343

1級	はいすい	[排水]	名	배수
1級	はいせん	[敗戦]	名	패전
1級	はいち(する)	[配置(する)]	名,動	배치(하다)
1級	はいふ(する)	[配布(する)]	名,動	배포(하다)
1級	はいぶん(する)	[配分(する)]	名,動	배분(하다)
1級	はいぼく(する)	[敗北(する)]	名,動	패배(하다)
1級	ばいりつ	[倍率]	名	배율
1級	はいりょ(する)	[配慮(する)]	名,動	배려(하다)
1級	はいれつ(する)	[配列(する)]	名,動	배열(하다)
1級	はえる	[映える]	動	빛나다, 반사되다
1級	はかい(する)	[破壊(する)]	名,動	파괴(하다)
1級	はかどる	[捗る]	動	진척되다
1級	はかない	[儚い]	形	허무하다, 헛되다, 덧없다
1級	ばかばかしい	[馬鹿馬鹿しい]	形	어처구니없다, 어이없다, 엄청나다
1級	はかる	[諮る]	動	의견을 묻다, 자문하다
1級	はかる	[図る]	動	도모하다, 꾀하다
1級	はき(する)	[破棄(する)]	名,動	파기(하다), 취소(하다)
1級	はぐ	[剥ぐ]	動	벗기다
1級	はくがい(する)	[迫害(する)]	名,動	박해(하다)
1級	はくじゃく(だ)	[薄弱(だ)]	名,な形	박약(하다), 빈약(하다)
1級	はくじょう(する)	[白状(する)]	名,動	자백(하다)
1級	ばくぜん	[漠然]		막연함
1級	ばくだん	[爆弾]	名	폭탄
1級	ばくは(する)	[爆破(する)]	名,動	폭파(하다)
1級	ばくろ(する)	[暴露(する)]	名,動	폭로(하다)

1級	はげます	[励ます]	動	북돋다, 격려하다
1級	はげむ	[励む]	動	힘쓰다
1級	はげる	[剥げる]	動	벗겨지다, 바래지다
1級	ばける	[化ける]	動	둔갑하다, 변장하다
1級	はけん(する)	[派遣(する)]	名,動	파견(하다)
1級	はじ	[恥]	名	부끄러움, 수치, 창피
1級	はじく	[弾く]	動	튀기다, 퉁기다
1級	パジャマ	[pajamas]	名	파자마, 잠옷
1級	はじらう	[恥じらう]	動	수줍어하다, 부끄러워하다
1級	はじる	[恥じる]	動	부끄러워하다
1級	はしわたし	[橋渡し]	名	다리를 놓음, 중개
1級	バス	[bath]	名	목욕, 목욕탕
1級	はずむ	[弾む]	動	튀다, 기세가 오르다
1級	はそん(する)	[破損(する)]	名,動	파손(되다)
1級	はたく	[叩く]	動	털다, 떨어내다, 치다
1級	はだし	[裸足]	名	맨발
1級	はたす	[果たす]	動	다하다, 완수하다
1級	はちみつ	[蜂蜜]	名	벌꿀
1級	パチンコ	[pachinko]	名	파칭코, 슬롯머신
1級	ばつ	[罰]	名	벌
1級	はついく	[発育]	名	발육
1級	はつが(する)	[発芽(する)]	名,動	발아(하다)
1級	はつげん(する)	[発言(する)]	名,動	발언(하다)
1級	バッジ	[badge]	名	배지, 휘장
1級	はっせい(する)	[発生(する)]	名,動	발생(하다)

1級

단어 재배로 끝내기

1級	バッテリー	[battery]	名	배터리
1級	バット	[bat]	名	배트, 라켓
1級	はつびょう(する)	[発病(する)]	名,動	발병(하다)
1級	はつみみ	[初耳]	名	금시초문
1級	はて	[果]	名	끝, 종말, 극한
1級	はてる	[果てる]	動	끝나다, 목숨이 다하다
1級	ばてる		動	지치다, 기진맥진해지다
1級	パトカー	[patrol car]	名	순찰차
1級	はなはだ	[甚だ]	副	몹시, 심히, 대단히
1級	はなばなしい	[華々しい]	形	눈부시다, 훌륭하다
1級	はなびら	[花弁]	名	꽃잎
1級	はなやかだ	[華やかだ]	な形	화려하다, 눈부시다
1級	はばむ	[阻む]	動	저지하다, 막다
1級	はま	[浜]	名	바닷가, 해변가, 물가
1級	はまべ	[浜辺]	名	바닷가
1級	はまる	[嵌る]	動	적합하다, 꼭 들어맞다, 빠지다
1級	はやす	[生やす]	動	자라게 하다
1級	はやめる	[早める]	動	앞당기다
1級	はらだち	[腹立ち]	名	화를 냄, 성을 냄
1級	はらっぱ	[原っぱ]	名	들판, 빈터
1級	はらはら		副	아슬아슬, 팔랑팔랑, 뚝뚝
1級	ばらまく	[散蒔く]	動	흩뿌리다
1級	はりがみ	[張り紙]	名	벽보
1級	はるかだ	[遥かだ]	な形	아득하다, 까마득하다
1級	はれつ(する)	[破裂(する)]	名,動	파열(하다)

1級	はれる	[腫れる]	動	붓다
1級	はん	[判]	名	도장
1級	はん	[版]	名	판목, 널판, 인쇄
1級	はん	[班]	名	반, 조
1級	はんえい(する)	[繁栄(する)]	名,動	번영(하다)
1級	はんが	[版画]	名	판화
1級	ハンガー	[hanger]	名	옷걸이
1級	はんかん	[反感]	名	반감
1級	はんきょう(する)	[反響(する)]	名,動	반향(하다), 메아리치다
1級	パンク(する)	[puncture(する)]	名,動	펑크(가 나다)
1級	はんげき(する)	[反撃(する)]	名,動	반격(하다)
1級	はんけつ(する)	[判決(する)]	名,動	판결(하다)
1級	はんしゃ(する)	[反射(する)]	名,動	반사(하다)
1級	はんじょう(する)	[繁盛(する)]	名,動	번성(하다), 번창(하다)
1級	はんしょく(する)	[繁殖(する)]	名,動	번식(하다)
1級	はんてい(する)	[判定(する)]	名,動	판정(하다)
1級	ばんにん	[万人]	名	만인, 여러 사람
1級	ばんねん	[晩年]	名	만년, 노년
1級	はんのう(する)	[反応(する)]	名,動	반응(하다)
1級	ばんのう(だ)	[万能(だ)]	名,な形	만능(이다)
1級	はんぱ(だ)	[半端(だ)]	名,な形	어중간(하다), 불완전(하다)
1級	はんぱつ(する)	[反発(する)]	名,動	반발(하다)
1級	はんらん	[反乱]	名	반란
1級	はんらん(する)	[氾濫(する)]	名,動	범람(하다)

1級	ひ	[碑]	名	비석
1級	ひ~	[被~]	接頭	피~(수동, 피동)
1級	び	[美]	名	미, 아름다움
1級	ひいては	[延いては]	副	한층 더, 더 나아가서는
1級	ひかえしつ	[控え室]	名	대기실
1級	ひかえる	[控える]	動	삼가다, 억제하다, 대기하다
1級	ひかげ	[日陰]	名	그늘, 응달
1級	ひかん(する)	[悲観(する)]	名動	비관(하다)
1級	ひきあげる	[引き上げる]	動	끌어올리다, 인상하다
1級	ひきいる	[率いる]	動	거느리다, 인솔하다
1級	ひきおこす	[引き起こす]	動	일으키다, 야기하다
1級	ひきさげる	[引き下げる]	動	끌어내리다, 인하하다, 철회하다
1級	ひきずる	[引き摺る]	動	질질 끌다
1級	ひきとる	[引き取る]	動	떠맡다, 인수하다, 물러나다
1級	ひけつ(する)	[否決(する)]	名,動	부결(하다)
1級	ひこう	[非行]	名	비행
1級	ひごろ	[日頃]	名	평소, 평상시
1級	ひさしい	[久しい]	形	오래간만이다, 오래되다
1級	ひさん(だ)	[悲惨(だ)]	名な形	비참(하다)
1級	ビジネス	[business]	名	비즈니스
1級	ひじゅう	[比重]	名	비중
1級	びじゅつ	[美術]	名	미술
1級	ひしょ	[秘書]	名	비서

1級	びしょう(する)	[微笑(する)]	名,動	미소(짓다)
1級	ひずむ	[歪む]	動	비뚤어지다, 일그러지다
1級	ひそかだ	[密かだ]	な形	은밀하다, 비밀리에 하다
1級	ひたす	[浸す]	動	담그다, 적시다
1級	ひたすら	[只管]	副	오직, 오로지
1級	ひだりきき	[左利き]	名	왼손잡이
1級	ひっかく	[引っ掻く]	動	할퀴다
1級	ひっしゅう	[必修]	名	필수
1級	びっしょり		副	흠뻑
1級	ひつぜん	[必然]	名	필연
1級	ひってき(する)	[匹敵(する)]	名,動	필적(하다)
1級	ひといき	[一息]	名	단숨, 한 고비, 한숨
1級	ひとかげ	[人影]	名	인적, 사람 그림자
1級	ひとがら	[人柄]	名	인품, 됨됨이
1級	ひとけ	[人気]	名	인기척
1級	ひところ	[一頃]	名	한때, 왕년, 이전
1級	ひとじち	[人質]	名	인질
1級	ひとすじ	[一筋]	名	외곬, 한 줄기
1級	ひとめ	[人目]	名	남의 눈, 이목
1級	ひどり	[日取り]	名	날짜, 일정, 정한 기일
1級	ひな	[雛]	名	병아리, 새끼 새
1級	ひなた	[日向]	名	양지, 양달
1級	ひなまつり	[雛祭り]	名	히나마츠리
1級	ひなん(する)	[非難(する)]	名,動	비난(하다)
1級	ひなん(する)	[避難(する)]	名,動	피난(하다)

1級

단어 체크로 끝내기

1級	ひのまる	[日の丸]	名	일장기
1級	ひばな	[火花]	名	불꽃, 불똥
1級	ひび	[罅]	名	금, 갈라진 틈
1級	ひめい	[悲鳴]	名	비명
1級	ひやかす	[冷やかす]	動	차게 하다, 놀리다
1級	ひやけ(する)	[日焼け(する)]	名,動	햇볕에 탐, 검게 타다
1級	ひょう	[票]	名	표
1級	ひょうご	[標語]	名	표어
1級	びょうしゃ(する)	[描写(する)]	名,動	묘사(하다)
1級	ひょっと		副	뜻밖에, 불쑥, 만약
1級	びら		名	선전지, 전단, 광고지
1級	ひらたい	[平たい]	形	평평하다, 넓적하다
1級	びり		名	꼴지, 꼴등
1級	ひりつ	[比率]	名	비율
1級	ひりょう	[肥料]	名	비료
1級	びりょう	[微量]	名	미량
1級	ひるめし	[昼飯]	名	점심
1級	ひれい(する)	[比例(する)]	名,動	비례(하다)
1級	ひろう(する)	[疲労(する)]	名,動	피로(하다)
1級	ひろう(する)	[披露(する)]	名,動	피로(하다), 널리 알리다
1級	ひろまる	[広まる]	動	넓어지다, 널리 퍼지다
1級	びんかん(だ)	[敏感(だ)]	名,な形	민감(하다)
1級	ひんけつ	[貧血]	名	빈혈
1級	ひんこん(だ)	[貧困(だ)]	名,な形	빈곤(하다)
1級	ひんしつ	[品質]	名	품질

1級	ひんじゃく(だ)	[貧弱(だ)]	名,な形	빈약(하다)
1級	ひんしゅ	[品種]	名	품종
1級	ヒント	[hint]	名	힌트
1級	ひんぱん(だ)	[頻繁(だ)]	名,形	빈번(하다)
1級	びんぼう(だ)	[貧乏(だ)]	名,な形	가난(하다), 빈곤(하다)

1級	ファイト	[fight]	名	투지, 파이팅
1級	ファイル	[file]	名	파일, 서류철
1級	ファン	[fan]	名	팬, 열혈 애호가
1級	ふい	[不意]	名	불의, 뜻밖, 의외
1級	フィルター	[filter]	名	필터
1級	ふう	[封]	名	봉한 것, 봉함
1級	ふうさ(する)	[封鎖(する)]	名,動	봉쇄(하다)
1級	ふうしゃ	[風車]	名	풍차
1級	ふうしゅう	[風習]	名	풍습
1級	ふうぞく	[風俗]	名	풍속
1級	ブーツ	[boots]	名	부츠
1級	ふうど	[風土]	名	풍토
1級	ブーム	[boom]	名	붐
1級	フェリー	[ferry boat]	名	페리
1級	フォーム	[form]	名	폼
1級	ぶか	[部下]	名	부하
1級	ふかけつ(だ)	[不可欠(だ)]	名,な形	불가결(하다)
1級	ぶかぶか		副	헐렁헐렁

1級	ふかめる	[深める]	動	깊게 하다
1級	ふきつ(だ)	[不吉(だ)]	名,な形	불길(하다)
1級	ふきょう	[不況]	名	불황, 불경기
1級	ふきん	[布巾]	名	행주
1級	ふく	[福]	名	복
1級	ふくごう	[複合]	名	복합
1級	ふくし	[福祉]	名	복지
1級	ふくめん	[覆面]	名	복면
1級	ふくれる	[膨れる]	動	부풀다, 불룩해지다, 볼메다
1級	ふけいき(だ)	[不景気(だ)]	名,な形	불경기, 불황(이다), 활기가 없다
1級	ふける	[老ける]	動	늙다, 나이 들다
1級	ふける	[耽る]	動	열중하다, 몰두하다, 골몰하다
1級	ふごう	[富豪]	名	부호, 갑부
1級	ふこく(する)	[布告(する)]	名,動	포고(하다)
1級	ブザー	[buzzer]	名	버저, 경보기
1級	ふさい	[負債]	名	부채
1級	ふざい(する)	[不在(する)]	名,動	부재(하다)
1級	ふさわしい	[相応しい]	形	어울리다, 걸맞다
1級	ふじゅん(だ)	[不順(だ)]	名,な形	불순(하다), 고르지 못하다
1級	ふしょう	[負傷]	名	부상
1級	ぶじょく(する)	[侮辱(する)]	名,動	모욕(하다)
1級	ふしん(だ)	[不振(だ)]	名,な形	부진(하다)
1級	ふしん(だ)	[不審(だ)]	名,な形	의심, 미심(쩍다), 수상하다
1級	ぶそう(する)	[武装(する)]	名,動	무장(하다)
1級	ふだ	[札]	名	표, 팻말

1級	ふちょう(だ)	[不調(だ)]	名·な形	부진함, 불성립, 상태가 나쁘다
1級	ふっかつ(する)	[復活(する)]	名·動	부활(하다)
1級	ぶつぎ	[物議]	名	물의
1級	ふっきゅう(する)	[復旧(する)]	名·動	복구(하다)
1級	ふっこう(する)	[復興(する)]	名·動	부흥(하다)
1級	ぶっし	[物資]	名	물자, 물품
1級	ぶつぞう	[仏像]	名	불상
1級	ぶったい	[物体]	名	물체
1級	ふっとう(する)	[沸騰(する)]	名·動	비등(하다), 끓어오르다
1級	ふとう(だ)	[不当(だ)]	名·な形	부당(하다)
1級	ふどうさん	[不動産]	名	부동산
1級	ぶなん(だ)	[無難(だ)]	名·な形	무난(하다)
1級	ふにん(する)	[赴任(する)]	名·動	부임(하다)
1級	ふはい(する)	[腐敗(する)]	名·動	부패(하다)
1級	ふひょう	[不評]	名	평판이 나쁨, 악평
1級	ふふく(だ)	[不服(だ)]	名·な形	불만(스럽다), 납득이 안 된다
1級	ふへん	[普遍]	名	보편
1級	ふまえる	[踏まえる]	動	밟아 누르다, 입각하다
1級	ふみこむ	[踏み込む]	動	발을 들여놓다, 들이닥치다
1級	ふめい(だ)	[不明(だ)]	名·な形	불명, 불분명(하다), 확실치 않다
1級	ぶもん	[部門]	名	부문
1級	ふよう(する)	[扶養(する)]	名·動	부양(하다)
1級	ふらふら(する)		副·動	흔들흔들(하다), 휘청(거리다)
1級	ぶらぶら(する)		副·動	흔들흔들(하다), 빈둥(거리다)
1級	ふり	[振り]	名	흔듦, 휘두름, 행동, 동작

353

1級	ふりかえる	[振り返る]	動	뒤돌아보다, 회고하다
1級	ふりだし	[振り出し]	名	수표 발행, 시발점
1級	ふりょう(だ)	[不良(だ)]	名,な形	불량(하다)
1級	ふりょく	[浮力]	名	부력
1級	ぶりょく	[武力]	名	무력
1級	ブルー	[blue]	名	블루, 청색
1級	ふるわせる	[震わせる]	動	떨게 하다, 진동시키다
1級	ぶれい(だ)	[無礼(だ)]	名,な形	무례(하다)
1級	ふろく	[付録]	名	부록
1級	フロント	[front]	名	프런트
1級	ふんがい(する)	[憤慨(する)]	名,動	분개(하다)
1級	ぶんかざい	[文化財]	名	문화재
1級	ぶんぎょう(する)	[分業(する)]	名,動	분업(하다)
1級	ぶんご	[文語]	名	문어, 문장체
1級	ぶんさん(する)	[分散(する)]	名,動	분산(하다)
1級	ぶんし	[分子]	名	분자
1級	ふんしつ(する)	[紛失(する)]	名,動	분실(하다, 되다)
1級	ふんしゅつ(する)	[噴出(する)]	名,動	분출(하다)
1級	ぶんしょ	[文書]	名	문서
1級	ふんそう(する)	[紛争(する)]	名,動	분쟁(하다)
1級	ぶんたん(する)	[分担(する)]	名,動	분담(하다)
1級	ふんだんだ		な形	많다, 풍부하다, 충분하다
1級	ふんとう(する)	[奮闘(する)]	名,動	분투(하다)
1級	ぶんぱい(する)	[分配(する)]	名,動	분배(하다)
1級	ぶんぼ	[分母]	名	분모

1級	ふんまつ	[粉末]	名	분말
1級	ぶんり(する)	[分離(する)]	名,動	분리(하다)
1級	ぶんれつ(する)	[分裂(する)]	名,動	분열(하다)

1級	ペア	[pair]	名	쌍, 짝
1級	へいき	[兵器]	名	병기, 무기
1級	へいこう(する)	[並行(する)]	名,動	병행(하다)
1級	へいこう(する)	[閉口(する)]	名,動	질림, 항복(하다), 손들다
1級	へいさ(する)	[閉鎖(する)]	名,動	폐쇄(하다)
1級	へいし	[兵士]	名	병사, 사병
1級	へいじょう	[平常]	名	평상, 평소
1級	へいほう	[平方]	名	평방, 제곱
1級	へいれつ(する)	[並列(する)]	名,動	병렬(하다)
1級	ベース	[base]	名	베이스, 토대, 근거지
1級	へきえき(する)	[辟易(する)]	名,動	물러남, 꽁무니 빼다, 질리다
1級	ぺこぺこ(する)		副,動	굽실(거리다), 아첨하다
1級	ぺこぺこだ		な形	몹시 배고프다
1級	ベスト	[best]	名	베스트, 최선
1級	ベスト	[vest]	名	조끼
1級	ベストセラー	[best-seller]	名	베스트셀러
1級	へだたる	[隔たる]	動	(사이가) 떨어지다, 가로막히다
1級	べっきょ(する)	[別居(する)]	名,動	별거(하다)
1級	へり	[縁]	名	가장자리, 끝
1級	へりくだる	[謙る]	動	겸손해하다, 자기를 낮추다

1級	へる	[経る]	動	(시간이) 지나다, 경과하다, 거치다
1級	べんかい(する)	[弁解(する)]	名,動	변명(하다)
1級	へんかく(する)	[変革(する)]	名,動	변혁(하다)
1級	へんかん(する)	[返還(する)]	名,動	반환(하다)
1級	べんぎ	[便宜]	名	편의
1級	へんきゃく(する)	[返却(する)]	名,動	반환(하다), 반각(하다)
1級	へんけん	[偏見]	名	편견
1級	べんご(する)	[弁護(する)]	名,動	변호(하다)
1級	へんさい(する)	[返済(する)]	名,動	변제(하다)
1級	べんしょう(する)	[弁償(する)]	名,動	변상(하다)
1級	へんせん(する)	[変遷(する)]	名,動	변천(하다)
1級	へんとう(する)	[返答(する)]	名,動	대답(하다), 회답(하다)
1級	へんどう(する)	[変動(する)]	名,動	변동(하다)
1級	べんろん(する)	[弁論(する)]	名,動	변론(하다)

ほ

1級	ほ	[穂]	名	이삭
1級	ほいく	[保育]	名	보육
1級	ボイコット(する)	[boycott(する)]	名,動	보이콧(하다), 거부(하다)
1級	ポイント	[point]	名	포인트
1級	ほうあん	[法案]	名	법안
1級	ぼうえい(する)	[防衛(する)]	名,動	방위, 방어(하다)
1級	ほうか(する)	[放火(する)]	名,動	방화(하다)
1級	ほうかい(する)	[崩壊(する)]	名,動	붕괴(하다)
1級	ぼうがい(する)	[妨害(する)]	名,動	방해(하다)

1級	ほうがく	[法学]	名	법학
1級	ほうき(する)	[放棄(する)]	名,動	포기(하다)
1級	ほうけん	[封建]	名	봉건
1級	ほうさく	[方策]	名	방책
1級	ほうさく	[豊作]	名	풍작
1級	ほうし(する)	[奉仕(する)]	名,動	봉사(하다)
1級	ほうしき	[方式]	名	방식, 방법
1級	ほうしゃ(する)	[放射(する)]	名,動	방사(하다)
1級	ほうしゃのう	[放射能]	名	방사능
1級	ほうしゅう	[報酬]	名	보수, 보상
1級	ほうしゅつ(する)	[放出(する)]	名,動	방출(하다), 분출(하다)
1級	ほうじる	[報じる]	動	보답하다, 보도하다
1級	ほうずる	[報ずる]	動	보답하다, 보도하다
1級	ぼうせき	[紡績]	名	방적
1級	ぼうぜん	[呆然]		어리둥절함, 멍함
1級	ほうち(する)	[放置(する)]	名,動	방치(하다)
1級	ぼうちょう(する)	[膨張(する)]	名,動	팽창(하다)
1級	ほうてい	[法廷]	名	법정
1級	ほうどう(する)	[報道(する)]	名,動	보도(하다)
1級	ぼうとう	[冒頭]	名	모두, 서두
1級	ぼうどう	[暴動]	名	폭동
1級	ほうび	[褒美]	名	포상, 상
1級	ぼうふう	[暴風]	名	폭풍
1級	ほうむる	[葬る]	動	매장하다
1級	ほうりこむ	[放り込む]	動	던져 넣다, 아무렇게나 넣다

357

1級	ほうりだす	[放り出す]	動	내던지다, 내팽개치다, 내쫓다
1級	ぼうりょく	[暴力]	名	폭력
1級	ほうわ	[飽和]	名,動	포화
1級	ホース	[hose]	名	호스
1級	ポーズ	[pose]	名	포즈, 자세
1級	ホール	[hall]	名	홀, 넓은 방
1級	ほおん	[保温]	名	보온
1級	ほかく(する)	[捕獲(する)]	名,動	포획(하다)
1級	ほかん(する)	[保管(する)]	名,動	보관(하다)
1級	ほきゅう(する)	[補給(する)]	名,動	보급(하다)
1級	ほきょう(する)	[補強(する)]	名,動	보강(하다)
1級	ぼきん(する)	[募金(する)]	名,動	모금(하다)
1級	ぼくし	[牧師]	名	목사
1級	ほげい	[捕鯨]	名	포경
1級	ぼける	[惚ける]	動	(의식, 감각이) 흐려지다
1級	ほけん	[保険]	名	보험
1級	ほご(する)	[保護(する)]	名,動	보호(하다)
1級	ぼこう	[母校]	名	모교
1級	ぼこく	[母国]	名	모국
1級	ほこる	[誇る]	動	자랑하다, 뽐내다
1級	ほころびる	[綻びる]	動	(실밥이) 터지다, (꽃이) 피어나다
1級	ほし~	[干し~]	接頭	말린 것
1級	ポジション	[position]	名	포지션, 위치, 지위
1級	ほしもの	[干し物]	名	햇볕에 말리는 것, 빨래
1級	ほしゅ	[保守]	名	보수

1級	ほじゅう(する)	[補充(する)]	名,動	보충(하다)
1級	ほじょ(する)	[補助(する)]	名,動	보조(하다)
1級	ほしょう(する)	[保障(する)]	名,動	보장(하다)
1級	ほしょう(する)	[補償(する)]	名,動	보상(하다), 배상(하다)
1級	ほそう(する)	[舗装(する)]	名,動	포장(하다)
1級	ほそく(する)	[補足(する)]	名,動	보충(하다)
1級	ぼち	[墓地]	名	묘지
1級	ほっさ(する)	[発作(する)]	名,動	발작(하다)
1級	ぼっしゅう(する)	[没収(する)]	名,動	몰수(하다)
1級	ほっそく(する)	[発足(する)]	名,動	발족(하다)
1級	ほっと(する)		副,動	후유, 한숨 돌리다, 안심하다
1級	ポット	[pot]	名	포트, 단지, 병
1級	ほっぺた	[頬っぺた]	名	뺨, 볼따구니
1級	ぼつぼつ		名,副	여드름, 조금씩, 슬슬
1級	ぼつらく(する)	[没落(する)]	名,動	몰락(하다)
1級	ほどける	[解ける]	動	풀리다, 풀어지다
1級	ほどこす	[施す]	動	시행하다, 실시하다, 베풀다
1級	ほとり	[畔]	名	근처, 부근, 언저리
1級	ぼやく		動	투덜거리다
1級	ぼやける	[暈やける]	動	멍해지다, 흐릿해지다
1級	ほよう	[保養]	名	보양, 휴양
1級	ほりょ	[捕虜]	名	포로
1級	ボルト	[volt]	名	볼트
1級	ほろびる	[滅びる]	動	멸망하다, 없어지다
1級	ほろぶ	[滅ぶ]	動	멸망하다, 없어지다

359

1級	ほろぼす	[滅ぼす]	動	멸망시키다, 없애다
1級	ほんかく	[本格]	名	본격
1級	ほんかん	[本館]	名	본관
1級	ほんき(だ)	[本気(だ)]	名,な形	진심, 본마음, 진지하다
1級	ほんごく	[本国]	名	본국
1級	ほんしつ	[本質]	名	본질
1級	ほんたい	[本体]	名	본체
1級	ほんね	[本音]	名	진심, 본심
1級	ほんのう	[本能]	名	본능
1級	ほんば	[本場]	名	본고장
1級	ポンプ	[pomp]	名	펌프
1級	ほんぶん	[本文]	名	본문
1級	ほんみょう	[本名]	名	본명

1級	マーク(する)	[mark(する)]	名,動	마크, 표, 달성하다, 견제하다
1級	マイ~	[my~]		내~, 나의~
1級	マイクロホン	[microphone]	名	마이크로폰
1級	まいぞう(する)	[埋蔵(する)]	名,動	매장(하다)
1級	まう	[舞う]	動	춤추다, 흩날리다
1級	まうえ	[真上]	名	바로 위
1級	まえうり	[前売り]	名	예매
1級	まえおき	[前置き]	名	머리말, 서두, 서론
1級	まえもって	[前もって]	副	사전에, 미리
1級	まかす	[任す]	動	맡기다, 위임하다
1級	まかす	[負かす]	動	지게 하다, 이기다
1級	まかなう	[賄う]	動	마련하다, 조달하다
1級	まぎらわしい	[紛らわしい]	形	헷갈리기 쉽다, 혼동하기 쉽다
1級	まぎれる	[紛れる]	動	혼동되다, 헷갈리다, 잊혀지다
1級	まく	[膜]	名	막, 표피
1級	まごころ	[真心]	名	진심, 성심, 정성
1級	まごつく		動	갈팡질팡하다, 망설이다, 당황하다

1級

단어 제대로 끝내기

361

1級	まこと	[誠]	名	진실, 사실, 정성
1級	まことに	[誠に]	副	참으로, 정말로, 대단히
1級	まさしく	[正しく]	副	바로, 틀림없이, 분명히
1級	まさる	[勝る]	動	낫다, 보다 뛰어나다, 우수하다
1級	~まし	[~増し]	接尾	~증(증가)
1級	まじえる	[交える]	動	섞다, 교차시키다, 주고받다
1級	ました	[真下]	名	바로 아래, 바로 밑
1級	まして	[況して]	副	더구나, 하물며
1級	まじわる	[交わる]	動	사귀다, 교차하다
1級	ますい(する)	[麻酔(する)]	名,動	마취(하다)
1級	マスコミ	[mass communication]	名	매스컴
1級	また	[股]	名	가랑이, 허벅지
1級	またがる	[跨る]	動	올라타다, 걸터앉다, 걸치다
1級	まちあわせ	[待ち合わせ]	名	만나기로 함, 만날 약속
1級	まちどおしい	[待ち遠しい]	形	몹시 기다려지다
1級	まちのぞむ	[待ち望む]	動	갈망하다, 학수고대하다
1級	まちまち(だ)	[区々(だ)]	名,な形	갖가지, 구구, 가지각색이다
1級	まつ	[末]	名	끝, 말
1級	まっき	[末期]	名	말기
1級	マッサージ	[massage]	名	마사지, 안마
1級	まっぷたつ	[真っ二つ]	名	딱 절반, 두 동강이
1級	まと	[的]	名	과녁, 표적, 목표
1級	まとまり	[纏まり]	名	정리, 통합, 결말
1級	まとめ	[纏め]	名	요약, 종합, 조정
1級	まぬがれる	[免れる]	動	모면하다, 벗어나다

1級	まねき	[招き]	名	초대, 초청
1級	まばたき	[瞬き]	名	눈을 깜빡임
1級	まひ(する)	[麻痺(する)]	名,動	마비(되다)
1級	~まみれ		接尾	~투성이
1級	まゆ	[眉]	名	눈썹
1級	まり	[鞠]	名	공
1級	まるごと	[丸ごと]	副	통째로, 온통
1級	まるっきり	[丸っきり]	副	도무지, 전혀
1級	まるまる	[丸々]	副	토실토실, 완전히, 죄다
1級	まるめる	[丸める]	動	둥글게 하다, 뭉치다
1級	まんげつ	[満月]	名	만월, 보름달
1級	まんじょう	[満場]	名	만장, 모인 모든 사람
1級	まんせい	[慢性]	名	만성
1級	まんまえ	[真ん前]	名	바로 앞, 정면
1級	まんまるい	[真ん丸い]	形	아주 둥글다, 동그랗다
1級	まんまるい	[真ん円い]	形	아주 둥글다, 동그랗다

1級	~み	[~味]	接尾	~미(맛, 멋)
1級	みあい	[見合い]	名	맞선
1級	みあわせる	[見合わせる]	動	마주보다, 대조하다
1級	みおとす	[見落とす]	動	간과하다, 빠뜨리다
1級	みかい(だ)	[未開(だ)]	名,な形	미개(하다)
1級	みかく	[味覚]	名	미각
1級	みかける	[見掛ける]	動	눈에 띄다, 언뜻 보다

1級	みき	[幹]	名	(나무)줄기, 주요 부분, 근간
1級	みぐるしい	[見苦しい]	形	보기 흉하다, 꼴사납다
1級	みこみ	[見込み]	名	가망, 가능성, 장래성
1級	みこん	[未婚]	名	미혼
1級	みじゅく(だ)	[未熟(だ)]	名,な形	미숙(하다), 덜되다
1級	みじん	[微塵]	名	자잘한 먼지, 티끌, 잘게 썬 것
1級	ミス	[Miss)	名	미스, 미혼 여성
1級	みずけ	[水気]	名	물기, 수분
1級	ミスプリント	[misprint]	名	미스프린트
1級	みすぼらしい	[見窄らしい]	形	초라하다, 볼품 없다
1級	ミセス	[Mrs.]	名	미세스, 기혼 여성
1級	みせびらかす	[見せびらかす]	動	과시하다, 자랑삼아 보이다
1級	みせもの	[見せ物]	名	구경거리, 흥행
1級	みぞ	[溝]	名	도랑, 개천
1級	みたす	[満たす]	動	채우다, 충족시키다
1級	みだす	[乱す]	動	흩뜨리다, 어지럽히다
1級	みだれる	[乱れる]	動	흐트러지다, 어수선해지다
1級	みち	[未知]	名	미지
1級	みぢか(だ)	[身近(だ)]	名,な形	신변, 관계가 깊다, 친근하다
1級	みちばた	[道端]	名	길가, 길 주변
1級	みちびく	[導く]	動	이끌다, 인도하다
1級	みっしゅう(する)	[密集(する)]	名,動	밀집(하다)
1級	みっせつ(だ)(する)	[密接(だ)(する)]	名,な形,動	밀접(하다)
1級	みつど	[密度]	名	밀도
1級	みつもり	[見積もり]	名	견적

1級	みてい	[未定]	名	미정
1級	みとおし	[見通し]	名	전망, 예측, 꿰뚫어 봄
1級	みなす	[見做す]	動	간주하다, 가정하다
1級	みなもと	[源]	名	근원, 기원, 수원
1級	みならう	[見習う]	動	본받다, 보고 배우다
1級	みなり	[身形]	名	옷차림
1級	みね	[峰]	名	산봉우리, 봉우리
1級	みのうえ	[身の上]	名	신상, 처지
1級	みのがす	[見逃す]	動	(기회를) 놓치다, 못보다, 봐주다
1級	みのまわり	[身の回り]	名	신변, 신변 물건
1級	みはからう	[見計らう]	動	가늠하다, 적당히 고르다
1級	みはらし	[見晴らし]	名	전망, 조망
1級	みぶり	[身振り]	名	몸짓, 거동
1級	みゃく	[脈]	名	맥, 맥박
1級	ミュージック	[music]	名	뮤직, 음악
1級	みれん(だ)	[未練(だ)]	名,な形	미련, 단념하기 어렵다
1級	みわたす	[見渡す]	動	멀리 바라보다, 전망하다
1級	みんしゅく	[民宿]	名	민박, 민박집
1級	みんぞく	[民俗]	名	민속
1級	みんぞく	[民族]	名	민족

1級	むいみ(だ)	[無意味(だ)]	名,な形	무의미(하다), 헛되다
1級	ムード	[mood]	名	무드, 분위기
1級	むくち(だ)	[無口(だ)]	名,な形	과묵함, 과묵하다, 말이 적다

1級	むこ	[婿]	名	사위, 신랑
1級	むこう(だ)	[無効(だ)]	名,な形	무효(이다)
1級	むごん	[無言]	名	무언
1級	むじゃき(だ)	[無邪気(だ)]	名,な形	천진함, 천진하다, 순진하다
1級	むしる	[毟る]	動	잡아 뽑다, 쥐어뜯다
1級	むすび	[結び]	名	맺음, 결론, 매듭
1級	むすびつき	[結び付き]	名	결합, 결속, 관계
1級	むすびつく	[結び付く]	動	연결되다, 결부되다
1級	むすびつける	[結び付ける]	動	잡아매다, 결부시키다
1級	むせん	[無線]	名	무선
1級	むだづかい(する)	[無駄遣い(する)]	名,動	낭비(하다), 허비(하다)
1級	むだん	[無断]	名	무단
1級	むち(だ)	[無知(だ)]	名,な形	무지(하다)
1級	むちゃ(だ)	[無茶(だ)]	名,な形	당치않음, 터무니없다
1級	むちゃくちゃ(だ)	[無茶苦茶(だ)]	名,な形	엉망진창(이다), 터무니없다
1級	むなしい	[空[虚]しい]	形	덧없다, 허무하다, 헛되다
1級	むねん	[無念]	名	무념
1級	むのう(だ)	[無能(だ)]	名,な形	무능(하다)
1級	むやみに	[無闇に]	副	함부로, 무턱대고, 마구
1級	むよう(だ)	[無用(だ)]	名,な形	소용없음, 필요 없음, 필요 없다
1級	むら	[斑]	名	얼룩
1級	むらがる	[群がる]	動	떼지어 모이다, 군집하다
1級	むろん	[無論]	副	물론

1級	めいさん	[名産]	名	명산
1級	めいしょう	[名称]	名	명칭
1級	めいちゅう(する)	[命中(する)]	名,動	명중(하다)
1級	めいはく(だ)	[明白(だ)]	名,な形	명백(하다)
1級	めいぼ	[名簿]	名	명부
1級	めいよ(だ)	[名誉(だ)]	名,な形	명예(롭다), 영예(롭다)
1級	めいりょう(だ)	[明瞭(だ)]	名,な形	명료(하다), 분명하다
1級	めいろう(だ)	[明朗(だ)]	名,な形	명랑(하다), 공정하다
1級	メーカー	[maker]	名	제조업자, 제조회사
1級	めかた	[目方]	名	무게, 중량
1級	めぐみ	[恵み]	名	혜택, 은혜, 은총
1級	めぐむ	[恵む]	動	베풀다
1級	めくる	[捲る]	動	넘기다, 젖히다
1級	めざましい	[目覚ましい]	形	눈부시다, 놀랍다
1級	めざめる	[目覚める]	動	눈뜨다, 깨닫다
1級	めす	[召す]	動	食べる, 飲む, 着る의 존경어
1級	めす	[雌]	名	암컷
1級	めつき	[目付き]	名	눈매, 눈초리
1級	メッセージ	[message]	名	메시지
1級	めつぼう(する)	[滅亡(する)]	名,動	멸망(하다)
1級	メディア	[media]	名	미디어
1級	めど	[目途]	名	목표, 전망
1級	めもり	[目盛り]	名	눈금
1級	メロディー	[melody]	名	멜로디
1級	めんかい(する)	[面会(する)]	名,動	면회(하다)

1級 / 단어 제대로 끝내기

1級	めんじょ(する)	[免除(する)]	名,動	면제(하다)
1級	めんする	[面する]	動	면하다, 향하다, 직면하다
1級	めんぼく	[面目]	名	면목, 체면
1級	めんもく	[面目]	名	면목, 체면

1級	も	[喪]	名	상, 상복
1級	~もう	[~網]	接尾	~망(조직)
1級	もうける	[設ける]	動	마련하다, 설치하다
1級	もうしいれる	[申し入れる]	動	제의하다, 의견을 표하다
1級	もうしこみ	[申し込み]	名	신청
1級	もうしで	[申し出]	名	신청, 제의
1級	もうしでる	[申し出る]	動	신청하다, 요청하다
1級	もうしぶん	[申し分]	名	주장, 할 말, 더할 나위, 나무랄 데
1級	もうてん	[盲点]	名	맹점
1級	もうれつ(だ)	[猛烈(だ)]	名,な形	맹렬(하다)
1級	モーテル	[motel]	名	모텔
1級	もがく		動	버둥거리다, 허우적거리다
1級	もくろく	[目録]	名	목록
1級	もくろみ	[目論見]	名	계획, 의도, 기도
1級	もけい	[模型]	名	모형
1級	もさく(する)	[模索(する)]	名,動	모색
1級	もしかして	[若しかして]	副	혹시, 만일, 어쩌면
1級	もしくは	[若しくは]	接	혹은, 또는
1級	もたらす	[齎す]	動	초래하다, 가져오다

1級	もちきり	[持ち切り]	名	소문이 자자함
1級	もっか	[目下]	名	바로 이 때, 지금, 목하
1級	もって	[以て]	連語	~으로, ~으로써
1級	もっぱら	[専ら]	副	오로지, 한결같이
1級	もてなす	[持て成す]	動	대접하다, 환대하다
1級	もてる	[持てる]	動	인기가 있다
1級	モニター	[monitor]	名	모니터
1級	~もの	[~物]	接尾	~물(것, 거리)
1級	ものずき(だ)	[物好き(だ)]	名,形	유별난 것을 좋아함, 호기심이 많다
1級	ものたりない	[物足りない]	形	약간 부족하다, 어딘지 아쉽다
1級	もはや	[最早]	副	이미, 이제는, 벌써
1級	もはん	[模範]	名	모범
1級	もふく	[喪服]	名	상복
1級	もほう(する)	[模倣(する)]	名,動	모방(하다)
1級	もめる	[揉める]	動	옥신각신하다, 걱정되다
1級	もも	[股(腿)]	名	넓적다리, 대퇴
1級	もよおす	[催す]	動	개최하다, (기분을) 일으키다
1級	もらす	[漏らす]	動	새게 하다, 누설하다
1級	もりあがる	[盛り上がる]	動	부풀어오르다, 고조되다
1級	もる	[漏る]	動	(액체, 기체가) 새다, 새어나오다
1級	もれる	[漏れる]	動	(액체, 기체가) 새다, 누락되다
1級	もろい	[脆い]	形	무르다, 여리다, 취약하다
1級	もろに		副	그대로, 정면으로

369

1級	や	[矢]	名	활, 화살
1級	やがい	[野外]	名	야외
1級	～やく	[薬]	接尾	～약(약품)
1級	やぐ	[夜具]	名	침구
1級	やくしょく	[役職]	名	직무, 중역
1級	やくば	[役場]	名	사무소, 관공서
1級	やけに	[自棄に]	副	몹시, 지독히, 유별나게
1級	やしき	[屋敷]	名	저택, 대지, 부지
1級	やしなう	[養う]	動	기르다, 양육하다
1級	やしん	[野心]	名	야심
1級	やすっぽい	[安っぽい]	形	싸구려 같다, 저속하다
1級	やすめる	[休める]	動	쉬게 하다, 편안히 하다
1級	やせい	[野生]	名	야생
1級	やたらと	[矢鱈と]	副	함부로, 무턱대고, 마구
1級	やたらに	[矢鱈に]	副	함부로, 무턱대고, 마구
1級	やつ	[奴]	名	놈, 녀석, 자식
1級	やとう	[野党]	名	야당

1級	やみ	[闇]	名	어둠, 암흑
1級	やむ	[病む]	動	병들다, 앓다
1級	ややこしい		形	까다롭다, 어렵다
1級	やりとおす	[遣り通す]	動	해내다
1級	やりとげる	[遣り遂げる]	動	완수하다
1級	やわらげる	[和らげる]	動	누그러뜨리다
1級	ヤング	[young]	名	영, 젊음, 젊은이

ゆ

1級	～ゆ	[～油]	接尾	～유(기름)
1級	ゆう	[優]	名	우(성적), 좋은 성적
1級	ゆうい(だ)	[優位(だ)]	名,な形	우위(이다), 상위이다
1級	ゆううつ(だ)	[憂欝(だ)]	名,な形	우울(하다)
1級	ゆうえき(だ)	[有益(だ)]	名,な形	유익(하다)
1級	ゆうえつ(する)	[優越(する)]	名,動	우월(하다)
1級	ゆうかん(だ)	[勇敢(だ)]	名,な形	용감(하다)
1級	ゆうき	[有機]	名	유기
1級	ゆうぐれ	[夕暮れ]	名	해질녘, 황혼
1級	ゆうし	[融資]	名	융자
1級	ゆうずう	[融通]	名	융통, 융통성
1級	ゆうする	[有する]	動	가지다, 소유하다
1級	ゆうせい(だ)	[優勢(だ)]	名,な形	우세(하다)
1級	ゆうせん(する)	[優先(する)]	名,動	우선(하다)
1級	ゆうどう	[誘導]	名	유도
1級	ゆうび(だ)	[優美(だ)]	名,な形	우아(하다), 우아하고 아름답다

1級

371

1級	ゆうぼう(だ)	[有望(だ)]	名,形	유망(하다)
1級	ゆうぼく	[遊牧]	名	유목
1級	ゆうやけ	[夕焼け]	名	저녁놀, 노을
1級	ゆうりょく(だ)	[有力(だ)]	名,な形	유력(하다)
1級	ゆうれい	[幽霊]	名	유령, 귀신
1級	ゆうわく(する)	[誘惑(する)]	名,動	유혹(하다)
1級	ゆえ[に]	[故[に]]	接	고로, 따라서, 그러므로
1級	ゆがむ	[歪む]	動	비뚤어지다, 일그러지다
1級	ゆさぶる	[揺さぶる]	動	흔들다, 뒤흔들다
1級	ゆすぐ	[濯ぐ]	動	헹구다, 입을 가시다
1級	ゆとり		名	여유
1級	ユニークだ	[uniqueだ]	な形	독특하다, 유니크하다
1級	ユニホーム	[uniform]	名	유니폼, 제복, 유니폼
1級	ゆびさす	[指差す]	動	(손가락으로) 가리키다
1級	ゆみ	[弓]	名	활
1級	ゆらぐ	[揺らぐ]	動	흔들리다, 동요되다
1級	ゆるむ	[緩む]	動	느슨해지다, 풀어지다
1級	ゆるめる	[緩める]	動	느슨하게 하다, 늦추다
1級	ゆるやかだ	[緩やかだ]	な形	완만하다, 느슨하다

1級	よ	[世]	名	세상, 시대
1級	よう~	[洋~]	接頭	양~(서양)
1級	よういん	[要因]	名	요인
1級	ようえき	[溶液]	名	용액

1級	ようけん	[用件]	名	용건
1級	ようご	[養護]	名	양호, 간호
1級	ようしき	[様式]	名	양식
1級	ようする	[要する]	動	요하다, 필요로 하다, 요약하다
1級	ようせい(する)	[要請(する)]	名,動	요청(하다)
1級	ようせい(する)	[養成(する)]	名,動	양성(하다)
1級	ようそう	[様相]	名	양상, 모습
1級	ようひん	[用品]	名	용품
1級	ようふう	[洋風]	名	서양식, 서양풍
1級	ようほう	[用法]	名	사용법, 용법
1級	ようぼう(する)	[要望(する)]	名,動	요망(하다), 요청(하다)
1級	よか	[余暇]	名	여가, 틈
1級	よかん(する)	[予感(する)]	名,動	예감(하다)
1級	よきょう	[余興]	名	여흥
1級	よきん(する)	[預金(する)]	名,動	예금(하다)
1級	よく	[欲]	名	욕심, 욕구, 욕망
1級	よくあつ(する)	[抑圧(する)]	名,動	억압(하다)
1級	よくしつ	[浴室]	名	욕실
1級	よくじつ	[翌日]	名	다음날, 이튿날, 익일
1級	よくせい(する)	[抑制(する)]	名,動	억제(하다)
1級	よくふかい	[欲深い]	形	욕심이 많다
1級	よくぼう	[欲望]	名	욕망
1級	よける	[避ける]	動	피하다, 비키다
1級	よげん(する)	[予言(する)]	名,動	예언(하다)
1級	よこづな	[横綱]	名	요코즈나(일본 스모 최고 위치)

1級	よごれ	[汚れ]	名	더러움, 오점
1級	よし		感	좋아, 좋았어, 알았어
1級	よし	[良し]	形	좋다(고어)
1級	よしあし	[善し悪し]	名	좋고 나쁨, 옳고 그름, 잘잘못
1級	よそう(する)	[予想(する)]	名,動	예상(하다)
1級	よそみ(する)	[余所見(する)]	名,動	곁눈질(하다), 한눈 팔다
1級	よち	[余地]	名	여지
1級	よって	[因(由)って]	接	따라서, 그러므로
1級	よとう	[与党]	名	여당
1級	よびとめる	[呼び止める]	動	불러 세우다
1級	よふかし(する)	[夜更かし(する)]	名,動	밤 늦게까지 자지 않음(않다)
1級	よふけ	[夜更け]	名	심야, 야밤
1級	よほど	[余程]	副	어지간히, 꽤
1級	よみあげる	[読み上げる]	動	소리내어 읽다, 독파하다
1級	よみがえる	[蘇る]	動	소생하다, 되살아나다
1級	~より	[~寄り]	接尾	~근처, ~가까이
1級	よりかかる	[寄り掛かる]	動	기대다, 의지하다
1級	よろん	[世(輿)論]	名	여론
1級	よわまる	[弱まる]	動	약해지다, 수그러지다
1級	よわめる	[弱める]	動	약하게 하다, 약화시키다
1級	よわる	[弱る]	動	약해지다, 곤란해지다

ら

1級	らいじょう(する)	[来場(する)]	名,動	내방(하다)
1級	ライス	[rice]	名	쌀, 밥
1級	ライバル	[rival]	名	라이벌, 경쟁자
1級	らくのう	[酪農]	名	낙농
1級	らっか(する)	[落下(する)]	名,動	낙하(하다)
1級	らっかん(する)	[楽観(する)]	名,動	낙관(하다)
1級	ラベル	[label]	名	라벨, 상표
1級	ランプ	[lamp]	名	램프
1級	らんよう(する)	[濫用(する)]	名,動	남용(하다)

り

1級	リード(する)	[lead(する)]	名,動	리드(하다), 선도(하다), 앞서다
1級	りくつ	[理屈]	名	이치, 도리, 구실, 핑계
1級	りし	[利子]	名	이자
1級	りじゅん	[利潤]	名	이윤
1級	りせい	[理性]	名	이성
1級	りそく	[利息]	名	이자

1級

단어 제대로 끝내기

1級	りったい	[立体]	名	입체
1級	りっぽう	[立方]	名	입방, 세제곱
1級	りっぽう	[立法]	名	입법
1級	りてん	[利点]	名	이점
1級	りゃくご	[略語]	名	약어
1級	りゃくだつ(する)	[略奪(する)]	名,動	약탈(하다)
1級	りゅうつう(する)	[流通(する)]	名,動	유통(되다)
1級	りょういき	[領域]	名	영역
1級	りょうかい	[領海]	名	영해
1級	りょうかい(する)	[了解(する)]	名,動	양해(하다), 이해(하다)
1級	りょうきょく	[両極]	名	양극
1級	りょうこう(だ)	[良好(だ)]	名,な形	양호(하다)
1級	りょうしき	[良識]	名	양식
1級	りょうしつ(だ)	[良質(だ)]	名,な形	양질(이다)
1級	りょうしょう(する)	[了承(する)]	名,動	승낙(하다), 양해(하다)
1級	りょうしん	[良心]	名	양심
1級	りょうち	[領地]	名	영지
1級	りょうど	[領土]	名	영토
1級	りょうりつ(する)	[両立(する)]	名,動	양립(하다)
1級	りょかく	[旅客]	名	여객
1級	りょけん	[旅券]	名	여권
1級	りれき	[履歴]	名	이력
1級	りろん	[理論]	名	이론
1級	りんぎょう	[林業]	名	임업

る

1級	るい	[類]	名	유례, 종류, 부류
1級	るいじ(する)	[類似(する)]	名,動	유사(하다), 비슷하다
1級	るいすい(する)	[類推(する)]	名,動	유추(하다)
1級	ルーズだ	[looseだ]	な形	헐렁하다, 단정치 못하다
1級	ルール	[rule]	名	룰, 규칙

れ

1級	れいこく(だ)	[冷酷(だ)]	名,な形	냉혹(하다)
1級	れいぞう(する)	[冷蔵(する)]	名,動	냉장(하다)
1級	れいたん(だ)	[冷淡(だ)]	名,な形	냉담(하다), 쌀쌀하다
1級	レース	[race]	名	레이스, 경주
1級	レギュラー	[regular]	名	정규, 정식, 표준
1級	レッスン	[lesson]	名	레슨, 교습, 수업
1級	レディー	[lady]	名	레이디, 숙녀
1級	レバー	[lever]	名	손잡이
1級	れんあい(する)	[恋愛(する)]	名,動	연애(하다)
1級	れんきゅう	[連休]	名	연휴
1級	レンジ	[range]	名	레인지
1級	れんじつ	[連日]	名	연일
1級	れんたい(する)	[連帯(する)]	名,動	연대(하다)
1級	レンタカー	[rent-a-car]	名	렌터카
1級	れんちゅう	[連中]	名	동료, 한패
1級	レントゲン	[Rontgen]	名	엑스레이

1級	れんぽう	[連邦]	名	연방
1級	れんめい	[連盟]	名	연맹

ろ

1級	ろうすい(する)	[老衰(する)]	名,動	노쇠(하다)
1級	ろうどく(する)	[朗読(する)]	名,動	낭독(하다)
1級	ろうひ(する)	[浪費(する)]	名,動	낭비(하다)
1級	ろうりょく	[労力]	名	노력, 수고, 노동력
1級	ロープ	[rope]	名	로프, 밧줄
1級	ロープウエイ	[rope way]	名	케이블카
1級	ろくな	[碌な]	連体	변변한, 제대로 된
1級	ろくに	[碌に]	副	제대로, 변변히
1級	ろこつ(だ)	[露骨(だ)]	名,な形	노골(적이다)
1級	ロマンチックだ	[romanticだ]	な形	로맨틱하다, 낭만적이다
1級	ろんぎ(する)	[論議(する)]	名,動	논의(하다)
1級	ろんり	[論理]	名	논리

わ

1級	わかもの	[若者]	名	젊은이, 청년
1級	わく	[枠]	名	테, 테두리, 틀
1級	わくせい	[惑星]	名	혹성
1級	わざ	[技]	名	기술, 기량, 기법
1級	わざわざ	[態々]	副	일부러, 특별히
1級	わずらわしい	[煩わしい]	形	번거롭다, 성가시다
1級	わたりどり	[渡り鳥]	名	철새

1級	ワット	[watt]	名	와트, 전력 단위
1級	わび	[詫び]	名	사과, 사죄
1級	わふう	[和風]	名	일본식, 일본풍
1級	わぶん	[和文]	名	일문, 일본어 문장
1級	わら	[藁]	名	지푸라기, 짚
1級	~わり	[~割]	接尾	~할, ~십 퍼센트
1級	わりあて	[割り当て]	名	할당, 배당
1級	わりこむ	[割り込む]	動	끼어들다, 새치기하다
1級	わるもの	[悪者]	名	악인, 나쁜 놈
1級	われ	[我]	代	나, 자기 자신

付録

430

464

476

478

ひ